西部地区治理研究丛书

文化产业
与民族地区发展

——甘肃的经验分析

李少惠 著

CULTURAL INDUSTRY AND THE DEVELOPMENT
OF ETHNIC REGIONS

An Analysis of
Gansu's Experience

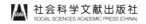 社会科学文献出版社
SOCIAL SCIENCES ACADEMIC PRESS (CHINA)

目　录

引　言

一　研究背景

我国是一个多民族国家，少数民族人口虽然只占全国总人口的 8.49%，民族自治地方的面积却占到全国国土总面积的 64% 左右。"民族地区"作为一个区域概念，是指少数民族聚居地区，而在国家的法律法规条文中特指"少数民族自治地方"，包括 5 个自治区、30 个自治州、120 个自治县。此外，还有作为民族自治地方补充形式的 1173 个民族乡。由于历史、地理原因，我国的民族地方大多为西部偏远地区，经济基础薄弱，发展相对缓慢。随着经济全球化的迅速扩张，地区之间差距越来越大。从全国范围来看，依托文化资源，发展特色文化产业，走跨越式发展道路已成为广大民族地区发展经济的重要战略思路。民族地区依托其独特的自然景观和保存完好的民族民间文化，进行独具民族特色的文化产业的开发建设，无疑能够极大地推动当地社会发展。在现实发展中，民族地区只有通过转变传统观念，与时俱进，开拓创新，改变当前不合理的经济结构和发展方式，充分发挥地区优势与特色，才能有效摆脱发展困境，实现经济平稳快速发展，推动民族地区社会的和谐进步，从根本上实现全面建成小康社会的宏伟目标。

（一）文化产业的兴起

20 世纪下半叶以来，文化产业已经成为全球范围内成长最快、利润最大的行业之一，具有辐射面广、拉动力强、贡献率高、低消耗低污染、可持续发展等特点，被誉为"朝阳产业"和"绿色产业"，还被称为"无烟工业"和"知识工业"。文化产业是文化经济化浪潮不断推进的结果，其发展以较强的整体经济实力为平台，以较高的高新技术发展水平为支撑，以产业集聚和较强的企业竞争力为助推器，以健全的知识产权保护为依托，以地区居民较高的文化消费水平为基础，以优秀的文化人才为智库。

进入 21 世纪以来，随着经济发展水平不断提升，人们的消费需求也逐渐发生变化，文化、创意类产品的市场需求越来越大。文化产业作为一种高附加值、高整合性、高知识密集度的新型产业，在创造经济效益的同时，借由其正向外部性的特点不断衍生出良好的社会效益。文化产业对国民经济和社会发展带来巨大影响，其在整个社会产业链条中成为越来越受重视的新兴产业。在许多发达国家，文化产业已成为国民经济的支柱产业。我国的文化产业虽然起步较晚，但发展势头迅猛。从 2000 年十五届五中全会第一次提出发展文化产业的意见，到 2009 年《文化产业振兴规划》确定把文化产业作为应对国际金融危机重点扶持的十大产业之一，我国的文化产业迅速上升为国家战略性新兴产业，逐渐进入高速增长时期。

从现实消费趋势来讲，随着互联网时代的来临，以互联网为代表的高科技与文化的高度融合开启了创新的新局面。"互联网＋"的实践运行，改变了人们的传统思维，给 21 世纪全球经济的发展和人类生活方式带来了崭新的图景，也大大激发了文化消费潜能，使文化消费上升为社会消费生活的主流。近年来，西方发达国家的民众用于文化教育娱乐消费的支出很高，有的已达到 30% 以上。在我国，随着人们的物质生活水平的不断提高，文化消费也呈现出前所未有的快速增长态势。近年来，在文旅融合发展的大背景下，一个地区建成富有创意、设施完善的文旅项目，会促进当地居民文化消费需求增加，既为这个地区带来增量消费，同时也会对外地居民消费产生示范效应，从而催发带动外地居民前来进行文化消费。据中国旅游研究院调查，2018 年国庆假期内，文化类旅游景点门票消费比上年同期多了 58%，文化演出项目接待人数同比增加了 12%。[①] 文化产业作为朝阳产业获得大发展是必然的，它既满足了人们的精神文化需要，也创造出巨大的经济价值。

民族地区文化产业作为文化产业的主要形态之一，对促进我国国民经

---

① 《"2018 旅游经济运行盘点"系列报告（一）：旅游消费》，中国旅游研究院（文化和旅游部数据中心），最后访问日期：2019 年 1 月 8 日，http://www.ctaweb.org/html/2019 - 1/2019 - 1 - 3 - 16 - 32 - 94384. html。

济的快速增长发挥着重要作用。我国作为一个多民族国家，拥有五千多年的历史，各民族在悠久的历史发展过程中形成了各种各样独具特色的民族文化，拥有极其丰富的民族民间文化资源，为民族地区文化产业的发展奠定了良好的基础。尤其是在党的十八大之后，《关于推动特色文化产业发展的指导意见》等一系列促进政策与措施的出台，为各民族地区文化产业的发展指明了方向，掀起了我国民族地区文化产业发展的热潮，民族地区文化资源的产业性开发已经成为区域经济与区域文化产业发展中的普遍行为，有些地区已经形成一些标志性品牌，成为区域地理名片。民族地区的文化产业发展已成为当前我国区域经济发展的重要组成部分。

民族地区文化产业的发展除了满足当地人们的文化与精神需求外，更多的是借助旅游的平台将本地独特的原生态民族文化资源与特色的自然资源开发为体验式产品，以自身的原生性与独特性吸引消费者，满足游客的需求。民族地区的文化旅游产业现已成为民族地区经济发展的重要增长极。

近十年来，国家陆续出台了多项扶持文化产业发展的相关政策与法规，"十二五"规划中更是将文化产业置于国家战略高度，提出推动"文化产业发展成为国民经济支柱型产业"。伴随着文化体制改革的不断深化，文化市场迸发出极大的活力，改革开放40多年以来，文化产业已经实现了从边缘到中心的飞跃，在经济发展中的地位越来越突出。从全国范围看，受经济发展水平、资源分布状况、生产生活习惯的影响，各地发展文化产业的路径各不相同，如台湾致力于创意观光产业的发展，积极寻求在世界文化格局中打造"创意台湾"的品牌形象；云南以优美的自然风光和独特的民族风情成功开拓了繁荣的文化旅游业；西安依托其厚重的历史文化底蕴打造出"十三朝古都"和"丝绸之路东方起点"的响亮名片。这些地区的文化之所以能发展成产业，一方面得益于其自身具备的独特的文化资源，另一方面也离不开政府的支持与引导。实践表明，政府和政策在文化产业发展中发挥着重要作用，中央和地方政府通过各类政策措施来刺激文化需求、调整产业结构、拉动文化消费、规范文化市场、推动文化创新，使文化产业逐渐成为推动经济转型、引领经济增长的强大引擎。

从地区层面来看，大部分少数民族处在特定的地理和人文环境中，独特的自然景观是其发展的基础性优势。与此同时，民族地区在长期发展中所形成的能反映其生产生活特点的生产劳动、风土人情、宗教信仰、道德观念、节庆活动等，也是当地文化产业发展的重要资源。充分利用文化的多样性进行独具民族特色的文化产业开发与建设，有利于最大限度地为各民族提供充分的发展空间与机会，推动民族地区经济实现跨越式发展。比如，敦煌莫高窟以其极高的文化品位长久吸引着成千上万的国内外游客前往观看，其创造的经济价值在甘肃文化旅游业中一直独占鳌头。所以，甘肃民族地区应大力发掘其现存的及潜在的文化资源，依托少数民族优秀的文化传统，充分利用其文化多样性进行文化产业开发，最大限度地为少数民族地区提供发展机会与发展空间，帮助各民族快速走上现代化道路。① 同时，民族地区在文化产业开发中必须保持民族文化的传承性，充分认识传统民族文化体系在少数民族地区经济发展中的作用、价值，尊重各民族立足于传统民族文化所维系的经济结构、产业体系以及多样化选择，而不是简单机械地抛弃或否定传统民族文化。

但另一方面，相对封闭的发展环境使民族地区缺乏与外部的沟通交流，经济和思想观念落后，严重地制约了当地文化资源的开发，成为限制民族地区的文化产业发展的最主要原因。各地发展实践表明，影响文化产业发展的因素众多，通常涉及当地的产业结构布局、经济发展水平、文化管理体制、文化产业与其他产业融合程度等多个方面，在发展相对落后的民族地区，最具基础性、关键性作用的还是政府的力量。少数民族的背景环境特殊、市场体系不健全、文化产业的政策制定者和实施者以及相关管理者均处在成长期和磨合期，多重问题的存在使民族地区文化产业的规范与推进比其他地区难度更大。

总之，要帮助民族地区尽快脱贫致富，当务之急便是顺应民族地区现代化发展的趋势，在完善公共文化服务体系的基础上，大力发展民族地区的文化产业，提升民众的文化消费水平，转变当地落后的发展观念，增加教育投入，提高民众的文化素养，从根本上解决精神贫困问题，推动民族地区走向现代化，实现跨越式发展。

---

① 王妍：《民族文化产业与民族地区经济增长关系研究》，硕士学位论文，中央民族大学，2007。

（二）国家宏观战略背景

党的十九大报告指出，中国特色社会主义进入新时代，我国社会的主要矛盾已经转化为人民日益增长的美好生活需要和不平衡不充分的发展之间的矛盾，标志着中国将进入以人为核心，集约发展的新时代。人民群众精神文化需求日益增长，但文化资源的开发程度不足，文化产品的质量较差，许多历史悠久、值得挖掘的文化产业由于缺乏足够的资金支持，尚未得到有效的开发和利用，这一现象在少数民族地区尤为突出。作为一个多民族国家，我国的民族自治地方的面积在国土面积中占比达到64%左右，文化资源在少数民族地区呈现出集中态势，少数民族地区的经济基础与产业结构急需通过发展文化产业加以提高和优化。与此同时，我国进入经济转轨的攻坚阶段，面临传统行业产能过剩、新型产业供给不足的现状，急需寻找到新的经济增长点。为实现文化产业强国的发展目标，不仅要着力于主流文化的对外输出，更需要大力扶持民族地区的特色文化产业。近年来，在相继发布的各项政策指导下，民族地区文化产业已经成为区域性产业开发的重点项目，一大批依托民族地区特色文化的企业纷纷涌现。

2000年《中共中央关于制定国民经济和社会发展第十个五年计划的建议》中第一次提出发展文化产业的意见，拉开了我国文化产业发展的序幕。党的十六大和十七大都对发展文化产业做出深刻阐述，也都提出了具体要求。2009年7月，国家《文化产业振兴规划》的颁布，标志着我国文化产业经过多年探索性发展，上升为国家战略性产业，迎来一个历史性拐点，进入高速增长时期。2010年，《文化产业振兴规划》颁布，指出各地政府部门应发挥政策导向作用，扩大文化产业投融资规模，确保文化产业持续、稳定发展。2012年，文化部下发的《文化部"十二五"时期文化产业倍增计划》将文化产业作为"十二五"期间的重点工程。2014年，《深入推进文化金融合作意见》强调各级地方政府部门应从政策角度对文化产业给予充分的支持。

同时，为缩小地区间发展的差距，国家制定并实施了"4＋4＋4"战略，"4＋4＋4"即西部、东北、中部、东部四大地域板块，"革命老区"、"民族地区"、"边疆地区"和"贫困地区"四类国家重点援助的问题区域，以及"优化开发的城市化地区"、"重点开发的城市化地区"、"限制开发的农产品主产区和重点生态功能区"和"禁止开发的重点生态功能区"四类国家主体功能区,该战略在一定程度上为民族地区的发展创造了良好的政策环境。近年来,国家对民族地区文化产业的支持力度不断加大,国家"一带一路"倡议的实施、"互联网+"行动计划的实施、华夏文明传承创新区的建设、藏羌彝文化产业走廊的建设等,体现了国家在宏观层面对推动民族地区发展的思路,也为民族地区文化产业的发展提供了崭新的历史机遇和更加广阔的发展空间。

1."一带一路"倡议

"一带一路"的合作发展理念于2013年提出,旨在通过经济政策协调、要素自由流动、资源高效配置和市场深度融合,以共同利益推动沿线各国经济繁荣与区域经济合作,加强不同文明交流互鉴,促进世界和平发展。这一战略性规划既适应了经济全球化及区域经济合作发展的大趋势,也是中国进一步融入世界体系、强化与周边国家经济合作的客观要求,同时也是促使中国形成全方位开放新格局的重大政策。①"一带一路"沿线各国具有非常丰富的文化生态,它们基于不同的民族与文化特性,培育出不同的文化价值取向、文化传统及丰富的非物质文化遗产。对多元、丰富的文化资源进行系统的挖掘、整理,使其形成文化产业,不仅能够更好地促进沿线国家进行文化交流与经贸合作,而且更能够使文化产业成为支撑"一带一路"倡议的"活力产业"。因为文化产业具有文化的稳定性、历史性和传承性,能够更好地满足和丰富沿线各国人民物质和精神生活。而遍布陆上丝绸之路和海上丝绸之路的文化资源则是我们发展文化产业的源泉。可以说,"一带一路"倡议的提出为丝绸之路经济带沿线特别是民族地区文化产业的繁荣发展创造了契机。②

2. 华夏文明传承创新区

华夏文明传承创新区以文化建设为主题,以经济结构战略性调整和经济发展方式根本性转变为主线,其目标即在经济欠发达但文化资源富集的

---

① 范建华:《带状发展:"十三五"中国文化产业发展新趋势》,《云南师范大学学报》2015年第3期,第84~93页。

② 李少惠、李世勇:《"一带一路"中心是经济合作与经贸交流》,《参考消息》2015年6月9日。

甘肃地区实现科学发展，使当地文化产业类型从文化资源型转向文化内容型。华夏文明传承创新区的建设以"华夏文化精神"的重塑为核心，以历史文化资源的挖掘与保护为基础，以文化产业的开发与运作为传承，在有利的政策法规的保障下，统筹专业人才队伍建设，为地区经济和社会发展提供政策和智力支持，从而保证华夏文明传承创新区建设系统的循环运转和可持续发展。华夏文明传承创新区建设作为国家战略规划，为甘肃民族地区的文化产业腾飞创造了新的机遇。

3. 藏羌彝文化产业走廊

藏羌彝文化产业走廊作为"丝绸之路文化产业带"规划中中国部分的核心区域，对于加快建设具备引领示范效应的特色文化产业带十分有利，能够进一步促进西部地区、民族地区特色文化产业发展，把文化产业培育成区域经济支柱性产业，是加强政策和规划的顶层设计，是实现资源有效利用、协调统筹发展的重大举措。

对于甘肃民族地区而言，尽管区位条件与经济水平相对不占优势，但基于浓厚淳朴的民俗风情、丰富独特的文化资源、优秀精湛的传统手工技艺，在国家整体战略规划指导下，通过藏羌彝文化产业走廊项目建设，进行文化产业开发与升级，依靠政府在资金、人才、技术、设施等方面的支持以及企业家与当地民众的共同投入，有望创造良好的经济发展前景。

（三）地区发展战略背景

甘肃省自 2006 年提出"十一五"文化产业发展规划以来，文化产业发展规模和实力获得显著提升。政府通过加大对文化产业的扶持力度，拓展特色文化产业领域，使得民族文化的现代化和品牌文化的科技化方面得到初步发展。文化系统结合建设文化大省、戏剧大省的要求，以兰州创意文化产业园、陇东民俗文化产业园、甘南临夏民族民俗文化产业园和丝绸之路文化产业带建设为重点，着力实施文化产业发展工程。

华夏文明传承创新区是迄今为止国家批复的唯一一个以文化为主题的发展战略平台，也是中国第一个国家级文化发展战略平台。面对经济步入新常态的客观现实，深入推进华夏文明传承创新区建设，对于培育新的经济增长点，加快转变发展方式以及调整产业结构都具有十分重大的现实意义。同时，打造好这一战略平台，也是充分发挥甘肃独特优势，扩大向西开放，建设"丝绸之路经济带"黄金段的重要选择。

政策叠加的机遇和甘肃文化大省建设的推动，是建设华夏文明保护传承和创新发展示范区的内外动因。[①] 按照国家关于甘肃发展的战略定位和建设文化大省的总要求，以文化建设为主题，以经济结构战略性调整和经济发展方式根本性转变为主线，甘肃省确定了围绕"一带"，建设"三区"，打造"十三板块"的工作布局。"一带"是丝绸之路文化发展带；"三区"是以始祖文化为核心的陇东南文化历史区、以敦煌文化为核心的河西走廊文化生态区和以黄河文化为核心的兰州都市圈文化产业区；"十三板块"是文物保护、大遗址保护、非物质文化遗产保护传承、历史文化名城名镇名村保护利用、民族文化传承、古籍整理出版、红色文化弘扬、城乡文化一体化发展、文化与旅游深度融合、文化产业发展、文化品牌打造、文化人才队伍建设、节庆赛事会展举办。华夏文明传承创新区的建设，为甘肃省发展注入前所未有的活力，打破了现有行政界限，统筹全省文化历史资源和各类生产要素，将华夏文明的保护、传承、展示、创新、发展紧密结合起来，绘就了传承创新区建设的宏伟蓝图，也为民族地区改变落后的发展现状、实现跨越式发展创造了良好的发展机遇。

当前，甘肃民族地区文化产业发展紧抓"一带一路"建设机遇，依托华夏文明传承创新区建设平台，准确把握新常态下的文化产业发展方向，全力推动文化产业转型升级。同时，甘肃省制定了《甘肃省"十三五"文化产业发展规划》，结合各个市州工作实际，落实各项任务和要求，实施文化强省战略、创新发展和"文化＋"战略，推进文化产业供给侧结构性改革，着力打造文化创意、文化科技、文化旅游、文化外贸等新型文化产业，将文化产业发展的重中之重放在内容建设上，同时开展文化产业扶贫工作，实施文化产业发展工程，推进甘肃文化品牌建设，发挥文化产业园区（基地）和文化领域行业组织的带动作用，推动甘肃文化产业"走出去"，在地区发展中已取得了一定成效。

尽管改革开放以来，我国文化建设已取得巨大的成就，但作为后发现代化国家，我国在重建民族文化认同与自信、发展文化现代化方面仍然面

---

① 刘进军、周小华主编《甘肃文化发展分析与预测（2013）》，社会科学文献出版社，2013。

临着艰巨任务，尤其是在民族地区，经济发展和社会发展水平与东部沿海及内陆地区存在极大差距，在文化建设方面要不断深化文化体制改革，推动文化创新，加快文化事业与文化产业协同发展。

二　研究意义

少数民族地区的特色文化根植于当地特定的地理位置和人文环境，是对各个民族的生产劳动、风土人情、道德观念、宗教信仰、节庆活动等的综合反映，这是经过长期历史积淀逐渐形成的。在当今信息通信技术高度发达的时代，民族文化仍难以跨越空间进行传递，且大多数体现少数民族民俗风情的元素不易被移植到其他地区。民族文化的这种不可重复性和不可复制性决定了民族地区发展特色文化产业有其独特优势。

（一）现实意义

民族地区发展文化产业具有十分重要的现实意义，它是培育新的经济增长点、实现产业结构优化升级以及满足人民群众日益增长的精神文化生活需要的重要途径，是落实科学发展观、实施可持续发展战略、构建和谐社会、实现各民族共同富裕、民族团结的内在要求。

首先，发展文化产业有利于实现文化资源的动态转换，根据市场需求对文化资源进行开发和利用，使资源在由静态到动态的转化过程中发挥最大的价值。其次，随着社会的发展，人民生活水平的提高，第三产业在经济发展中的地位越来越突出，而文化产业凭借其广泛的覆盖面和极强的带动力，成为第三产业乃至整个经济发展的内在驱动力。最后，由"创意内容策划""文化产品设计和生产制作""市场推广与营销""消费者服务"等环节所共同构成的文化产业价值链条，集合了人才、资本和技术等要素，不仅推动了文化价值创新，也延伸至相关产业，促进了各领域产业融合，带来社会、经济等多重效益。[①]

在资源富集的甘肃民族地区发展文化产业，其意义更为深远。甘南、临夏二州是藏传佛教文化、伊斯兰文化、草原文化生态地，通过文化产业开发打造自然、宗教、草原文化景观产品，进行高起点规划、高水平建设，

[①]　彭岚嘉：《甘肃文化产业发展研究》，民族出版社，2013。

形成文化产业园区基地，有利于转变传统经济增长方式，提升文化知名度；甘南藏族舞蹈特色鲜明，甘南藏族民歌、藏传佛教音乐都是甘肃演艺产品走向国内外的独有资源，而"河州花儿""莲花山花儿""洮岷花儿"，更是"花儿"作为世界非物质文化遗产的精华所在，甘肃歌剧就是以"花儿"音乐取胜的。通过全力打造甘南、临夏民族民间演艺产品，将特色演艺产业推向旅游和国内外市场，有利于带动地区间文化交流，改变民族地区封闭落后的发展现状；通过高端品牌建设，以产业形式运作歌舞节会，使之成为生产多种文化产品的重要资源，从而使宗教文化、节庆文化得到更好的宣传与尊重理解；借助兰成铁路、支线机场，把甘南、临夏建成甘肃丝绸之路文化产业带和丝绸之路国际旅游区的重要节点，从地区视角看，有利于民族地区尽快脱贫致富，从国家富强与民族团结视角来看，有利于缩小地区差距，加快实现共同富裕。

（二）理论意义

当前日益完善的文化产业政策和相关法律法规使各地各民族的优势文化资源都得到了极大程度的利用，与此同时，学术界对文化产业方面的相关研究也为文化产业的发展提供了强有力的理论支持。作为特色产业，又是新兴产业，文化产业具有资本循环周期短、投资回报率高的特点，因此如何有效实现管理性成果和技术性成果转化的动态平衡，提高文化产业理论研究成果的转化效率，是当前和未来文化产业研究的趋向和重点。[1]

纵观我国近十年文化产业发展历程及研究成果，在国内现有文化产业的研究领域中，规范研究和分析较多，实证研究相对较少，对实践探索的总结和文化产业发展中的经验教训的系统归纳也比较欠缺，这在一定程度上影响了文化产业战略规划的制定，不利于对产业发展的前瞻性和可操作性进行有效探索。

对于民族地区文化产业的发展状况，国内已经有诸多学者进行了大量的研究，虽然针对区域特色文化产业的研究，如丽江旅游文化、庆阳香包文化、内蒙古草原文化、贵州苗族文化等相关研究已经十分丰富，但是专门针对甘肃民族地区文化产业发展的战略层面的系统研究还相对较少并且

---

[1] 齐骥：《理论与实践：中国文化产业十年总揽（上）》，《学术探索》2012年第2期，第95～103页。

不够成熟。本研究在深入实地考察的基础上，结合治理理论、文化生态学、后发优势理论等相关理论，通过环境分析、资源盘查、深度访谈和实证研究，对甘肃民族地区文化产业的发展予以整体把握，并由此开展具体的战略规划与设计，以期为当地的发展提供一些建议，为民族地区文化产业研究做出微薄贡献。

三 研究思路与框架

（一）研究思路

本书以甘肃民族地区文化产业发展为研究主旨，致力于探讨如何打造甘肃民族地区文化产业发展战略以解决文化资源富集而文化产业发展滞后的"富饶型贫困"问题。研究设计立足于省情区情，从实证分析入手，通过整合文化产业发展相关理论，借鉴国内外文化产业发展实践的有益经验，确立民族地区文化产业发展战略，并提出可操作性较强的措施建议。本研究关键技术在于对甘肃省民族地区文化产业发展现状的全面诊断和未来发展的基本路向的准确把握。

本书的思路及章节安排如下：

①引言部分介绍研究的宏、微观背景，分析并说明民族地区文化产业发展的必要性；阐明研究的理论和现实意义；介绍研究思路和章节布局，勾勒全书的框架。

②第一章主要是对本书的核心概念进行阐释。辨析文化产业和民族地区文化产业的概念、特征和功能，提出研究的相关理论基础，即产业链理论、区位布局理论、后发优势理论和场景理论，为本研究提供理论支撑。

③第二章和第三章主要是甘肃民族地区文化产业环境分析与资源构成介绍。对自然地理、政策、经济、社会文化以及科技环境进行考察归纳，明确文化产业发展的现实条件；对民族地区文化资源进行详细盘查，分析其禀赋特征。

④第四章整体分析甘肃民族地区文化产业发展概况，探讨其文化产业的历史积淀，同时对甘肃民族地区文化产业发展相关的政策规划做历史性的梳理，并详细分析甘肃民族地区文化产业的发展现状及当前存在的问题。

⑤第五章为实证分析部分，运用扎根方法建构理论，分析甘肃民族地

区文化产业发展的积极因素和制约因素；采用标杆分析方法，将甘南藏区与文化产业发展较好的云南迪庆藏区进行横向对比，找出差距和当前发展存在的主要问题；通过对甘肃省各市州进行文化产业区位商数计算，对比分析文化产业对地区经济发展的实际贡献，进而明确发展的重点和方向。最后进行 SWOT 分析，初步明确甘肃民族地区文化产业的战略要点。

⑥第六章主要介绍国内外文化产业发展较好的地区的主要发展模式及其对甘肃民族地区文化产业发展的启示，为当地的发展提供经验借鉴。

⑦第七章主要是在前述各章的基础上制定甘肃民族地区文化产业发展的战略设计，并根据各战略要点规划具体实施举措。从政府治理、产业主体治理与培育、核心竞争力提升、文化事业改革、文化消费驱动、产业融合、内生动力培育等层面制定七大战略模式，并提出了可操作的实施举措。

⑧第八章为最后一章，基于前文的实证分析与战略制定，从地方性法规建设、财税政策支持、多元投融资体系构建、文化产业布局、人才队伍建设及公共文化服务体系建设等七个方面提出甘肃民族地区文化产业发展的政策建议。

"富饶型贫困"是中国民族文化产业发展中长期面临的现实窘境，本书致力于破解民族地区文化资源丰富而产业化滞后这一"富饶型贫困"难题，即如何将静态的资源势能转化为鲜活的文化产业动能，变民族文化资源优势为文化产业强势。为此，需要在理论上进行创新性构建，在方法上加强多学科交叉融合，最终探索一条适合民族地区文化产业发展的路径。希冀通过甘肃的经验分析，以文化产业的发展带动和引领民族地区的整体发展。

（二）研究范围及对象

在国际上，关于文化产业的概念至今还未得到十分严格和统一的界定，各国官方和学者也都认同这一概念具有多重含义，并在不同的历史、文化背景下和不同的意义上理解、使用着这一概念。因此，文化产业有时也被称作或引申为"文化工业"（cultural industry）、"创意产业"（creative industries）、"内容产业"（content industries）、"版权产业"（copyright industries）等。这些或宽泛或狭义的称谓充分反映了文化产业概念本身的丰富性和不确定性，所以，从发展的意义上理解文化产业的概念和范畴可能更为准确。

联合国教科文组织将"文化产业"定义为按照工业标准，生产、再生产以及储存文化产品和服务的一系列活动。这是从文化产品的生产、流通、分配、消费的角度进行界定的。2004年国家统计局正式颁布了《文化及相关产业分类》，从统计学的角度对文化及相关产业做出规范和界定：为社会公众提供文化、娱乐产品和服务的活动，以及与这些活动有关联的活动的集合。文化及相关产业的活动主要包括：（1）文化产品制作和销售活动；（2）文化传播服务；（3）文化休闲娱乐服务；（4）文化用品生产和销售活动；（5）文化设备生产和销售活动；（6）相关文化产品制作和销售活动。根据这一界定，文化及相关产业的范围包括：提供文化产品（如图书、音像制品等）、文化传播服务（如广播电视、文艺表演、博物馆展览等）和文化休闲娱乐活动（如游览景区服务、市内娱乐活动、休闲健身娱乐活动等），它们构成文化产业的主体；同时，还包括与文化产品、文化传播服务、文化休闲娱乐活动有直接关联的用品、设备的生产和销售活动，以及相关文化产品（如工艺品）的生产和销售活动，它们构成对文化产业的补充。文化产业分类还可组合出文化产业核心层、文化产业外围层和相关文化产业层。

　　本书所探讨的民族地区文化产业是指各少数民族地区文化资源的开发和产业化运作，是由市场化的行为主体实施的，按照工业化标准，进行生产、再生产、储存、分配民族文化产品和服务的一系列活动，其目的在于满足人们精神文化消费需求。在民族地区，文化产业被赋予地方民族特色，其依托的是各少数民族优秀的文化传统，通过对传统文化的产业化运作，使民族文化资源得以开发和利用，使民族自身得以更好地发展。民族特色文化产业主要包括与人民群众的文化娱乐生活密切相关的具有民族特色的文化产品制造业（如民族工艺品、旅游纪念品、民族刺绣产品、纺织品等产品制造业）、民族体育业、民族文化音像制品生产、民族文化旅游业、民族歌舞表演经营、民族出版物的生产经营、民族医药的生产经营、民族饮食文化的经营等。①

　　在此需要说明的是，本书的研究范围与研究对象为甘肃民族地区，而甘肃有甘南藏族自治州和临夏回族自治州两个民族自治州，以及张家川回族自治县、肃北蒙古族自治县、阿克塞哈萨克族自治县、肃南裕固族自治

---

① 　王妍：《民族文化产业与民族地区经济增长关系研究》，硕士学位论文，中央民族大学，2007。

县、东乡族自治县、天祝藏族自治县和积石山保安族东乡族撒拉族自治县 7
个民族自治县。为使研究更具针对性和突出本研究的民族特色，我们选取了
最具代表性的甘南、临夏二州为主要研究对象，通过实地考察和资料收集，
对其进行实证分析，制定出民族地区文化产业发展战略并提出相应的政策建
议，希望取得的研究成果可以在更广泛的区域范围呈现示范效应和借鉴意义。

（三）研究框架图

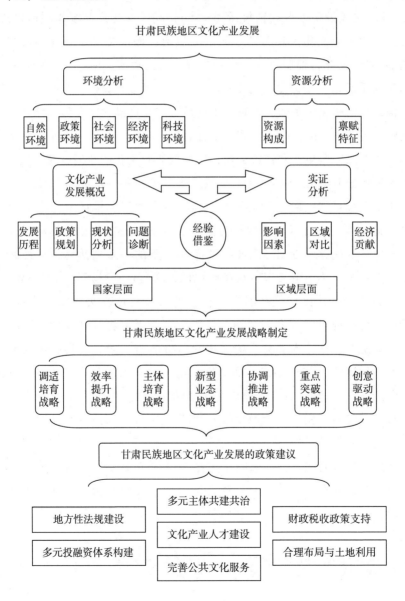

第一章　民族地区文化产业：
范畴与理论

一　文化及文化产业

（一）文化

西方思想史上，"文化"一词源于拉丁文的"cultura"，原义是指人在改造外部自然界使之适应于衣、食、住、行的过程中，对土壤、土地的加工和改良，后来逐渐引申出了修养、教育、文化程度、礼貌等多种含义。18世纪德国古典哲学家把文化引入"精神自由"的领域，它专指精神成就、人的内在人格和自我完善的意向。1871年，英国人类学家泰勒在《原始文化》一书中对文化做了系统的阐释：文化或文明，就其广泛的民族学意义来说，是包括全部的知识、信仰、艺术、道德、法律、习俗以及作为社会成员的人所掌握和接受的任何其他的才能和习惯的复合体。[①] 1952年，美国文化人类学家克罗伯和科拉克洪在其论文《文化：一个概念定义的考评》中，分析考察了100多种文化定义之后对文化下了一个综合定义："文化存在于各种内隐的和外显的模式之中，借助符号的运用得以学习与传播，并构成人类群体的特殊成就，这些成就包括他们制造物品的各种具体式样，文化的基本要素是传统（通过历史衍生和由选择得到的）思想观念和价值，其中尤以价值观最为重要。"[②] 荷兰学者霍夫斯泰德（Hofstede，1991）将文

---

① 爱德华·泰勒：《原始文化》，连树声译，上海文艺出版社，1992。
② A·L. 克罗伯、K·科拉克洪：《文化：一个概念定义的考评》，中国大百科全书出版社，2009。

化比喻成"人的心理程序",并指出文化会影响人们的思维方式、行为方式以及如何判断人和事物。①

"文化"一词,中国古已有之,但其含义与西方迥然不同,通常是作为古代农耕社会帝王实施文治和教化的总称而使用的。其本义为"以文教化",与武力征服相对应,即所谓"文治武功"。《周易·贲卦》曰"观乎人文,以化成天下",可视为文化的原始提法。孔颖达在《周易正义》中解释道:"观乎人文以化成天下,言圣人观察人文,则诗书礼乐之谓,当法此教而化成天下也。"古人往往从这个角度来谈文化,如西汉刘向说"凡武之兴,为不服也;文化不改,然后加诛"(《说苑·指武》)。可见从文化的词源上,已显出东西方文化差异的端倪:西方对"文化"的原初认识含有与自然做斗争,改造自然之意,"人定胜天"似乎可以概括其特点;而东方对"文化"的感悟主要来自人们与自然友好相处过程中的经验,用古人的话说,"仰观天文,俯察地理,中傍人事"。当然这两种含义后来随着东西方对"文化"作用于人的精神内涵的突出强调而走向了统一。

文化是人的创造物。从哲学的维度上看,社会发展过程就是人的文化创造过程。人本质上是一种文化存在,人的世界就是文化的世界,文化构成了人的生存方式和发展方式。文化是"人化"和"化人"的统一体。一方面,文化是人对自然的超越和改造,它是一个自然人化的过程;另一方面,文化又是人对本能的超越和提升,是人们社会实践的结果。文化体现了人的发展需要。在现实生活中,人们广泛使用的"文化"概念与社会结构的物质生产方式、制度存在方式密切相连、互相渗透,是具有相对独立形态和特点的精神领域的社会实践活动和人们精神活动的成果。它的基本内涵由物质文化、制度文化和精神文化组成,体现整个社会的文化水准、精神气质和生活样式。社会经济发展的历史告诉我们,文化对社会的发展举足轻重。它决定着人们的人生观、价值观,决定着社会的价值和伦理取向,也是人的行为取向的重要方面,构成人的行为准则,因此,文化是发展经济、维系社会秩序的重要变量因素。人类愈是进行高度的文化创造,也就愈能提高自身生产、劳动的能力,从而不断地改变其社会关系。作为

---

① G. Hofstede, *Cultures and organizations: Software of the mind*, Madenhead: McGraw-Hill Books, 1991。

一种软实力，文化对一个民族、国家和地区的发展越来越重要，它可以创造生产力、提高竞争力、增强吸引力、形成凝聚力。社会经济不断发展，从本质上要求通过文化的发展来建构健康向上、协同进步的文化体系，营造和谐的文化氛围，从而奠定和谐社会的精神基础，推动社会和谐发展。[①]

（二）文化产业

在我国历史上，附加精神价值的文化产品由来已久，价值不菲的书法、绘画、彩绘瓷器等艺术品表明，文化商品在古代就已经开始萌芽，但是具有产业特质的文化生产和消费还是近几十年来的事情。作为一种新兴的产业形态，文化产业在 21 世纪以来迅速崛起，逐渐成为许多国家经济发展的重要组成部分，为社会发展提供了巨大的推动力。近年来，我国也开始重视文化产业的开发与发展，并致力于通过发展文化产业来实现经济增长方式的转变与产业结构的优化升级。文化产业的生命力和对经济发展的卓越贡献在全球范围内已经达成广泛共识。

"文化产业"是一个集合概念，是包括工艺美术、文化旅游、影视广告、节庆会展、文体娱乐、新闻出版等在内的诸多与娱乐、传媒、创意等领域相关的行业和领域 。文化产业主要为人们提供精神方面的内容，围绕人们的精神生活而活动，以此来满足人们的精神需求。文化产业通过生产和销售创造利润，扩大规模。作为文化经济化浪潮不断推进的结果，文化产业具有可重复开发、科技含量高、环境污染少、知识密集以及附加值高等特点。"文化产业"一词，最早出现在 1947 年法兰克福学派的代表人物阿道尔诺与霍克海默合著的《启蒙辩证法：哲学断片》一书中，英文名称为 Culture Industry，译为"文化工业"或"文化产业"。在该书中，"文化产业"是指为大众传播和消费而制作的，能够进行模式化、批量化生产制造的工业。[②] 国内文化产业概念出现在国务院办公厅综合司于 1992 年编著的《重大战略决策——加快发展第三产业》一书中。2000 年 10 月，在中共

---

① 李少惠：《互动与整合：甘南藏区农村公共文化服务发展研究》，中国社会科学出版社，2014。

② 马克斯·霍克海默、西奥多·阿道尔诺：《启蒙辩证法：哲学断片》，渠敬东、曹卫东译，上海人民出版社，2003，第 134 页。

中央颁发的"十五"计划中,"文化产业"首次出现于中央正式文件。[①] 联合国教科文组织定义的文化产业是指按照工业标准,生产、再生产以及储存、分配文化产品和服务的一系列活动。我国国家统计局于2004年公布的首个《文化及相关产业分类》中,将文化产业定义为:为社会公众提供文化、娱乐产品和服务的活动及相关的其他活动的集合。该文件将其范围划分为以下四个部分:一是以满足人们精神需要为目的进行的创造、传播、展示等文化产品(包括货物和服务)的生产活动,将文化作为生产活动的核心内容;二是以满足文化产品生产所需为目的进行的辅助生产活动;三是制造文化产品的实物载体或制作工具的生产活动;四是制造辅助文化产品生产的专用设备的生产活动。文化产业由此可分为三个层次,即文化部、广电总局、新闻出版总署管理范围内的包括新闻、出版、广电和文化艺术等的核心层;包括网络、娱乐、旅游、广告、会展等新兴文化产业在内的外围层;提供文化用品、文化设备生产和销售业务的行业,主要是指负载文化内容的硬件产品制作业和服务业,这是文化产业的相关层。[②]

同时,文化产业在经济发展中具有很大的优势。它的资源主要是知识、技术、智力、灵感等文化资源,对自然资源的依赖性不大,是消耗少、污染少的产业,而且它与其他传统产业的关联性、渗透性、融合性很强,借助于新的科学技术与发展理念,它能显著提升传统产业的经济价值,促进经济转型升级,改造提升传统动能,培育壮大新动能,推动经济保持较快发展。文化产业在促进经济增长的同时还能满足群众日益增长、不断升级的精神文化需求,能不断促进新消费,在扩大内需方面更有效,具有更强的可持续性。文化产业也是推动创新创业的主力军,不仅能有效地带动就业,还能激发全社会的文化创造力,是中华民族伟大复兴的重要力量。文化产业在我国经济发展的大格局中正在发挥着举足轻重的作用。

二　民族地区文化产业

(一)民族地区文化产业的内涵

民族地区文化产业主要是指为了满足少数民族地区人民的精神文化需

---

① 《中共中央关于制定国民经济和社会发展第十个五年计划的建议》,《人民日报》2000年10月19日。

② 胡惠林:《文化产业学——现代文化产业理论与政策》,上海文艺出版社,2006。

求以及其他地区人们对民族地区民俗文化产品和服务的消费需求，按照工业化的标准，由市场化的行为主体实施运作，将少数民族地区的文化资源进行开发利用，生产具有民族区域特色的文化产品和服务，并对其进行存储、分配、消费的一系列活动。在民族地区，由于依托的是少数民族独特的风俗习惯和优秀的文化传统，文化产业通常被赋予当地民族特色。民族地区的特色文化产业主要指的是与人民群众的精神文化生活密切相关的能够满足人们的生产生活、休闲娱乐、宗教信仰等需求的具有民族特色的工艺美术、歌舞演艺、影视动漫、休闲旅游、传媒出版、节庆会展等行业的总和。长期以来，封闭的地理环境和相对落后的经济发展水平使少数民族地区形成了特有的生产生活方式、建筑风格、宗教信仰、民族服饰和饰品等，通过对这些文化资源进行产业化运作，能够为民族地区未来的经济社会发展提供更多的机会和更广阔的空间。

民族文化是民族地区文化产业的核心资源禀赋。民族文化是一个民族在长期历史发展过程中与其所在地域的自然环境不断互动而逐渐形成的具有时空特性的生产、生活与行为方式。对一个国家和民族而言，民族文化不仅作为文化产业的资源产生经济效益推动国家和地区的经济发展，它的文化功能更加突出。民族文化是一个民族的自我意识，是各民族繁衍和发展的写照，它记录了民族发展的历史，是各民族人群了解和认识自身的关键依据。对于民族共同体而言，民族文化是其相互认同、激发民族向心力与凝聚力、提升民族自信的核心要素，是维系民族和谐、促进民族团结的重要纽带；对于国家而言，保护和维持本国民族文化的独特性和多样性，有利于保持民族文化生态的平衡。

民族地区文化所具有的独特性，使它们成为区域文化产业发展中极其重要的资源禀赋。区域文化产业发展的重点之一也正是立足于区域特色民族文化资源而进行的产业化开发，发挥该产业投入低、效益高、发展速度快、财富创造能力强、区域外辐射力强、影响力大等特点，提升区域特色民族文化的认可度，打造代表区域发展的实力符号，增强区域的"软实力"。民族地区文化产业也成为体现该区域文化、经济、生态、社会特色的产业。

民族地区的文化产业是文化产业的一种形态，以民族文化资源为依托生产和经营文化产品，并通过产业化运作创造经济与社会效益。国内文化产业研究中，民族文化产业的相关问题是近年来大家持续关注的一个重点，内容主要涉及民族文化产业与地区经济增长的关系、民族文化产业发展、品牌传播、产业模式、集群、创新、民族文化资源的开发与保护、民族文化产业园区、相关技术、互联网与新媒体的运用、民族文化产业制度保障体系，以及民族文化产业的空间布局、主体协作、制约因素、驱动机制和特定区域的民族文化产业发展等方面。

本书认为，民族地区文化产业是文化产业的一种形态，也是文化产业的重要组成部分。它具备文化产业的一切要素和特征，但由于它以区域民族文化作为核心资源要素开发产品或提供服务，因此它又不同于文化产业的其他形态。民族地区文化产业以民族文化作为产业的核心资源，同时，以特定的民族地区和该地区特色民族文化作为最突出的特征，在地域范围上受到的限制使得它呈现出相较于其他文化产业与众不同的特点。

（二）民族地区文化产业的特征

1. 民族性

每个民族都有其独特的文化精神，这种抽象的文化精神会具象在当地的风土人情、屋宇器物上，或实或虚地留下这个民族独有的文化烙印。这种有别于其他民族的、独特的文化符号，恰恰能补充人们在外界文化产品市场上主流品类之外，对民族风情的精神消费需求。就现如今文化产品市场的供求与竞争关系来看，民族文化产品的技术含量仍处于较低层次，可无论是产品价格还是需求量却都处于较高水平，这一事实进一步佐证了民族性特色有助于提升文化产品附加值的观点。而民族地区文化产业正是基于这种高附加值的民族属性加成，才能形成独特的文化产业形态并获得相应的竞争优势。甘肃地区地域辽阔，在长久的文明生成、演变过程中，衍生出了风格不同、特点迥异的民族文化。这些不同于其他地区的自然风光和人文景观以及历时千年沉淀下来的宗教思想、风土人情，在现代社会的市场环境下形成了丰富的文化资源，是文化产业赖以成型的关键。

2. 独特性

每个民族地区由于历史背景、地域分布、社会形态、生产方式等方面的不同，其所积淀的文化有所差异。这种多样性体现在不同的语言、不同的宗教信仰、不同的礼仪禁忌、不同的风俗习惯、不同的传统节日、不同的建筑风格、不同的文学艺术等诸多方面，每一种不同的风格都丰富了我国民族文化资源的基因库。各个民族文化表现出来的民族性体现出人无我有的价值，即民族文化资源的独特性。由于不同的民族生活在不同地区，为适应当地的自然条件和地域环境，各民族不断创造出具有本民族特色的语言文字、神话传说、歌谣舞蹈、服饰建筑和礼仪风俗等文化形式。这种巨大的文化差异使民族文化资源显得丰富多彩，也形成了民族文化资源的独特性。

民族地区文化产业的独特性表现在三个方面。其一是产品结构的独特性，通常情况下文化产业大致包含出版、影视、广播等，而民族文化产业则主要体现在旅游、工艺品制造等领域。其二是发展方式的独特性，常规文化产业大体上都适应并依赖市场机制，以市场需求为导向，形成动态的融资、经营、生产模式。而民族文化产业具有小众性、政策性特点，所面对的消费者群体体量较小且消费需求固定，其产业资本及文化资本的整合难以完全通过市场机制来实现，在实践中往往需要政府进行政策引导并推动。其三是经营模式的独特性。常规文化产业侧重于技术和创意层面，其经营初期需要筹集大量的资金。而民族文化产业大多兴起于欠发达的偏远地区，且以产品、服务的文化内涵作为主要卖点，所以大多采取分散化、小规模的经营模式，并以连锁的方式对外扩张，逐步实现产业升级。

3. 地域性

文化的形成与地理环境有密切的联系，在不同地区的自然环境下，逐渐产生独特的人文风貌，所以地域性是民族地区文化产业的一大重要特征。首先，文化根植于民族聚居地域，受自然环境影响极深，所以民族地区的文化资源、要素，都被刻下了鲜明的地域性烙印，其可开发程度和开发方向都与地域环境有着显著的关联。可以说，地域性塑造了民族文化产业的竞争优势。其次，同一地域环境下所形成的民族文化，会具象到日常生活、习俗氛围之中，形成独属于该民族的精神内涵，并影响生产主体的经营行为和市场意识。所以在民族地区文化产业中会体现出鲜明的地域性特征。民族地区文化产业的区域性特点主要体现在以下三个方面。

一是民族地区文化产业资源的区域性。民族地区的文化在特定地点、特定族群的特定活动中产生并延续，在数千年的历史发展过程中不断被烙刻上本族群和本区域独特的印迹，形成特有的历史传统和文化习俗。如果离开特定地域，该文化也会成为另一种文化，从而使得民族地区文化产业呈现出明显的区域性特点。

二是民族地区文化产业发展水平的区域性。不同地区的文化生产能力受当地经济社会发展水平的影响而有所不同，不同地区的人们对民族文化产品的消费需求不同也会使文化产业呈现不同特点。不同类型的民族文化产业基于对市场和资源要素的需求，依据本区域内特色的文化资源发展相应的民族地区文化产业类型。此外，不同地区同类文化产业内部分工的深化与产业边界的拓展程度也有差异。因此，区域民族文化产业的发展水平有明显的区域性特征。

三是该产业所在地域自然生态环境的区域性。自然生态环境是民族文化产业所赖以存在的地理空间与环境空间，同时也是民族文化资源所赖以形成和延续的自然条件。但不同地域的自然生态环境在地形、地貌、植被、生物、气候等各种自然条件上有很大的差异，这些差异会通过自然生态环境与民族地区文化产业的互动机制反作用于民族地区文化产业，使其呈现出明显的区域性特征。

4. 准公共性

民族地区文化产业活动以满足特定消费人群的精神需求为目的，从公共产品视角来看，具有一定的正向外部性和非排他性。民族地区的文化产业是在民族地域范围内，对外产出并经营含有民族文化特色元素的产品或服务。在这一过程中，通过分散式经营和连锁式扩张，逐渐形成上下游产业链，在生产者获得相应的回馈的同时还能创造巨大的社会效益。在促进区域内民众收入提高、优化产业结构、宣传和保护民族传统文化等多方面发挥着积极、重要的作用。在此基础上，还有可能实现民族价值观的融合与再创造，并加强主流文化对民族文化的接纳与认可。而民族文化资源开发和产品销售具有明显的非排他性特征，在产业化经营中会不断深入挖掘文化资源，扩充产业规模，并不会出现因为产出的增加导致产品的内在价值下降的情况。

（三）民族地区文化产业的功能

作为文化产业的主要类型之一，民族地区文化产业对促进国民经济的快速增长发挥着重要作用，具有强大的经济功能。除此之外，健康可持续发展的民族地区文化产业还具有一定的文化功能与生态功能。

1. 经济功能：推动区域经济快速发展

民族地区文化产业通过对民族地区的文化资源进行产业化开发和利用，将其转化为巨大的生产力，能够创造出巨大的经济价值，并且能够转变经济发展方式，实现产业结构的优化升级，对区域经济发展具有巨大的推动作用。作为文化产业的一部分，民族地区文化产业具有绿色生产、优化结构、扩大消费、增加就业等优势。同时，民族地区文化产业还具有投入低、效益高、发展速度快、财富创造能力强、区域外辐射力强、影响力大等特点，是我国各地经济发展新的增长极。在现阶段我国区域经济发展不平衡的情况下，民族地区文化产业的发展为经济发展水平较为落后的西部民族地区提供了一条加速经济发展的有效途径。这些地区拥有极其丰富的民族文化资源，并且在资源和技术等生产要素方面具有得天独厚的优势，选择发展文化产业自然就具备了竞争优势，文化产业也因此成为这些地区的支柱性产业，成为促进经济发展的强大的推动器。

2. 文化功能：动态保护区域民族文化

民族文化的保护有静态与动态两种方式：静态保护，是运用现代化技术手段将面临消失危险的民族文化的形式和内容记录下来；动态保护则是运用各种手段和方法让民族文化在变异和创新的过程中继续存活并不断传承与发展。静态保护与动态保护相互促进，互为补充，一起构成了民族文化的保护与传承机制。发展民族地区文化产业是对区域民族文化进行动态保护的有效途径之一，它对民族文化的动态保护主要体现在以下五个方面。

第一，民族地区文化产业的健康发展为保护民族文化提供了一种全新的方式。民族文化产品和服务带给消费者更多的是精神和意识层面的主观感受，在消费过程中，消费者的意识中会产生各种深刻、独特的印象，比如在民族文化旅游过程中，消费者在吃、穿、住、行等各方面亲身体验了旅游地的民族文化后，对这一切都会有自己的认识，之后也会不断地宣传其体验。这个过程能够让人们逐渐了解民族文化并激发对它们的兴趣，由此起到对该民族文化传播、保护、传承、发扬的独特作用。第二，民族地区文化产业的发展能够促进对民族文化资源的开发，产业化的发展方式有利于民族文化在产业发展过程中得到深度开发和延续，有利于民族文化的保护和传承。第三，民族地区文化产业对民族文化的开发与传播，能够进一步提升民族地区的文化自信与自觉，提升区域文化的共识力与凝聚力，增强文化自豪感，从而更好地维护民族地区的文化生态，为该地区的文化保护与传承创造良好的环境。第四，在民族地区文化产业的发展过程中，需要对民族文化资源进行产品设计、生产、营销、推广、传播、消费等，需要进行一系列的产业化开发程序。在这个过程中，产出的文化产品和服务作为文化的有效载体，易于进行文化的推广和传播，能有效地传承和弘扬民族文化精神，增强其生命力与活力。第五，民族地区文化产业的发展能够提升区域经济实力，从而为该地区的文化保护提供雄厚的资金支持和物质保障。

3. 生态功能：节约自然资源，保护区域生态环境

民族地区文化产业的核心资源禀赋是民族文化资源，相较于其他产业，它利用的自然资源很少，属于典型的低能耗、低污染、低排放的绿色产业。发展民族文化产业有益于节约日益稀缺的自然资源，有益于减少环境污染，保护生态环境，实现绿色发展与可持续发展。

三 理论基础

（一）产业链理论

产业链属于产业经济学的范畴，是指产业内部各个部门之间基于一定的经济技术关联，按照一定的逻辑关系和时空布局形成的一种链条式的企业集群和与这些企业集群相关联的资源、产品和服务之间的衍生关系，以及由这一衍生关系链接的产品关系、供应关系、价值关系等。产业链主要是基于不同产业间的区域差异，不同的行业有各自的优势。区域差异的客观存在是产业链产生、发展并不断深化的基础。发挥区域比较优势，以产业合作实现形式和内容的区域合作，并基于一定的技术经济关联，在各个产业部门之间构建了链条式关系形态。产业链有五大重要内涵：供需链、价值链、产品链、技术链和空间链。产业链的运作依赖于企业，在这五大内涵链中，从企业的视角看，供需链、企业链和空间链具有相对的稳定性，

而产品链和价值链则对整合产业链的影响较大，是基于现有的产品链挖掘产品的最大化价值。从产业层次上看，资源被加工生产为产品的过程中汇集了知识和技术含量并提高了效用，变成最终的服务和产品提供给消费者，这个过程提高了产品附加值。产业链的链条长度反映了对资源加工的深度，资源加工的程度越深，所形成的链条也就越长。产业链的纵横延伸势必会带来科技、人才、资金等生产要素的集聚，从而进一步推动产业结构的升级，带动相关产业发展。通过探索产品更深层次的价值，产业链链条延长，附加值提升，产业链的利润区间也随之扩大，实现产品价值增值。

随着社会需求的日益增长，企业的分工和贸易越来越复杂，企业之间的相互关系也越来越密切。各企业通过专业分工来发挥各自的区域优势，实现相互价值的交换，以产业合作为发展手段来实现优势互补，实现最佳企业组织结构，共同推进产业发展。产业链理论为民族地区文化产业的发展提供了重要的指导原则，要加速产业发展，提高生产经营效益，就必须合理布局产业链，在文化资源的开发过程中不断延伸产业链链条长度，从而获得更高的附加价值。

本书中的民族地区文化产业在发展的过程中可以和其他产业优势互补，同时还可以容纳其他产业的优势，形成一条新的完善的产业经济链条。例如，甘肃民族地区文化产业的发展离不开旅游文化这个载体，因为旅游文化既属于文化的一种，又属于经济产品，而且也是最有效的结合方式。旅游文化与其他文化产品不同，旅游文化产品是游客在旅游过程中生成的。文化旅游行业快速发展，与多个部门或多个行业的关系越来越密切。比如开发旅游产品，需要完善交通运输、公共基础设施等；而且文化旅游产品越丰富，人们相应的消费越多，当地的经济发展就会越快，甚至能够带动其他产业的发展。

（二）区位布局理论

区位布局理论也被称为经济区位论、空间经济学，是研究人类经济行为的空间区位选择及空间区域内经济活动优化组合的理论。它研究人类社会经济活动的空间分布规律，揭示了各区位因素在地理空间形成发展中的作用机制。

区位布局理论认为，区位是人类行为活动的空间，是自然地理区位、经济地理区位、交通地理区位等在空间地域上的有机结合，它强调地理要素与经济社会活动之间的相互作用在空间位置上的反映。区位论的研究主要包括区位主体、区位因素、区位条件、区位优势、区位选择等几个部分，它们紧密关联，相互作用。区位主体是指企业经营活动、个人活动等与人类相关的经济和社会活动。区位主体在空间区位中的相互运行关系被称为区位关联度，它会影响投资者和使用者的区位选择，其选择总是倾向于成本最小的区位。区位条件是指区位本身具有的特点、属性、资质等，它由各种区位因素构成。区位因素（也称为区位因子）是指促使区位地理特性与各种功能形成、变化的原因或条件，它是影响区位主体分布的原因，包括自然因素、社会经济因素、技术因素等。自然因素具体包括地理位置、地形地貌、气候水体、自然资源、区位形状等因子；社会经济因素具体包括人口、民族、文化、政策、管理、教育、资金、市场、旅游、交通等因子；技术因素主要指科技水平因子。有利的区位条件和区位因素，比如资源、劳动力、工业聚集、地理位置、交通等会形成区位优势，但区位优势是一个综合性概念，单项的有利条件往往难以形成区位优势。区位优势会随着区位条件和区位因素的变化而不断发展变化。

区位布局理论告诉我们，在进行区位选择时，应遵循因地制宜和动态平衡的原则，根据具体经济活动的内容和地点，综合考虑影响区位活动的各种因素，尤其是市场、交通、政策、技术等不断发展变化的动态因素，以便经济活动能合理充分地利用当地各种资源，从而降低成本，提升经济效益。同时，也应该遵循统一性原则，将区位看作一个开放的复杂的系统，分析该系统及其内部各组成成分以及外部环境之间的相互作用机制，在保持区位系统内部各要素之间、区位系统与其他系统之间的协调统一以及区位活动经济效益、社会效益、环境效益协调统一的基础上做出选择。

本书的研究对象是甘肃民族地区的文化产业，该产业是在民族文化资源、自然生态环境、地理位置以及社会、经济、科技、管理、旅游、交通等各方面形成的综合的资源与条件优势的基础上发展的。

（三）后发优势理论

后发优势是指处于经济发展状态相对落后和迟缓状态下的国家或地区具有的有利条件或各种机遇。一般来说，一国或地区经济发展相对落后，会导致其面临许多不利条件。但由于经济全球化促进了世界交往的普遍发展，发达国家或地区具有其先发经验，对后发国家或地区起到了示范作用，因而不利条件在一定程度上会转化为有利条件。

后发优势理论的创始人格申克龙指出，落后国家在追赶发达国家经济发展水平的过程中，具有一些发达国家所不具备的优势，并在他发表的《经济落后的历史回顾》一文中首次明确提出"后发优势"（advantage backwardness）这一概念。这些后发优势主要有：引进发达国家已经开发的新技术，实现快速的技术进步；发展中国家新技术嵌入商品里的资本收益率高于发达国家；欠发达国家农村剩余劳动力转移到工业部门可以提高要素生产率。总的来看，技术转移是这三个优势中发展中国家实现比发达国家远为高速的增长，迅速缩小差距的关键性因素。此外，像"精神"、"意识形态"、工业生产结构和企业组织结构等的不同，也是先发与后发国家或地区间存在差异的主要原因。因此，后发国家或地区可以通过向发达国家引进先进的技术与制度，积极利用其资本，减少试错成本，使得特定发展阶段所用的时间远小于先发国家或地区。

后发优势理论不仅适用于国与国之间的贸易竞争，同样也适用于一国之内的地区间经济发展战略决策。从地区发展的相对差异性出发，可以将各种发展主体（包括国家、地区和企业等），相对地归纳为两类：一类是先发展经济体（Early-Developing Economics），包括先发国家、先发地区和先发企业等，可统称为"先发者"；另一类是后发展经济体（Late-Developing Economics），包括后发国家、后发地区和后发企业等，也可称为"后发者"。对先发与后发的划分，是从长期区域经济变化的过程来进行划分的，属于长期、动态分析，其区分更多是相对意义上的，没有时间界限和数量方面的绝对标准。

后发优势只是一种潜在的优势，它的实现有赖于许多其他条件，而技术进步与制度创新正是将后发优势转化为后发利益的最有效的途径。技术性后发优势，是指后发地区从先发地区水平和垂直引进各种符合本地区比较优势的先进技术，经过模仿、消化、吸收、改进和创新后，应用到生产领域所带来的高效、节能、环保等多方位利益；制度性后发优势表现为后发地区学习、效仿和借鉴先发地区的制度安排，并经本土化改进所产生的效益。技术进步与制度变迁之间存在互动与演进的约束机制：制度创新是技术进步的前提条件；技术进步要求相应层面的制度创新相配合；技术的进步也会推进后续技术与制度的不断创新。总之，后发地区向先发地区学习技术与制度，二者在互动中共同促进经济增长。

后发优势理论对甘肃省民族地区文化产业的发展具有十分重要的指导意义，因为即使经过40多年的改革和发展，甘肃省与东部沿海省区的差距仍然很大。2018年甘肃省GDP为8246.1亿元，全国省际排名第27位，仅为同年排名第一位的广东省GDP的8.47%。然而，甘肃省利用创新技术手段和特色文化资源的优势来促进经济发展的潜力非常大。后发优势理论是被实践证明了的，并为国内外专家和学者所普遍认可。因此，甘肃民族地区文化产业在发展过程中，可以吸取其他发达国家或地区的成功经验和优秀成果，立足当地特色，培育自主创新能力，建立良好的市场环境，通过培育地区特殊文化产业优势，改革政府体制，以促进技术和生产力、管理和制度的跨越，从而推动产业结构升级、经济运行速度和质量的提高，增强甘肃民族地区文化产业核心竞争力。

（四）场景理论

场景理论主要用来解释后工业城市发展、转型与更新的动力与路径，是新芝加哥学派提出的最新理论范式。生产力的高速发展使得大规模的城市化成为可能，众多学者认为城市的产生和快速发展源于生产力的发展及其引起的社会结构变化。随着20世纪80年代电子信息技术的广泛运用，社会的生产力结构开始从第一产业转向第三产业，如医疗服务、交通、娱乐、金融、广告、开发、设计、项目策划等。芝加哥大学社会学教授特里·N.克拉克指出，随着传统制造业在城市中的衰落甚至撤离，以科技创新、文化创意、休闲娱乐等为主的新兴产业方兴未艾，城市不仅仅是由第一产业向第二产业转移，同时也是由生产导向朝着消费导向转移。他将这种城市形态称为"娱乐机器"，并提出建设以消费为导向、以生活文化设施为载体、以文化实践为表现形式的"场景"（scenes），这是吸引创意阶层的首要因素。传统城市的发展模式突出了土地、劳动、资本和管理等要素对城市发展的基础性作用，然而忽视了知识技术等无形要素；人力资本模式突出了优秀人才对技术创新和经济增长的贡献，却没有有效解决吸引人才的问题；生活文化设施模式指出了对创意阶层的吸引，但忽视了制度化环境中组织的力量。文化动力观点正是对这三种发展模式的继承和创新。文化动力模式既重视知识经济对城市发展的作用，又关注如何吸引创意人才以及建设过程中的组织化力量。场景理论对城市政策的启示包含两个方面：一是高层公共政策，主要体现在从资金投入、战略制定等方面营造良好的氛围；二是对于本土公共政策的制定，地方政府应更了解区域特征，在塑造都市场景中回应区域的多样性，营造独特的文化氛围。①

特里·N. 克拉克的场景理论对文化产业的政策制定过程颇具启迪价值，文化动力作为一种新的思路，无疑是对实践的学术回应，这里强调的文化并不是模糊抽象的符号。就实践层面而言，其对城市政策的论述不只对顶层设计，也为地方政府提供了理论思路：一是筑巢引凤，营造良好的氛围吸引优秀创意人才；二是借助文化因素推动城市经济增长和发展。就本书而言，运用场景理论有利于在政府制定促进民族文化资源与文化产业融合发展的政策时提供建设性的意见：首先，明确价值取向，带动当地居民塑造具有浓郁地方特色的文化场景；其次，营造有利于民族文化与相关业态融合的良好氛围，带动相关业态发掘利用民族文化资源的积极性；再次，有利于培养或吸引促进民族文化资源与文化产业融合发展的相关人才；最后，将民族文化资源这一文化符号植入消费者的消费习性中，拓展民族文化资源融合文化产业发展的经济价值空间。

---

① 吴军、特里·N. 克拉克等著《文化动力——一种城市发展新思维》，人民出版社，2016，第 95～103 页。

第二章　甘肃民族地区文化产业
发展环境分析

　　甘肃民族地区文化产业的发展既受制于国家制度与宏观政策安排，又与人的主观活动密不可分，更离不开区域经济社会内部的环境条件。本章将从文化生态学理论的视角，借助 PEST 战略环境分析工具对影响甘肃民族地区文化产业发展的自然地理环境、政策环境、经济环境、社会文化环境以及科技环境等变量进行分析。

　　文化生态学理论最早由美国文化人类学家朱利安·斯图尔德于 1955 年提出。他结合生态学、人类学和社会学等不同学科，指出"文化与环境"的内在联系和生态链关系，把自然环境因素和社会环境因素作为文化产生和发展的土壤，用来解释具有不同地区特色的文化形貌和文化模式的起源。[①] 斯图尔德提出了文化生态学的三个研究方法：第一，必须分析开发技术或生产技术与环境的相互关系；第二，必须分析用特殊的技术手段开发特殊地区中的行为模式；第三，必须弄清楚行为模式在开发环境中影响其他文化方面所具有的作用程度。[②] 斯图尔德最重要的贡献就在于认识到环境与文化是不可分离的，文化和环境有时各自起着不同的作用。[③] 可见，文化生态学研究的是环境和文化之间的关系，人类社会文化的产生、发展、衰落要受到当地价值观、社会组织、生活方式、文化体制、科学技术水平等

[①]　赵娟、郑铭磊：《从文化生态论看民间文化艺术的发展》，《大舞台》2015 年第 4 期，第 239 ~ 240 页。

[②]　J. H. 斯图尔德、玉文华：《文化生态学的概念和方法》，《世界民族》1988 年第 6 期。

[③]　毛海莹：《文化生态学视角下的海洋民俗传承与保护——以浙江宁波象山县石浦渔港为例》，《文化遗产》2011 年第 2 期，第 105 ~ 111 页。

多种因素的影响。能够适应环境，并且随环境的变化而变化的文化才能够不断发展、壮大，而不能因地制宜、随时调整的文化，就如同失去了土壤的植物，面临的是枯萎和衰竭。文化生态学把文化看成人们与环境相互作用而形成的稳定和平衡的生态系统，通过寻求各种环境因素的交互作用来解释特定区域的文化特征。本章将对影响甘肃民族地区文化产业发展的环境要素予以阐述。

一 自然地理环境

一个地方的地理区位、地形地貌、生态环境不仅影响一个民族的谋生手段和生活方式，也决定了当地的经济类型和结构，影响经济发展的速度。可以说，地域是一个民族安身立命的场所，对于民族的影响是全面而深远的。自然地理环境虽然没有直接赋予民族以文化，但提供了人类文化产生和发展的物质条件，并在一定程度上决定了民族文化的形态和趋向。民族地区文化产业将民族文化作为核心资源禀赋，民族文化是各民族在长期历史发展过程中与当地自然生态环境互动融合而逐渐形成的本民族特殊的生产生活方式与风土人情。民族文化根植于当地自然生态环境，烙刻着本民族独特的印迹，具有极其明显的民族性与地域性，不同地域的民族文化有明显的区域性特点。

（一）民族区域分布

甘肃省地处中国西北部，是一个多民族省份，全省现有 54 个少数民族成分，少数民族总人口 241.05 万，占全省总人口的 9.43%。① 少数民族主要集中在青藏高原与黄土高原的过渡地带。从分布来看，回族主要聚居在临夏回族自治州和张家川回族自治县；藏族主要聚居在甘南藏族自治州和河西走廊祁连山的东、中段地区；东乡、保安、撒拉族主要聚居在临夏回族自治州境内；裕固、蒙古、哈萨克族主要分布在河西走廊祁连山的中、西段地区。甘肃省内所辖少数民族地区主要包括甘南藏族自治州和临夏回族自治州，以及张家川回族自治县、肃北蒙古族自治县、阿克塞哈萨克族自治县、肃南裕固族自治县、东乡族自治县、天祝藏族自治县和积石山保

---

① 《甘肃省概况》，国家统计局官网，最后访问日期：2010 年 11 月 1 日，http://www.stats.gov.cn/ztjc/zdtjgz/zgrkpc/dlcrkpce/dlcrkpczl/。

安族东乡族撒拉族自治县 7 个民族自治县。全省 86 个县、市、区中，除少数民族聚居的 20 个民族县、市、区外，其余 66 个县、市、区内均有散居少数民族。本书主要以甘南、临夏两个民族自治州为研究对象展开分析。

（二）地形地貌

甘肃民族地区多数地处黄河、长江的上游地区和青藏高原、黄土高原与陇南山地的过渡地带，因此，大部分属于高寒阴湿山区、干旱山区和高原山区，自然条件严酷，地质灾害多发，生态环境十分脆弱。甘南藏族自治州位于长江、黄河上游，东与定西、陇南地区比邻，南与四川阿坝藏族羌族自治州接壤，西与青海果洛、黄南州相连，北靠临夏回族自治州。位于东经 100°45′~104°45′、北纬 33°06′~35°34′之间。甘南藏族自治州地势西北部高，东南部低，由西北向东南呈倾斜状。南部为重峦叠嶂的迭岷山地，山大沟深，气候温和，是全省重要林区之一；东部为连绵起伏的丘陵山区，高寒阴湿，农林牧兼营；西部为广袤无垠的平坦草原，是全省主要牧区。甘南大部分地区在 3000 米以上，80% 以上的耕地都分布在海拔超过 2000 米的中高山地区。临夏回族自治州位于黄河上游，甘肃省中部西南面。地处东经 102°41′~103°40′、北纬 34°54′~36°12′之间，东临洮河与定西市相望，西倚巍峨的积石山与青海省毗连，南靠险峻的太子山与甘南藏族自治州为邻，北滨黄河、湟水与甘肃省会兰州市接壤。临夏回族自治州境内山谷多，平地少，地势西南高，东北低，由西南向东北递降，呈倾斜盆地状态，属高原浅山丘陵区，最高海拔 4585 米，最低海拔 1563 米，平均海拔 2000 米。由于地形复杂，甘南、临夏交通十分不便，当前尚没有铁路开通，给当地发展带来极大不便。

（三）气候水文

甘肃省多属于温带大陆性季节气候，甘南和临夏等地气候温和、光照充裕、降水丰沛，但地理分布差异显著。甘南州地处高原，具有大陆性季节气候的特点，常年气温较低，年平均气温只有 4 摄氏度。高原天气多变，经常风雨骤至，昼夜温差大，日照强烈。临夏州大部分地区属温带半干旱气候，西南部山区高寒阴湿，东北部干旱，河谷平川温和。冬无严寒，夏无酷暑，四季分明，年均气温在 6 摄氏度左右。甘南州、临夏州是黄河上游重要的水源补给区，黄河流经甘南州境内 433 公里，在临夏州境内达 103 公里，一级支流有洮河、大夏河、湟水河等，三级以上支流 30 多条。而由于甘南州地处黄河、长江上游，且东部为典型的高山峡谷地貌，河谷深邃，河道落差大，是甘肃省水能蕴藏丰富区。

（四）资源物种

受地形地势、气候水文的影响，甘肃民族地区的资源物种的生物多样性十分明显：主要包括云杉、水杉、油松等针叶树种，蕨菜、沙棘、香菇、花椒等野生植物，虫草、党参、半夏、柴胡等药用植物，小麦、青稞、土豆等农作物及苹果、红枣、白菜、樱桃等蔬果，野生动物资源主要有黄羊、雪豹、猞猁、野猪等。另外，甘南、临夏等地的矿产资源不仅矿种多样，而且矿床类型比较齐全，主要有铁、金、镁、汞、铅、铬、泥炭等。这些丰富的物种具有极大的开发价值，成为甘肃民族地区文化产业发展的物质基础。

二 政策环境

（一）国家宏观政策

我国文化产业的发展动力主要源自体制创新和政策助推。[①] 文化产业政策是文化产业发展的重要保障和推手——文化产业的规范、有序、健康发展需要文化产业政策的引导、管理、扶持和调控。特别是在我国，体制性"松绑"和政策性助推是文化产业发展的基本动力，文化产业政策影响并制约着文化产业的发展。截至目前，我国出台的有关文化产业的全国性和地方性政策文件与具体措施已达上千个，一系列文化产业政策的出台基本奠定了文化产业发展的基调，对全国以及局部地区的文化产业发展产生了重大的影响。可以说，文化产业政策是文化产业发展的一个风向标与缩影。

根据我国文化产业和文化产业政策的变迁与发展历程，我们可以看到，在国家宏观政策的指导下，在文化事业逐步向文化产业转变的过程中，各地区能够根据当地实际条件制定适宜的文化产业发展的对策。在经济环境和文化禀赋独具特殊性的甘肃民族地区，落后的发展现状更需要政府的统筹与引导。随着文化产业的勃兴，我国的文化产业政策经历了逐步完善的

---

① 蔡尚伟、何鹏程：《回眸与展望：中国文化产业政策的创新演化》，《成都大学学报》2010年第 2 期，第 5~8 页。

过程，政策在各个时期都发挥出重要的作用。

1. 第一阶段：文化产业初步萌芽（1978～1984 年）

从新中国成立到改革开放前夕，我国实行的是计划经济体制。这一时期的文化以党和人民的事业形式存在，文化产业虽然尚未形成，但相关的政策已经开始发挥作用，由国家直接投资文化事业，提供文化产品和服务。"文化大革命"结束以后，中共于 1978 年召开十一届三中全会，揭开了社会主义改革开放的序幕，部分文化类行业如文化休闲娱乐业、广告业等外围层产业率先发展起来，开始呈现出市场化趋势。1979 年广州东方宾馆音乐茶座的开张引领了歌舞业的兴起，成为我国文化产业萌芽的起点。而与此同时诸如新闻出版、广播电视、文化艺术等文化产业的核心层尚未产业化，仍由党政宣传部门、文化管理部门、国有文化企事业单位控制。这一时期虽不存在所谓的"文化产业"和"文化产业政策"，但是国家已经开始鼓励文化体制改革。1980 年全国文化厅局长会议上提出"改革文化事业体制的经营管理制度"，1984 年天津会议将"以文补文"活动合法化，演出团体和其他文化事业单位自发的经营活动开始得到政策支持，文化事业的产业经营模式开始形成。这一阶段可以称作用文化产业政策催生文化产业时期。

2. 第二阶段：文化产业市场形成（1985～1991 年）

20 世纪 80 年代中期，我国的文化娱乐场所和广告公司迅速发展起来，1985 年颁布的《关于建立第三产业的统计报告》，标志着在改革开放与经济建设大环境下文化制造业和文化服务业开始蓬勃发展。在这一阶段，国家鼓励文化市场自由充分地发展，引导文化事业单位积极改制，推动了各类文化活动的市场化和产业化。这一时期先后出台的《文化事业单位开展有偿服务和经营活动的暂行办法》和《关于加强文化市场管理工作的通知》等文件，对文化市场的开发和培育起到了重要的推动作用，文化市场的地位和管理方针、原则等得到了明确和重视。1989 年文化市场管理局的设立，标志着我国文化市场管理体系开始逐步建立起来，文化市场管制工具随之出现；1991 年发布的《关于文化事业若干经济政策意见的报告》，将"文化经济"作为新时期发展的一个重要概念提出，文化市场活力进一步增加，新的文化产业政策需求产生。

3. 第三阶段：文化产业全面发展（1992～2002 年）

1992 年邓小平视察南方发表了著名的"南方谈话"，大大解放了人们的思想。我国开始建立起社会主义市场经济体制，社会力量开始积极参与经济和文化发展，政府职能也逐步转变，文化部门以往的"办文化"和"政府直接管理"开始朝着"管文化"和"间接管理"过渡，意味着强制性有所弱化。社会主义市场经济制度确立以后，我国文化产业进入全面发展时期，文化产业政策也开始兴起并逐渐成熟。1992 年国务院在《关于加快发展第三产业的决定》中首次明确了文化产业的"产业"性质，正式提出加快文化生产和服务等第三产业的发展。同年，党的十四大提出新时期社会主义市场经济建设目标，将文化经济纳入经济行业轨道，明确指出"发展文化经济，完善文化经济政策"，国务院办公厅出版的《重大战略决策——加快发展第三产业》全面论述了"在改革开放中发展文化产业"及政策性的意见。1993 年文化部关于"发展文化产业"的命题，进一步提高了社会各界对文化产业的关注度，文化产业发展步伐加快，规模扩大。在之后的几年中，国家针对歌舞演艺业、电影业等行业的体制改革、文化行业投资与税收问题陆续出台了一系列政策措施和相关管理条例，对文化产业加以鼓励和规范。在 1998 年的国务院机构改革中，文化部成立了文化产业司，主要负责扶持和推动文化产业建设，制定文化产业发展规划和政策，标志着我国文化产业进入全面建设阶段。在 2000 年通过的《中共中央关于制定国民经济和社会发展第十个五年计划的建议》中，"文化产业政策"首次出现在中央文件中，表明政府开始注重运用政策来促进文化产业发展。2000 年发布的《关于支持文化事业发展若干经济政策的通知》和 2001 年发布的《国民经济和社会发展第十个五年计划纲要》将文化产业纳入国家经济发展计划。2002 年，中共十六大首次确立了文化产业的国家战略地位，明确了文化产业与文化事业的区分，这是文化产业政策发生实质性蜕变的"分水岭"。同时，十六大报告提出文化产业和文化事业"二分法"，文化产业政策正式形成，成为发展社会主义市场经济的战略性政策。作为这一时期国家规范文化市场的主要工具，《中华人民共和国广告法》《音像制品管理条例》《出版管理条例》《互联网出版管理暂行规定》等行业条例相继出台，有效保证了行业秩序和社会效益，也为其他文化产业政策工具的产生和完善提供了前提和基础。

4. 第四阶段：文化产业地位确立（2003～2012 年）

我国加入世界贸易组织后，改革开放程度进一步加深。随着同各国经济文化交流日益密切，我国文化产业呈现出蓬勃发展的良好态势，逐渐成为新的经济增长点。2003 年召开的全国文化体制改革试点工作会议上对文化体制改革方案进行了专门研究部署，文化体制改革试点工作在北京、上海、广东、浙江等省市展开，"走出去"战略也首次出现在文化产业领域。此后，国家开始鼓励社会资本进入文化产业，陆续出台了一系列支持非公资本进入文化产业领域的文件，从法律上为社会资本参与文化产业发展提供了支持和保障。非公有资本的进入，大大增强了文化市场的活力。文化产品和服务的进出口贸易在这一时期也开始增加，相关政策文本包括《关于加强文化产品进口管理的办法》《关于进一步加强和改进文化产品和服务出口工作的意见》。

2005 年以后，中国的文化产业政策出现新亮点，即对新兴文化产业的态度由以往的以管制为主转变为发展与管理兼顾，侧重鼓励发展。与此同时，为了避免外来文化的过度入侵，国家出台了一系列硬性政策加强对内扶持，如 2005 年广电总局发文规定，全国各级电视台黄金时间只能播出国产动画片。此外，在动漫、网络游戏、网络音乐、报纸出版业、旅游业等领域均发布了相关文件文本。2007 年，党的十七大提出，要推动社会主义文化大发展大繁荣；要推进文化创新，增加文化发展活力；要深化文化体制改革，完善发展文化产业、鼓励文化创新的政策，营造有利于出精品、出人才、出效益的环境；要大力发展文化产业，繁荣文化市场，增加国际竞争力。

2009 年，国务院出台《文化产业振兴规划》，明确指出在当前应对国际金融危机的新形势下，加快文化产业振兴对满足人民群众多样化、多层次、多方面精神文化需求，扩大内需特别是居民消费，推动经济结构调整的重要性、紧迫性。这表明文化产业已经成为引领我国经济走入新一轮经济增长的强大引擎，成为助推社会转型、促进国家经济结构调整的新动力，步入纵深发展时期，我国文化产业的发展上升了到国家战略高度。2011 年，中共十七届六中全会明确提出了建设社会主义文化强国的目标，审议通过了《中共中央关于深化文化体制改革推动社会主义文化大发展大繁荣若干重大问题的决定》，强调要充分认识推进文化改革发展的重要性和紧迫性，更加自觉、更加主动地推动社会主义文化大发展大繁荣；加快发展文化产业，推动文化产业成为国民经济支柱性产业；进一步深化改革开放，加快构建有利于文化繁荣发展的体制机制。2012 年，中共中央办公厅、国务院办公厅发布了《国家"十二五"时期文化改革发展规划纲要》，明确指出，要以"遵循文化发展规律，适应社会主义市场经济发展要求，着力推进文化体制机制创新，推动文化事业和文化产业全面协调可持续发展"为重要方针，标志着文化产业的发展进入快车道。

5. 第五阶段：文化改革深入推进（2013 年至今）

我国当前正处于经济社会转型期，党的十八届三中全会中指出"使市场在资源配置中起决定性作用和更好发挥政府作用"，推动文化体制改革向纵深发展，文化市场迸发出巨大的活力，文化体制改革持续深入推进。这一阶段，自愿性政策工具在文化产业市场中发挥的作用越来越明显，国家开始有意识地培养各类文化企业，从财政税收、金融信贷等方面给予极大的优惠政策。2014 年初，国务院发布《关于推进文化创意和设计服务与相关产业融合发展的若干意见》，要求以塑造产业新优势为任务，加快文化产业与数字、旅游、农业、体育等产业的融合；随后文化部、中国人民银行、财政部积极响应十八届三中全会提出的"鼓励金融资本、社会资本、文化资源相结合"，提出了深化文化金融合作的制度安排；同年，《关于大力支持小微文化企业发展的实施意见》的出台，有效帮助解决了小微文化企业在经营、成本、融资、人才、市场环境等方面所面临的难题，并建立了小微文化企业服务平台。这一时期，各地文化行业协会等中介组织迅速发展。成立于 2013 年的中国文化产业协会，作为文化产业领域的国家级协会，会员囊括了总政歌剧团、中国对外文化集团、阿里、盛大、乐视、腾讯等优秀文化企事业单位，全面覆盖演艺娱乐、电子商务、网络文化、动漫游戏、影视传媒、工艺美术、文化旅游、文化金融等领域，对发展我国文化产业、提升文化软实力、加强文化国际交流起到巨大的推动作用。

2014 年 5 月，文化部提议建设"丝绸之路文化产业带"，力图打通文化壁垒，增强国家文化传播力，提升文化软实力，加强影视、演艺娱乐、动漫游戏、文化旅游、工艺美术、非物质文化遗产、民族文化、工业制造、建筑设计、文化体育等多领域的交流合作；通过充实丝绸之路经济带的发展规划，推动文化产业融合发展，加速文化贸易往来，促进经济可持续发展；增进不同民族、不同宗教信仰之间的理解和团结，加强国际交流和互信，最终实现产业带各地、各国家互利共赢、和平稳定、繁荣发展。2014年8月，文化部、财政部联合发布了《关于推动特色文化产业发展的指导意见》，提出依托各地独特的文化资源，通过创意转化、科技提升和市场运作，提供建设具有鲜明区域特点和民族特色的文化产品和服务的产业形态。可以看出，国家对西部民族地区的文化产业发展给予极大的重视，这也为民族地区由追赶式发展向跨越式发展提供了可能性。

2016年3月，"十三五"规划纲要提出"十三五"期间要实现"公共文化服务体系基本建成，文化产业成为国民经济支柱性产业"的目标，表明中央在"十三五"时期大力推进文化产业发展的决心和信心。2018年，国务院机构改革中将原文化部、国家旅游局的职责整合，组建了文化和旅游部，为进一步推进文化和旅游融合发展提供了制度保障，也彰显了国家对相关产业领域的重大战略部署。文化产业和旅游产业的融合为两大产业的发展注入了新的动力，提供了新的思路，也为甘肃民族地区发展文化产业指明了方向。推动文化和旅游工作各领域、多方位、全链条深度融合，实现资源共享、优势互补、协同并进，能够为文化建设和旅游发展提供新引擎、新动力，形成发展新优势。我国西部地区具有悠久的历史和众多的民族，使得西部地区文化兼容并蓄、包罗万象，再加上特殊的区域位置和多样的自然环境，为西部地区文旅融合发展提供了充分可能。在产业结构转型升级的背景之下，以旅游业为代表的第三产业得到了地方政府的高度重视。随着交通基础设施逐步完善，在政策的大力支持下，依托多元的文化资源优势，西部地区的文化产业和旅游产业迅速发展。因此，通过有效手段促进新时代甘肃民族地区文化产业和旅游产业深度融合发展，对于文化产业实现作为战略性支柱产业的定位以及甘肃民族地区文化产业的发展有不可忽视的作用。

（二）地区发展政策

在全国经济发展由高速度转向高质量发展的新常态下，甘肃省委省政府高度重视文化产业的发展，把发展文化产业作为发展先进文化、建设和谐文化的重要内容，作为培育新的经济增长点、促进经济结构调整和产业结构升级的重要举措。甘肃省委省政府将文化产业放在国民经济发展中的重要位置，准确把握新时期文化产业发展的正确方向，抢抓"一带一路"建设和华夏文明传承创新区建设历史机遇，把扶持文化产业发展、提高文化软实力、增加文化产业附加值纳入中长期发展规划，高站位发展文化产业，并采取了一系列措施发展文化产业。

2002 年，甘肃省政府出台《关于加快和促进文化产业发展的意见》，指出要充分认识文化产业对促进甘肃省文化产业发展的重要性；不断完善文化产业发展规划体系和相关优惠政策；创新文化产业发展体制；加快人才队伍建设，创新人才激励机制；组建文化产业集团，做大做强文化产业；加强文化产业发展的宏观调控和管理。

2006 年，由甘肃省委宣传部和省发改委牵头，在重点调研基本摸清甘肃省文化资源、产业发展、产品开发、区域布局等一系列基本情况的基础上，编制并公布了《甘肃省"十一五"文化产业发展纲要》，指出在"十一五"期间集中力量重点发展现代传媒业、出版发行业、文娱演艺业、文化旅游业四大重点产业，构建以现代传媒业、出版发行业、文娱演艺业、文化旅游业为支柱，体育健身、网络文化、艺术品和广告会展业共同发展的产业体系，并制定出详细的发展目标和任务，通过加强组织领导、深化文化体制改革、认真落实各项文化经济政策、实施文化品牌战略、积极培育文化市场、加强人才队伍建设等保障规划的实施。

2012 年，甘肃省政府办公厅下发的《甘肃省贯彻西部大开发"十二五"规划实施意见》中明确提出"十二五"时期要在贯彻落实西部大开发规划的基础上，以特色优势产业发展为支撑，在创建国家级循环经济发展示范区、生态文明示范区、承接产业转移示范区以及华夏文明保护传承和利用示范区等方面取得新突破；围绕东西横穿甘肃境内 1600 多公里的丝绸之路建设文化产业带，建设文化旅游产业"三大基地"。为建立完善的文化产业体系，甘肃省在 2013 年文化产业大会上将出版发行和印刷、广电影视和网络传输、演艺娱乐、文化旅游、民间民俗工艺品加工等五个优势文化产业作为发展重点，其中首推出版发行和印刷业。

2016 年，甘肃省"十三五"规划中提到，着力打造向西开放大门户。以落实国家"一带一路"倡议为统领，依托兰州新区、丝绸之路（敦煌）国际文化博览会、循环经济示范区、兰白科技创新改革试验区、兰洽会、国际新能源博览会等平台，推进开放开发。甘肃省这一关于文化产业发展的规划思路，必将有利于通过发挥区域文化产业优势，依托地方特色开发传统特色文化资源，加速当地文化产业发展。与此同时，甘肃省各市州均编制了文化产业"十三五"发展规划，结合各地、各自工作实际，落实各项任务和要求，实施文化强省战略、创新发展和"文化＋"战略，推进文化产业供给侧结构性改革，开展文化产业扶贫工作，实施文化产业发展工程，推进甘肃文化品牌建设，发挥文化产业园区（基地）和文化领域行业组织带动作用，推动甘肃文化产业"走出去"。

政策环境是区域经济发展的重要保障，特别是在经济基础薄弱、自我发展能力不足的民族地区，中央和地方政府所制定实施的有利政策在很大程度上是推动当地发展的重要决定因素。当前，逐步完善的国家及地方文化产业扶持政策无疑为民族地区文化资源的产业化发展营造了有利环境。

三 经济环境

（一）国家经济环境

"十三五"以来，我国经济取得了长足发展，为文化产业发展奠定了良好的经济基础。

2018年，全国国内生产总值为900309亿元，比上年增长6.6%（见图2－1）。2018年全社会固定资产投资645675亿元，比上年增长5.9%。其中固定资产投资（不含农户）635636亿元，增长5.9%。分区域看，东部地区投资比上年增长5.7%，中部地区投资增长10.0%，西部地区投资增长4.7%，东北地区投资增长1.0%。人民生活逐渐改善，收入水平明显提高，2018年，城镇居民人均可支配收入39251元，比上年增长7.8%，农村居民人均可支配收入14617元，比上年增长8.8%，经济发展势头良好，呈现逐年稳健上升趋势（见图2－2）。

近年来，我国经济增长由过去两位数的高速增长转向增长速度维持在7%左右的"新常态"。① 经济发展进入新常态，没有改变我国发展仍处于可

---

① 《盛朝迅：未来几年我国发展的主要趋势与特征》，中国改革论坛网，最后访问日期：2014年11月26日，http://www.chinareform.org.cn/Economy/Macro/report/201411/t20141126_212657.htm。

以大有作为的重要战略机遇期的判断，改变的是重要战略机遇期的内涵和条件；没有改变我国经济发展总体向好的基本面，改变的是经济发展方式和经济结构。[①] 这不仅意味着经济增长转向中高速，而且伴随着深刻的产业结构变化、发展方式变化和体制变化，而这些变化，正是新常态下中国经济发展和文化产业发展的新机遇。

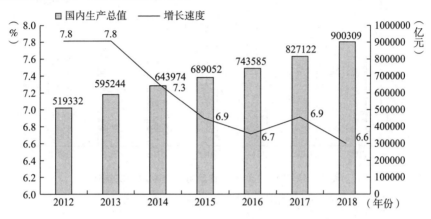

图 2 - 1　2012 ~ 2018 年国内生产总值及增长速度

资料来源：2012 ~ 2018 年中国国民经济和社会发展统计公报。

图 2 - 2　2012 ~ 2018 年中国经济发展统计

资料来源：2012 ~ 2018 年中国国民经济和社会发展统计公报。

[①] 李文：《人民日报人民要论：深刻认识我国经济发展新常态》，人民网，最后访问日期：2015年6月2日，http://opinion.people.cn/n/2015/0602/c1003 - 27088631.html。

（二）甘肃经济环境

从甘肃国民经济和社会发展统计公报来看，2012 年到 2018 年，甘肃省经济发展稳健（见图 2-3、图 2-4）。

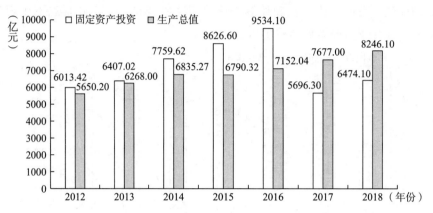

图 2-3　2012~2018 年甘肃省经济发展情况统计

资料来源：2012~2018 年甘肃省国民经济和社会发展统计公报。

图 2-4　2012~2018 年甘肃省居民人均收入情况统计

资料来源：2012~2018 年甘肃省国民经济和社会发展统计公报。

2018 年甘肃省全年实现生产总值 8246.1 亿元，比上年增长 6.3%，全年完成固定资产投资 5474.1 亿元，比上年下降 3.9%。人民生活水平显著提高，居民人均收入有了大幅度提升，按常住地分，城镇居民人均可支配收入 29957.0 元，比上年增长 7.9%；农村居民人均可支配收入 8804.1 元，增长 9.0%。按常住地分，城镇居民人均消费支出 22606.0 元，增长 9.4%；农村居民人均消费支出 9064.6 元，增长 12.9%。城镇居民恩格尔系数为 28.7%，比上年下降 0.5 个百分点；农村为 29.7%，比上年下降 0.7 个百分点。

与此同时，自"十三五"以来，甘肃省文化产业的发展也呈现良好的势头。文化产业增加值、法人单位数、从业人数等指标均呈现稳定增长趋势。2016 年全省文化产业增加值 146.05 亿元，占 GDP 比重为 2.03%，法人单位数、法人单位从业人员分别为 12135 户，从业人员 22.77 万人，规模以上文化企业 292 户，从业人员 23976 人，其他营利性服务业规模以上文化企业 21 家，完成销售收入 2.76 亿元。2017 年全省文化产业增加值 163.6 亿元，占 GDP 比重为 2.19%，法人单位数 12815 户，从业人员 23.9 万人规模以上文化企业 322 户，从业人员 28062 人，其他营利性服务业规模以上文化企业 55 家，完成销售收入 5.65 亿元。① 2018 年全省文化产业增加值 178.16 亿元，同比增长 8.9%。旅游接待人数达 3.02 亿人次，旅游综合收入达 2060 亿元，分别同比增长 26%、30% 以上；接待入境旅游者累计达 100125 人次，同比增长 27.02%；旅游外汇收入约为 2740 万美元，同比增长 31.35%。

2018 年文化产业增加值从 2015 年的 124.24 亿元增长到 178.16 亿元，年均增长 10.85%。2017 年文化产业增加值从 2015 年的 124.24 亿元增长到 163.6 亿元，年均增长 14.75%；法人单位数从 2015 年的 11025 户增长到 12815 户，年均增长 7.8%，法人单位从业人数 2015 年的 20.25 万人增长到 23.9 万人，年均增长 5.3%，规模以上文化企业数从 2015 年的 236 户增加到 322 户，年均增长 16.8%，规模以上文化企业从业人员数从 2015 年的 21523 人增长到 28062 人，年均增长 14.2%。② 文化市场主体不断发展壮大，文化企业数量不断增加，主要涵盖文化旅游、文化演艺、出版发行、广播影视、创意设计、文化娱乐、网络文化服务等九大产业门类，创意设计、网络服务、文化会展等其他新型业态逐步发展，文化服务业、文化批发和零售业、文化制造业也获得了相应的发展。文化产业已经成为创新创业最活跃的领域之一，其中文化旅游产业的发展最为迅速，大量精品文旅项目的开发充分满足了居民的消费需求，促进了文化消费结构优化以及文化消

---

① 数据来源：《甘肃省文化和旅游厅"十三五"时期文化产业发展规划实施情况汇报》（笔者调研所得）。

② 数据来源：《甘肃省文化和旅游厅"十三五"时期文化产业发展规划实施情况汇报》（笔者调研所得）。

费质量提升，通过转变经济发展方式，实现了人与社会协同发展。

（三）民族地区经济环境

1. 甘南经济环境

"十三五"以来，甘南州的经济建设取得了跨越式发展，州生产总值显著提升；农业、工业、建筑业、运输业等取得了较好发展；产业结构有所调整，第一产业比重下降，第二、第三产业比重上升。

2012~2018 年 7 年间，甘南州经济不断发展，生产总值逐年增长，大口径财政收入波动增加（见图 2-5、图 2-6）。2018 年，甘南州地区生产总值 155.73 亿元，比上年增长 5.0%；完成固定资产投资 198.98 亿元，比

图 2-5　2012~2018 年甘南州生产总值和固定资产投资额统计

资料来源：2012~2018 年甘南州国民经济和社会发展统计公报。

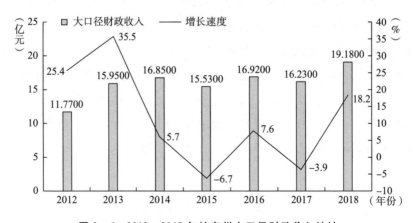

图 2-6　2012~2018 年甘南州大口径财政收入统计

资料来源：2012~2018 年甘南州国民经济和社会发展统计公报。

上年下降 6.8%；社会消费品零售总额 52.27 亿元，比上年增长 7.5%；地方公共财政收入 9.99 亿元，增长 16.8%；城镇居民人均可支配收入 24783 元，比上年增加 1771 元，增长 7.7%；农村居民人均可支配收入 7677 元，比上年增加 679 元，增长 9.7%（见图 2 - 7）；新增就业 5155 人，城镇登记失业率控制在 4% 以内；消费价格总水平比上年上涨 2.6%。城乡居民收入逐年增加，然而，城镇居民和农村居民之间收入差距较大，较之城镇居民，农村居民的人均可支配收入较低。

图 2 - 7　2012 ~ 2018 年甘南州居民人均收入情况统计

资料来源：2012 ~ 2018 年甘南州国民经济和社会发展统计公报。

甘南州产业结构调整也取得了较大的成效，首位产业持续发力。2018 年，甘南州坚持以现代农牧业和文化旅游业两个首位产业为引领，促进传统产业不断转型升级。在文化旅游业方面，冶力关、拉卜楞、扎尕那大景区建设持续推进，当周草原等 27 个旅游基础设施项目进展良好，新改扩建旅游厕所 77 座、道路观景台 4 座，打造油菜花生态观光带 6.89 万亩，种植观赏花卉 1600 亩。创排《香巴拉之约》《金顶梵音—拉卜楞》等一批精品剧目，成功举办香巴拉艺术节、锅庄舞大赛、赛马大会、藏地传奇自行车赛、藏模大赛等一系列节庆赛事活动。全州现有国家 4A 级景区 7 处、3A 级 12 处、2A 级 12 处。旅游人数达到 1217.20 万人次，旅游综合收入 57.04 亿元，分别增长 10.5%、13.6%。[1]

---

[1]　《甘南藏族自治州 2018 年国民经济和社会发展统计公报》，甘南藏族自治州统计局官网，最后访问日期：2018 年 4 月 10 日，http://www.gnzrmzf.gov.cn/2019/zfgb_0530/25126.html。

同时，甘南州的基础设施建设持续推进。碌曲至河南县、玛曲至玛沁公路建成通车。卓尼至合作、王格尔塘至桑科高速公路开工。玛曲至久治、峰迭至代古寺、康乐至卓尼、羊沙至临潭、卓尼至碌曲二级公路加快建设。舟曲至四川永和、迭部至若尔盖、那吾至扎油三级公路有序推进。冶力关大景区交通一期工程基本完工，卓尼大峪沟、舟曲拉尕山、迭部扎尕那等重点景区连接公路开工建设。开通重庆、夏河、天津往返新航线。玛曲、迭部、临潭、舟曲通用机场及景区起降点完成选址。

2. 临夏经济环境

在全国经济取得跨越式发展的大背景下，临夏经济发展也十分迅速。

2012～2018 年临夏经济建设取得了长足发展。全州 2018 年实现生产总值 255.35 亿元，比上年增长 6.7%；2018 年全州完成固定资产投资 155.68 亿元，比上年下降 11.09%；大口径财政收入 32.34 亿元，比上年增长 3.6%（见图 2-8、图 2-9，因四舍五入，与根据图表计算所得结果有误差）。城镇居民人均可支配收入 20834 元，比上年增加 1453.8 元，增长 7.5%；农村居民人均可支配收入 6817.1 元，比上年增加 614.1 元，增长 9.9%（见图 2-10）。临夏州依托国家农业科技园持续推进一、二、三产业融合发展，在提高农业质量效益和发展乡村旅游上取得新的成效，三大产业结构调整也取得了显著效果，第一、二、三产业增加值占生产总值的比重由 2017 年的 16.3%、18.1%、65.6% 调整为 2018 年的 12.8%、19.3%、67.9%，与上年相比，第三产业所占比重提高 2.3 个百分点。

图 2-8　2012～2018 年临夏州生产总值和固定资产投资额统计

资料来源：2012～2018 年临夏州国民经济和社会发展统计公报。

图 2 - 9 2012 ～ 2018 年临夏州大口径财政收入及增长情况统计

资料来源：2012 ～ 2018 年临夏州国民经济和社会发展统计公报。

图 2 - 10 2012 ～ 2018 年临夏州居民人均收入统计

资料来源：2012 ～ 2018 年临夏州国民经济和社会发展统计公报。

　　较之"十二五"期间，甘肃民族地区经济建设取得了明显提升，而且基础设施条件也大为改善。2014 年年底建成通车的临合高速公路，起点位于临夏市尕杨家，顺接康（家崖）临（夏）高速公路终点，路线经张家台、尹集镇、土门关、王格尔塘、唐尕昂、香拉、早仁道等主要控制点，终点至甘南州府合作市，路线全长 98.65 公里。临合高速公路是甘南藏区第一条高速公路，结束了甘南藏族自治州不通高速公路的历史。作为甘肃高速公路网兰州至郎木寺高速公路的重要组成路段，临合高速建成后，从甘肃省会兰州通往临夏、甘南两个少数民族地区已实现全程高速化；夏河机场新增西安—夏河—拉萨航线，旅客吞吐量截至 2017 年已突破 10 万人次①；兰合铁路开工建设，预计到 2020 年可以建成投入使用。兰合铁路起于兰州，途经临夏回族自治州永靖县、临夏市，终至甘南州府合作市，全长约 180 公里，改变了甘肃民族地区没有铁路的现状，极大地改善了甘肃民族地区的交通状况，必将为甘肃民族地区文化产业的发展带来新的活力。

四　社会文化环境

甘南、临夏二州少数民族众多，主要以藏族、回族为主，在宗教信仰上以藏传佛教和伊斯兰教为主，少数民族同胞在漫长的历史发展中创造了异常丰富的民族文化。

（一）民族多元构成

甘肃省自古以来就是一个多民族聚居的省份，全省共有 54 个少数民族，其中回、藏、东乡、土、满、裕固、保安、蒙古、撒拉、哈萨克、维吾尔、彝、朝鲜、苗、壮、土家族 16 个少数民族人口在千人以上；回、藏、东乡族人口在 40 万以上，回族人口最多，为 125.86 万人，藏族人口为 48.84 万人；东乡、裕固、保安是甘肃特有的少数民族。临夏回族自治州境内有回、汉、东乡、保安、撒拉、土、藏等 31 个民族成分，其中，东乡族和保安族是以临夏为主要聚居区的两个少数民族。临夏总人口为 205.88 万人，其中少数民族人口占总人口的 59.7%②；甘南藏族自治州境内有藏、汉、回、土、蒙等 24 个民族，总人口为 73.07 万人，其中藏族人口占总人口的 54.2%。③

（二）文化体系

藏族和回族是甘肃最主要的少数民族，并且形成了自己独特的民族文化（尤其是宗教文化），对聚居区域内的其他民族也产生了深远的影响。

1. 藏传佛教文化体系

作为安多藏区的政治经济中心，甘南州的宗教信仰以藏传佛教为主，

---

① 《甘南夏河机场年旅客吞吐量突破 10 万人次》，甘肃新闻网，最后访问日期：2017 年 11 月 8 日，http://www.lzbs.com.cn/zbxw/2017-11/08/content_4331564.htm。

② 《临夏州概况》，临夏回族自治州人民政府官网，最后访问日期：2019 年 7 月 1 日，http://www.linxia.gov.cn/Article/SinglePage? Channel＝00010001。

③ 《走进甘南》，甘南藏族自治州人民政府官网，最后访问日期：2019 年 2 月 25 日，http://www.gnzrmzf.gov.cn/zjgn/。

甘南人民以藏传佛教文化为核心，结合藏族人民生活区域的地理环境、生活方式建构出具有自身特色的文化体系，涉及医药、哲学、艺术、文学、宗教等诸多方面。藏族有自己的语言和文字，相较于中国传统毛笔书法，藏文一般采用硬笔书写，是硬笔书法的一种。藏族还有自己的医药体系，称为藏医藏药。针对藏族游牧为主的生活方式，藏族人民发明了用矿物颜料绘画在绢帛上的绘画艺术——唐卡。虽然甘南藏族与西藏、青海等地区的藏族有历史上的渊源，生活方式和习俗也有不少相似之处，但是甘南藏族在独特的地理环境中发展出了自己的特色。

2. 伊斯兰文化体系

伊斯兰教是世界三大宗教之一，伊斯兰文化是回族文化的基石。临夏是中国伊斯兰教各教派门宦的发源地，有"东方小麦加"之称，是伊斯兰教的圣地之一。回族几乎全民信仰伊斯兰教，其他少数民族和回族世代杂居，因此在生活方式、宗教信仰等方面都不可避免地带上伊斯兰文化的烙印，可以说伊斯兰文化是临夏州文化体系的主要组成部分。历史上回族使用的语言有波斯语、阿拉伯语、突厥语等，后来通用汉语，宗教用语主要是波斯语和阿拉伯语。伊斯兰文化体系内涵十分丰富，包含哲学、宗教、科学、文学、政治、经济等多方面内容。伊斯兰教的圣典《古兰经》是伊斯兰文化体系的核心。

（三）风俗习惯

甘肃民族地区风俗主要以藏族、回族两大民族的风俗为主，在民族聚居地区，很多其他民族生活习惯也或多或少受到藏、回两族风俗影响，甘南州藏族的生产生活渗透着藏传佛教的信仰，临夏州回族的生婚丧葬、饮食、服饰等生活习俗，无不反映伊斯兰教的义律。

1. 藏族风俗习惯

风俗习惯是甘南藏族政治、经济和文化生活的一种反映，在不同程度上反映着藏族的生活方式、历史传统和心理感情，是藏族文化的组成部分。在饮食上，甘南藏族以牛羊肉、糌粑、青稞面为主，交通方便的地方以大米、小麦为主食。甘南草原盛产牛羊和蕨麻猪，主要肉食品有烤全羊、手抓羊肉、烤猪肉、腊猪肉、夏帕里（肉饼）和各色牛羊灌肠等，茶酒上藏族人喜欢酥油茶、松潘茶、青稞酒等。在服饰上，甘南藏区服饰有僧侣和俗人以及农区和牧区的分别。僧人不穿裤子和有袖的衣服，他们下着满腰衫裙，上穿背心，披袈裟，全身无纽无扣，唯以腰带系裹腰、挂漱口瓶，手持念佛珠。① 俗人是上下连属式的藏袍。牧区服饰主要分布在玛曲、碌曲、夏河三县及其接壤的半农半牧区，农区服饰以迭部、卓尼、舟曲三县最为典型。甘南州每一个角落都有浓郁的藏传教文化氛围，民俗风情魅力殊具，人民热情好客，乐善好施。甘南藏区的节日庆典也独具特色，例如正月毛木兰大法会、娘乃节、博峪采花节、插箭节、七月大法会、香浪节、香巴拉旅游艺术节、元宵节万人扯绳赛、舟曲松棚灯会等。

2. 回族风俗习惯

回族在服饰文化、饮食文化和生活习俗等方面都具备鲜明的民族特色。在饮食上，回族忌食猪肉和未经念经屠宰的肉类，所用的饮食用具切忌混杂。喝茶是回民日常的习俗，沏茶比较讲究，除在盖碗内放茶叶外，有时还放红枣、桂圆、冰糖、核桃仁、葡萄干等，边添沸水边喝茶，称为喝"牡丹花"的三泡台。服饰上，回族男性喜戴白色、黑色和棕色平顶号帽，以白色最为普遍。老人和宗教人士喜穿直领对襟"准拜"。妇女多戴盖头，且不同颜色表明佩戴者的不同身份。回族在婚丧嫁娶上也有自己独特的文化。回族婚姻除有严格流程外，还须由两位穆斯林证婚以及在结婚日由阿訇念"尼卡哈"，阿訇念毕，抛撒核桃、红枣。孩子出生举行洗礼，请阿訇起经名。回族实行土葬，葬礼比较简朴。信教回民每天要做5次礼拜，做礼拜时要"小净"（洗脸面、口鼻和手、脚等）或"大净"（洗涤全身），勤于洗浴。除了生活习俗，还有一些关于礼仪的习惯，例如尊崇长者、让长辈上座、吃饭要先端给长辈、行路要让长辈先走等。在节日庆典上，回族比较著名的是古尔邦节、开斋节、登霄节等。

（四）文化需求

文化消费需求是民族文化产业发展的重要推动力。甘肃民族地区农村人口比重较大，占总人口的70%以上，而甘南州和临夏州位于经济欠发达地区，社会发展程度较低，人民的经济收入和生活水平、生活质量相较于经济发达地区存在差距，尤其是少数民族受教育水平较低，文化消费水

---

① 汪永萍：《甘南藏族民俗旅游开发研究》，硕士学位论文，兰州大学，2007。

平不高。但这并不意味着他们没有文化需求，他们的基本文化需求相较于富裕地区的人们更迫切、更强烈，只是受社会经济发展条件的限制，对各类文化的需求没有直接表现出来而处于隐藏状态。[①]其基本文化需求主要靠政府的公共文化供给满足，然而受财政限制，民族地区政府公共文化产品和服务供给不足，文化基础设施落后，政府供给文化远远不能满足居民的文化需求。对此，需要政府自觉履行文化职能，通过加大公共文化产品和服务的供给以及推动当地文化产业发展进一步提升当地群众的文化生活质量。

（五）公共文化服务

公共文化服务是为满足社会的公共文化需求，向公众提供公共文化产品和服务的行为及其相关制度与系统的总称。公共文化服务由公共部门或准公共部门共同生产或提供，以实现和保障公民的基本文化权利、满足社会成员的基本文化需要为目的，着眼于提高全体公众的文化素质和文化生活水平。公共文化服务的发展和完善对文化产业的发展有正外部性的影响，反过来，文化产业的发展也会相应推动公共文化服务的供给。公共文化的繁荣发展能为文化产业培育出良好的创意人才等资源要素，提升和扩大民众文化消费需求；健康的文化产业也会带动公共文化服务的蓬勃发展，很多文化产业方面的产品不断成为公共文化服务的内容，其宣传的价值观会转变成公共文化服务的价值追求。[②]

公共文化服务供给要紧扣社会群众需求，为社会提供基本的公共文化服务，当前甘肃省及甘南、临夏两州已经建立起惠及绝大多数民众的公共文化服务体系。2018 年全省共有艺术表演团体 363 个，艺术表演场馆 70 个、公共图书馆 103 个、博物馆 223 个。2018 年甘肃省广播和电视综合人口覆盖率分别为 98.45%、98.81%，分别比上年提高 0.07 个、0.13 个百分点。[③]甘肃省及甘肃民族地区公共文化服务基本已覆盖到县乡，文化馆、公共图书馆、博物馆等公共文化基础设施建设基本完备，广播电视覆盖率达到 98% 以上，公共文化下乡活动开展频繁。

---

① 李少惠：《互动与整合：甘南藏区农村公共文化服务发展研究》，中国社会科学出版社，2014。
② 辛向阳：《准确把握文化事业与文化产业的辩证关系》，《中国青年报》2012 年 1 月 4 日，第 2 版。
③ 《2018 甘肃省国民经济和社会发展统计公报》，甘肃省统计局官网，最后访问日期：2019 年 3 月 28 日，http://tjj.gansu.gov.cn/HdApp/HdBas/HdClsContentDisp.asp? Id =15177。

据临夏州和甘南州经济和社会发展统计公报，截至 2018 年年底，临夏州拥有州级文化单位民族歌舞团、博物馆、文化馆、图书馆、美术馆、影剧院、民族文化艺术研究所、文化市场综合执法支队各 1 个；县（市）文化馆 8 个，公共图书馆 8 个，博物馆（纪念馆）35 个，文物管理所 6 个，乡镇综合文化站 123 个，农家书屋 1149 个；建成文化信息资源共享工程县级分中心 8 个。全州广播电视转播台 11 座，广播人口覆盖率 98.84%，电视人口覆盖率 98.97%。甘南州共有艺术表演团体 8 个，文化馆 9 个，博物馆（纪念馆）14 个，公共图书馆 9 个。全年出版发行藏汉两文《甘南日报》410.40 万份，其中，藏文报纸 67.20 万份，汉文报纸 343.20 万份。全州广播综合覆盖率 100%，其中，农村广播综合覆盖率 100%，无线广播覆盖率 90.2%，农村无线广播覆盖率 89.0%，少数民族语言广播覆盖率 62.7%。电视综合覆盖率 100%，其中，农村电视综合覆盖率 100%，无线电视覆盖率 88.3%，农村无线电视覆盖率 86.8%，少数民族语言电视覆盖率 35.3%。广播电视直播卫星用户 15.92 万户。有线电视在网用户 5.31 万户。

五　科技环境

文化产业的创新发展离不开科学技术的推动。随着数字、网络等技术的不断发展壮大和广泛应用，新兴文化产业有了快速发展的可能性和空间，表现出的内容和表达方式也越来越丰富多变，发展成为推动经济社会进步不可或缺的力量。就目前甘肃省民族地区文化产业来看，技术效率整体较低；只有民俗文化、广播电视网络以及出版发行等在文化产业中占优势，相比之下，会展、影视、数字等均处于劣势地位，严重限制其发展；与文化相关的一些设备和产品比较匮乏。究其原因主要是，虽然科学技术发展创新速度有所加快，但对于文化产业而言，并未能把握好这一趋势，缺乏易于吸收、消化以及创新的体制，对外部技术创新不敏感，导致迄今为止都无法研发出具有高竞争力、独立产权的产品。增强文化产业竞争力的捷径是利用现有高新技术的自我创新能力，从科技角度对文化产品以及服务进行改善和创新，帮助企业研发出具有自己特色的文化产品。对于包括甘肃在内的西部民族地区文化产业而言，其面临的一个能够发挥后发优势的重大机遇便是以信息技术为中心的高新技术的迅猛发展。然而，有些悖论意味的是，西部民族地区的科技家底往往比较薄弱，需要重点培育。

根据甘肃省科学技术厅官网统计数据，全省 2014～2018 年综合科技进步水平指数的全国排名分别为 19、18、18、18（见图 2－11）。尽管最近四年的名次有所提升，但是总体而言依然处于全国中下游水平。而在 2014～2018 年各市州综合科技进步水平指数排名中，甘南和临夏两州均处于全省末位（见图 2－12）。此外，甘肃省科学技术厅网站统计数据还显示，尽管甘南和临夏的科技发展取得了不同程度的进步，但两州在科研机构数、专

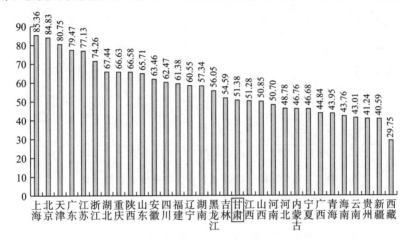

图 2－11　2018 年全国各省区综合科技进步水平指数

资料来源：甘肃省科技厅官网。

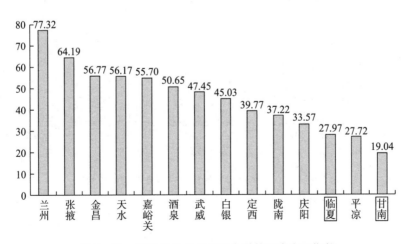

图 2－12　2018 年全省市州综合科技进步水平指数

资料来源：甘肃省科技厅官网。

利申请数、技术合同成交额以及 R&D（研究与试验发展）投入等方面仍然处于全省下游水平（见图 2 - 13、图 2 - 14）。而且，据甘南州和临夏州的科技局官网所示内容，已有的科技成果与奖励公告中，占比较大的主要是农牧业及医药类成果，对民族地区文化产业影响较为突出的现代信息技术成果则比较鲜见。可见，甘肃民族地区文化产业发展的科技环境不容乐观。

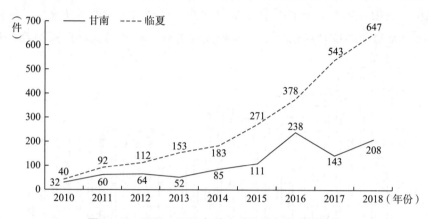

图 2 - 13　2010 ~ 2018 年甘南、临夏专利申请件数

资料来源：甘肃省科技厅官网。

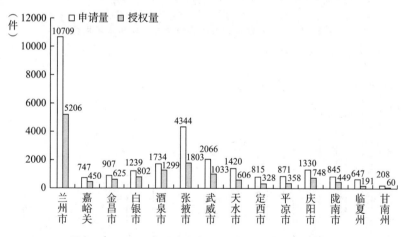

图 2 - 14　2018 年甘肃省各市州专利申请与授权情况

资料来源：甘肃省科技厅官网。

第三章　甘肃民族地区文化资源
构成与禀赋特征

　　文化是人类在长期的社会活动中，创造出并积累下来的物质财富和精神财富的总和，文化资源则是这些物质和精神财富的载体。文化产业作为特殊的产业，除了依赖与其他产业共需的共性资源，如资金、技术外，还必须仰仗特殊的资源，即文化资源。文化资源是文化产业的"生产资料"，是文化产业发展的基础。文化资源蕴含深厚的文化价值，但它不能自发地转化成文化资本并创造价值。文化资源只有经过人们的开发利用，才具有转化成文化资本的现实性，进而创造出巨大的现实价值。在长期的生产、生活实践中，甘南州、临夏州的各族人民创造了异彩纷呈的民族文化，积累了丰富的文化资源及独特的资源禀赋，是民族地区发展文化产业的良好资源支撑。

一　甘肃民族地区文化资源构成

　　文化资源是在市场经济条件下将文化（文化内涵、文化载体、文化现象）客体化、对象化的产物，即将文化置于市场化的社会生产循环之中。区域文化资源的丰厚度，对文化产业发展，特别是对地域文化产业的开发、生产和营销至关重要，它是整个产业发展的基础。① 我们可以把文化资源分成生态文化资源、历史文化资源、民族文化资源、宗教文化资源、红色文化资源和现代文化资源。利用可以利用的文化资源，通过规划布局或结构

---

① 彭岚嘉：《甘肃文化产业发展研究》，民族出版社，2013。

调整，使这些文化资源发挥经济效益，盘活文化存量，区域文化产业的发展就可以顺势而上，实现飞跃。甘肃民族地区是文化资源的富矿区，如何使这些具有优势的文化资源转化为产业优势，应当是制定文化产业发展战略时不可忽视的内容。

（一）生态文化资源

生态文化不仅仅是供人观赏的旅游文化，而且是保证人们生存需要、供给人们物质需求、带给人们精神享受的具有多重功能的文化。甘肃民族地区的生态文化主要有农牧文化、草原文化和江河文化，每一种生态文化都有独特的资源优势。

1. 农耕、游牧文化历史悠久

农耕、游牧文化是在自然景观的基础上，经过人类长期农牧业活动的历史积累而形成的，既包括有形的自然事物，如土地、水体、山川等；也包含有较多人类活动烙印的事物，如农田、房屋、道路、服饰等；还包括文化要素的语言、文字、心理状态以至特定的生活气氛。[1] 通俗地说，农牧文化是指存在于传统社会的一种生产及生活方式，它是一种既有别于现代工业文明，又有别于古代航海民族的，以放牧和种植为轴心的文化总称，它包括与畜牧及种植业这两种生产方式相联系的科学技术、社会秩序、法令制度、节日习俗、民间信仰、思维方式、价值取向、社会心理、生活及行为方式、民歌戏剧和饮食文化等。[2] 甘南和临夏位于黄土高原与青藏高原过渡地带，其农牧文化具有鲜明的特色。

农耕文化以临夏广河的齐家文化最为著名。齐家文化是黄河上游地区新石器时代晚期至青铜时代早期的文化，因首次发现于临夏州广河县齐家坪遗址而得名。齐家文化上承马家窑文化，据放射性碳素断代并校正，早期的年代为公元前 2000 年左右，下限还当更晚。齐家文化的临夏先民，主要以原始农业为经济形态，人们过着比较稳定的定居生活，社会生产力有了很大的发展。在永靖大河庄遗址出土的陶罐中，曾发现粟壳。齐家文化

---

① H. J. 德伯里：《人文地理：文化、社会与空间》，王民、王发曾、程玉申等译，北京师范大学出版社，1990。

② 徐旺生：《弘扬农耕文化的现代意义——关于甘肃庆阳农耕文化节的感想》，《陇东报》2009 年 7 月 21 日。

的生产工具一般选用硬度较高的石料制成，因而玉石器比较普遍，另外还有骨器等。齐家文化制陶工艺十分精湛，变化多端的造型，精细薄光的陶体，充分表明了制陶业的发达。

游牧文化以甘南为代表，因地理环境影响，甘南藏族在长期的生产生活中，形成特定的游牧文化，在衣、食、住、行方面表面得最典型。玛曲的赛马节便是游牧文化的经典呈现。玛曲县是格萨尔王的发祥地，长期以来，格萨尔成了藏民族的骄傲和崇拜的对象，久而久之，这种崇拜文化在藏族人民中间根深蒂固，并融于赛马活动之中，继而长期在草原上过游牧生活的藏民族形成了勇敢、剽悍的性格。每年首曲草原天高云淡、繁花似锦的季节，都要举办甘青川规模最大的赛马盛会，夏河、碌曲、合作等地也要举办规模不等的赛马会。八月的草原，骏马驰骋、人山人海，来自全国各地的代表队、马术爱好者和游客云集甘南草原，共同感受草原风情，领略英雄风采。

2. 草原文化独具特色

草原文化是指世代生息在草原地区的先民、氏族、部落、民族共同创造的一种与草原生态环境相适应的文化。它是一种由生产方式到生活方式，从观念形态到实践过程都同草原生态相适应的文化形态。从建构特征看，草原文化是一种复合型文化，是地域文化与民族文化的统一、游牧文化与其他经济文化的统一、传统文化与现代文化的统一。[1] 草原文化不仅是畜牧业发展、草场保护等表现为实物形式的文化资源，还包括草原上的衣食住行、婚丧嫁娶等表现为意识形式的文化资源。

甘肃省民族地区的草原主要分布在甘南境内，临夏较少。甘南藏族自治州，地处我国青藏高原和黄土高原的过渡地带，平均海拔超过3000米，地势高耸，高寒湿润、温差大，独特的气候为牧草的生长创造了适宜的条件，从而使得这里的牧草茂密，草场载畜能力高，有"亚洲第一草场"的美誉。因此，甘南州具有得天独厚的草原资源优势。这里东、西两侧有高山呵护，是一片高山环绕的草原牧场，连接着青藏高原与黄土高坡，与若尔盖大草原连为一体。甘南草原面积3758万余亩，主要分布在玛曲、夏河、

---

① 董树军：《内蒙古的文化大区建设应该如何界定》，内蒙古教育出版社，2008。

碌曲三县，是黄河首曲最大的一块生态湿地，也是河曲马、黑颈鹤、白天鹅、藏原羚和梅花鹿栖息的乐土；甘南草原第一大湖尕海湖，像一颗璀璨的宝石，在夏秋时节，这里草长莺飞、野花烂漫、蝶飞蜂舞，构成一幅美丽的画卷；桑科草原以其优良的牧场和历年举行的盛大的藏传佛教佛事活动而享誉藏区。在辽阔的桑科草原上，牛羊点点，帐篷星罗棋布，帐篷上炊烟袅袅，马背上牧歌飘荡。这里设有独特的藏族风情旅游项目，游人可穿上藏族服饰，骑上骏马或者牦牛，漫游草原，领略藏族牧民的民俗风情。

3. 江河文化多样

甘肃民族地区尽管地处西北内陆，但境内河流众多。甘南有黄河、白龙江、洮河、大夏河4条河流及其120多条支流纵横全州，临夏也有黄河、洮河、湟水及其支流大夏河、牛津河、广通河、三岔河、冶木河等30多条河流纵横。其中最著名的就是黄河，它在甘肃民族地区境内流经玛曲、碌曲、临潭、卓尼、合作、永靖、临夏、东乡8个县市。黄河是中华民族和我国古代文明的发源地，孕育了丰富的文化，而民族地区以河湟文化最具特色。河湟文化指黄河上游、湟水流域、大通河流域的广阔地带，古称"三河间"，这一地区自古以来就有众多民族繁衍生息，从秦汉开始就有史书记载，先民们耕牧于其间创造了辉煌灿烂的河湟文化。

4. 自然景观新奇独特

除以上所述资源外，甘南和临夏还有其他新奇独特的自然景观，吸引了来自世界各地的游客，成为当地发展文化旅游的主要资源（见表2-1）。

表2-1 甘南和临夏自然景观（部分）

甘 南				
莲花山	迭山	翠峰山	太子山	白石崖溶洞
腊子口溶洞	黄河母亲石	象形山石	则岔石	扎尕那石
六字真言石	黄河首曲	冶木峡	尕海湖	达宗湖
冶海湖	桑科草原	甘加草原	尕海候鸟保护区	阿夏沟熊猫栖息地
赤壁幽	常爷池	鸭蛋岛	大海沟	大峪沟
临 夏				
刘家峡	盐锅峡	八盘峡	松鸣岩风景区	莲花山
炳灵石林	太子山	积石关	太极湖	

(二) 历史文化资源

甘肃有着悠久的历史，众多的史前文化一直流传至今，是中华文明重要的发祥地之一，也是古丝绸之路的重要通道，文物遗存尤为丰富，是全国文物大省之一。甘肃民族地区的历史文化遗迹同样非常丰富，以文物、古迹、遗址为标志的历史文化足以形成一个强大的产业。

临夏州是古丝绸之路南道之要冲，唐番古道之重镇，是明代著名的四大茶马司之一，有"河湟雄镇"之称，也被誉为"中国西部的旱码头"。其历史文化资源可以概括为以下四个方面。

①古文化遗址资源。临夏地区是中华文明的发祥地之一，是中原仰韶文化在甘肃地区的延续和发展，古文化遗存十分丰富，从旧石器、新石器、青铜时代，到汉、唐、宋、明，各个时期的古文化遗址都有，特别是新石器时代遗址最多，尤其是马家窑文化、齐家文化、辛甸文化、寺洼文化遗址分布密集。全州现有各类文物1.1万多件，发现各类文化遗址584处，其中全国重点文物保护单位3处，省级文物保护单位18处，县级文物保护单位61处，在全国占有重要地位。[①] 珍藏于中国国家博物馆的国宝"彩陶王"就出土于临夏州积石山县三坪村，齐家文化、马家窑文化半山类型等因在临夏境内发掘而命名，全国十大石窟之一的炳灵寺石窟和齐家文化发祥地——齐家坪遗址被列为国家重点文物保护单位，且在林家遗址出土了我国迄今为止最早的青铜刀。临夏还是大禹治水之极地，《尚书·禹贡》记载，大禹治水"导河自积石，至龙门，入于沧海"[②]，这里的"积石"就是如今位于临夏州积石山县的积石关。

②古生物化石资源。临夏州历史悠久，史前文明高度发达，被称为"古动物的伊甸园"。已发现的恐龙足印化石有10类80组1600多个，其中最大的是150厘米×142厘米，是目前世界上最大的恐龙足印化石；发掘并馆藏的古生物化石分2纲7目103个属种，共8000余件，拥有世界上发现最多的三趾马动物群化石、世界上独一无二的和政羊化石、世界上最大的

① 《改革开放40年我州旅游产业发展综述》，临夏回族自治州人民政府官网，最后访问日期：2018年7月30日，http://www.linxia.gov.cn/Article/Content? ItemID = 17d26999 – 8f1d – 405f – ac34 – 9c4423543dee。

② 关连吉、赵颂尧、吴晓军：《西部大开发与甘肃民族区域经济研究》，甘肃人民出版社，2003。

鬣狗化石、世界上最丰富的铲齿象动物群化石、世界上最大的真马化石和世界上最早的披毛犀化石。临夏古动物化石占据了 6 项世界之最，被誉为"高原史书""东方瑰宝"。① 2009 年 7 月 24 日，中国地质调查局地层与古生物中心正式命名甘肃省临夏州永靖县为"中国恐龙之乡"。

③石窟艺术资源。位于甘肃省临夏州永靖县城西南约 60 公里处的炳灵寺石窟，藏在黄河北岸的小积石山大寺沟中，是古丝绸之路南线上最重要的石窟寺之一。石窟中现存我国最早的建弘元年（公元 420 年）造像纪年题记，距今已有 1600 余年的历史，后经北魏、北周、隋、唐、宋、西夏、元、明、清各朝代不断扩展，现存有大小窟 216 个，石雕造像近 700 尊，泥塑造像 82 尊，壁画约 1000 平方米，各种类型的佛塔 50 多座，馆藏彩陶、金铜造像、佛经等文物 400 多件。炳灵寺石窟于 1960 年 3 月 4 日被国务院公布为第一批全国文物重点保护单位。

④彩陶文化资源。临夏也是闻名天下的"中国彩陶之乡"。现藏于中国历史博物馆的大型陶瓮"彩陶王"就出土于临夏州境内积石山县三坪遗址。原件彩陶王属新石器时代马家窑文化，马家窑类型，距今 5000 年左右，通高 49.3 厘米，以造型独特、花纹别致而闻名于世，被郭沫若先生命名为"彩陶王"。马家窑文化的彩陶，代表了中华先民在远古时代所能实现的多项文化造诣。这些珍贵的古文化资源和自然遗存，为临夏州开发彩陶和古动物化石复制品、工艺品及纪念品，发展特色文化产业创造了良好的条件。

甘南州的历史文化底蕴深厚，藏族的先祖在远古时期就在这块土地上劳动、生息、繁衍，留下了许多丰富而珍贵的人类活动遗存。这里是丝绸之路河南道主干线经过的主要区域。自前凉至明清时期，丝绸之路河南道甘南段由东南向西北，沿岷江和白龙江河谷西行，连通大夏河或黄河干道河谷，斜穿甘南全境，连通了四川和青海，成为连接西北丝绸之路和南方丝绸之路的关键通道，对西北、西南和藏族的政治、经济、文化交流起过重要的作用。② 甘南的历史文化资源主要有历史遗存文化和卓尼土司文化。

①历史遗存文化。甘南州有汉羌、唐吐蕃时期的边塞重镇，汉白石县旧址、甘加八角城古城堡遗址、桑科古城、羊巴古城、明代城墙、华年古

---

① 马志勇：《临夏回族自治州史话》，甘肃文化出版社，2004。

② 何效祖主编《走进甘南：寻梦香巴拉》，甘肃人民出版社，2005。

城、汉零王国天子珊瑚城遗址、唐吐蕃磨坊和砖瓦窑遗址；有红军走向胜利的"门户"——天险腊子口及著名的中央政治局俄界会议遗址、茨日那毛主席故居、临潭苏维埃旧址、临潭冶力关肋巴佛纪念馆、卓尼杨积庆烈士纪念馆、卓尼土司历史陈列馆、肋巴佛纪念亭等红色遗迹。全州有国家级非物质文化遗产 8 项，省级非物质文化遗产 38 项，省级历史文化名镇有临潭新城、碌曲郎木寺 2 个。目前全州共发现不可移动文物点 499 处，其中新发现文物点 199 处，复查 300 处，消失文物点 17 处。临潭齐家文化陈旗磨沟遗址被评为 2008 年"中国十大考古发现"（之一）。洮河、白龙江流域还发现了大量仰韶文化、寺洼文化、马家窑文化、土著文化等历史遗存。

②卓尼土司文化。以杨土司为代表的卓尼土司是甘川滇土司中沿袭时间最长、所辖地域最广、影响最大的一个土司。在五百多年的历史长河中，沿袭了 20 代的卓尼土司制度不仅对其辖区的政治、经济、军事、文化等产生过积极作用，而且对当时西北乃至全国都有很大影响。土司不仅是辖区的最高统治者，还是最高的宗教领袖，政治和宗教地位都是由土司家族世袭继承，"政教合一制"是土司政权的核心部分。卓尼土司"政教合一"的政权制度和"寓兵于民"的兵役制度为统治区提供了具有共同的语言、地理环境和共同经济生活的社会物质条件，在政治上维护了中央政权的统一；在经济上稳定了社会生产并发展了民族经济；在民族关系上，能较好地处理藏族同汉族和其他少数民族的关系；在文化上，弘扬了藏族的传统文化，又重视学习吸收汉族文化，促进了其辖区社会的进步，对加强其统治区的凝聚力起了积极的作用。卓尼历代土司为维护当地社会稳定和各民族之间的团结都做出了积极努力，在安多藏区乃至西北产生过深远影响。在甘南大地形成的土司文化既是政教合一的典范，又是一段耀眼的历史文化，在资政育人方面具有十分重要的作用。

（三）民族文化资源

甘肃地域广袤，民族众多，不同民族的文化背景和生活习俗共同构成了独具特色的民族风情画卷。尤其是民族地区，由于生活环境不同，各民族在发展初期创造了与之相适应的语言、文字、饮食、服饰、绘画、音乐、建筑、习俗、宗教等，形成了各具特色的民族文化。

1. 民族民间文学

在甘肃广袤的地域里，各民族辛勤耕耘，繁衍生息。各民族在发展初期，由于生活的生态环境不同，为了适应不同的生态环境，创造了与之相适应的语言、文字、饮食、服饰、绘画、音乐、建筑、习俗、宗教等，形成了各具特色的少数民族文化。但在甘肃这块多民族混合居住的大地上，长期的共同生活又使得各民族的文化不断渗透融合，使得甘肃的民族文化与众不同，创造了浓郁鲜明、异彩纷呈的民族风情，成为甘肃省重要的民族文化资源。

在漫长历史发展中，甘南、临夏地区的人民创造了异常丰富的文学作品。在甘南，有以《格萨尔王传》为主的藏族民间史诗、传说、故事、叙事诗，以及谚语、谜语等，此外还有白嘎尔、相声等说唱艺术。据统计，近年来甘南州发掘整理的民族民间文学作品在 200 万字以上，且体裁多样，有神话、传说、民间故事、歌谣、叙事诗、谚语、民间说唱等。甘南、临夏自觉发掘研究民族民间文化遗产，搜集编写了《舟曲正月灯会对联资料》《临卓地方俗语歇后语资料》《拉卜楞歌舞资料》《临夏民间故事集》《临夏民族民间文化论文集》《临夏回族民间叙事诗》《莲花山花儿会资料》《花儿新苑》《花儿论谭》《回族宴席曲》等。

2. 民族民间艺术

（1）民歌民乐

甘南、临夏有丰富多彩的民间音乐资源，这些民歌感情充沛，题材广泛，内容丰富，形式多样，比较有代表性的民歌民乐有弹唱、佛殿音乐、花儿、拉伊（山歌）等。

目前，甘南州共搜集整理民歌一千多首，其中绝大部分是藏族民歌。此外，还有藏、汉、土、回等民族的戏曲、说唱、小调、舞曲、藏剧唱段、劳动歌曲和宗教音乐等，以及英雄史诗、白嘎尔、相声等说唱艺术。编辑录制了《锅庄舞曲精选》《甘南藏族舞曲》《甘南藏族民歌》《甘南藏族轻音乐》《举杯在香巴拉》等磁带；整理出版了《藏族民歌选》《藏族民间歌曲选》《藏族拉伊选》《洮州花儿散论》等专集。

临夏州比较有代表性的民歌民乐主要有花儿和以河州孝贤、酒曲、宴席曲等为代表的河州曲艺。临夏被誉为"中国花儿之乡"，临夏花儿唱词和曲调分"河州花儿"和"莲花山花儿"两大类。以地区来分还有：北乡花儿、南乡花儿、东乡花儿、西乡花儿。花儿具有高亢嘹亮、挺拔明快、激越动听的特色。在唱词上，既有成本成套的演唱，如《三国演义》《西游记》《白蛇传》《梁山泊与祝英台》等；也有歌者触景生情、即兴创作的短歌，唱词的字数、行段都很自由，一般都押韵。河州曲艺非常丰富，群众喜闻乐见的主要代表作有《马五哥曲》《红姣女》《十盏灯》《放风筝》《杨柳叶子青》《米拉尕黑》《三邻舍》等。河州贤孝是用"临夏方言"自弹自唱的一种民间曲艺形式，其内容多以古典全本小说或其精彩章节，或以家喻户晓的民间故事为主，编成通俗易懂的顺口溜词句弹唱，传统曲目有《孟浩然踏雪寻梅》《邓飞熊醉打黄花堡》《花亭相会》《王祥卧冰》《粉庄楼》等。

（2）民族舞蹈

载歌载舞是少数民族的日常生活状态，甘南和临夏两州有丰富的民族舞蹈资源，既有古朴庄严的寺院法舞，也有欢乐明快的民间舞蹈。目前，甘南州发掘出民间舞蹈和寺院舞蹈50多种，民间舞蹈6个，节目42个，舞曲62首。诸如舟曲的罗罗舞、马铃舞，迭部的尕巴舞、跺地舞，卓尼的巴郎舞，碌曲、玛曲、夏河的锅庄舞等，都是甘南极具特色的民族舞蹈。特别值得一提的是卓尼、迭部、舟曲等县，新编排了"巴郎舞""尕巴舞""跺地舞"，填补了甘南州乃至整个藏区民间舞蹈形象的一些资料空白。结合民间舞蹈资源，甘南创排了一批具有民族特色的精品节目，例如根据藏族民间传说改编的大型歌剧《赛·顿月顿珠》，小歌剧《一串项链》，藏族舞蹈《牧狮》《娘乃节》《乌尔多》，舞剧《五彩的旋律》，歌舞诗《扎西德杰》等，已成为民族舞蹈的精品。临夏的傩戏和秧歌也是当地极具代表性的民间舞蹈表演形式。临夏县先锋乡鳌头徐家村，是西北傩文化的发现地，故先锋乡为"临夏傩戏之乡"，鳌头徐家、潘家、寨子被称为"傩戏之村"；秧歌旧称社火，是民间主要的文艺、娱乐形式。一般除夕过后三天，组织秧歌队，玩至正月十六，秧歌要上庙在大殿前围成场子，从秧歌进场，到秧歌戏，再到出场等全部内容依次演出，演完后，当即卸装，并将秧歌纸货就地焚毁。

（3）民族工艺

甘南州的民族特色工艺主要有唐卡、壁画、酥油花、洮砚、木雕、石雕和金银铜铁铸造的各种佛像等，其历史悠久，艺术成熟，在国内外有很高的声誉。唐卡是刺绣或绘制在布、绸、纸上的彩色卷轴画，也被称作

"布画"，是极具藏民族特色的一个画种。作为移动的宗教圣物，唐卡可供游牧民族随时供奉膜拜。此外，唐卡还兼有史料、教义阐释和实用功能，因此长期以来它被喻为"西藏的百科全书"。洮砚是中国三大名砚之一，与广东端砚、安徽歙砚齐名，因石质坚润、色泽绚美和工艺独特而蜚声海内外，是古今书画家的案头珍品。卓尼木雕是甘南木雕文化的代表，多为佛教寺院的佛像和佛殿装饰，据《大藏经》记载，萨迦法王用蛇心檀木雕刻了释迦站像赠献萨迦寺，此为卓尼木雕的开端[①]，当地居民房屋、家具上也多进行木雕装饰。

临夏州在民族工艺上也拥有丰富的传统技艺，砖雕、葫芦雕刻、刺绣、木雕、保安腰刀等都是临夏非常具有代表性的民族工艺文化，是临夏民族传统文化、民族信仰、生活习俗的形象反映。临夏砖雕是深受临夏回族群众喜爱的传统建筑装饰材料，由东周时期的瓦当、空心砖和汉代的画像砖演变而来，精巧细腻，布局精美，兼具实用性和艺术性；临夏刺绣具有浓郁的民族特色和地方特色，以花鸟草木为图案，绣在服饰、日用品上，样式独特，花纹精美，堪称一绝；保安腰刀是临夏保安族久负盛名的传统手工艺品，以精湛的技艺、精美的装饰、锋利的刀刃与新疆维吾尔族的英吉沙小刀和云南阿昌族的户撒小刀并称为中国少数民族三大名刀。

(四) 宗教文化资源

宗教文化资源是甘肃文化资源宝库中不可忽视的组成部分，甘肃是伊斯兰教、佛教、道教、天主教和基督教五大宗教俱全的省份，而且具有宗教发展历史悠久，信教人员数量多、分布广的特点。

1. 伊斯兰教

伊斯兰教于七世纪中叶传入我国，是甘肃省信奉人数最多的宗教。甘肃省信奉伊斯兰教的有回族、东乡族、撒拉族、保安族、哈萨克族、维吾尔族等 6 个民族。清真寺是伊斯兰教的主要建筑，是伊斯兰教民进行礼拜活动的场所，在兰州、临夏等地分布广泛。甘肃省的清真寺建筑一部分是以木结构为主、羽翼式造型，具有中国传统建筑风格，还有一部分则更多地保留了阿拉伯的建筑风格。此外，伊斯兰教的陵墓、住宅、教经院等建筑

---

① 蒋高军：《卓尼县木雕艺术刍议》，《美术教育研究》2011 年第 9 期，第 25～29 页。

也很有特色。

临夏在中国伊斯兰教历史上有比较特殊的地位，是中国伊斯兰教教派门宦的主要源出地①，被称为"东方小麦加"。清真寺在临夏非常普遍，是伊斯兰教信徒礼拜真主的地方，也是穆斯林社会最重要的组成部分。临夏八坊地区清真寺林立，风格迥异，既有明清时期的六大寺，如南关寺、华寺、城角寺等，又有新建的大西关寺、北寺等，是临夏最著名的人文景观。穆斯林各民族在衣着、饮食、婚丧嫁娶、节庆礼仪以及喜好、风尚、禁忌等方面都保持着较为完整的伊斯兰风格，世代相传，逐步形成了独特的民族风情。每年到麦加朝拜的临夏穆斯林近千人，一年一度隆重盛大的开斋节、古尔邦节、圣纪节是临夏穆斯林的传统节日。

2. 佛教

佛教在甘肃省传播历史悠久，公元69年，陇南市成县已塑有佛像，藏族、蒙古族、土族、裕固族等少数民族基本上是全民信仰藏传佛教，汉族中部分群众信仰汉传佛教。佛教的特色建筑主要包括佛教寺院、石窟和佛塔等，甘南州夏河县拉卜楞寺是典型的藏传佛教寺院，具有鲜明的佛教风格。

甘南州共有佛教寺院150多座。全国文物保护单位拉卜楞寺集宗教、文化、艺术、绘画、音乐、舞蹈、藏族文献、古籍和建筑艺术之大成，是安多地区规模最大、藏经最多、文物最丰富的藏传佛教中心和藏学文艺宝库；俗称"东方小瑞士"的郎木寺享誉国内外，它所藏的《丹珠尔》《甘珠尔》等经典历史悠久，具有很高的文物价值；卓尼禅定寺已有700多年历史，寺内保存着大量珍贵文物；合作寺"九层米拉日巴佛阁"是集中各教派主供为一殿的藏传佛教"小百库"；夏河甘加白石崖寺、德尔隆寺，卓尼勺哇寺以及合作市多玛寺持金刚佛殿等也远近闻名，十分吸引香客游人。另外，还有国内独一无二、创建于清末的甘南临潭的伊斯兰教西道堂，其独特的文化现象在国内民族宗教界和相关学界有很广泛的声誉。②

宗教对甘肃民族地区各民族的文化心理、文化传统和文化形式都有很

---

① 帕林达：《临夏的伊斯兰教与清真寺文化》，《宗教与民族》2007年第5期，第179～188页。

② 敏彦文：《甘南民族文化软实力发展浅论》，《甘肃民族研究》2009年第2期，第103～106页。

大的影响。各个民族的节庆、音乐、习俗等文化中也留有深刻的宗教烙印。这些各种形式的宗教文化不仅本身是甘肃丝绸之路上不可替代的文化资源，其所倡导的修身行善、救苦济贫等宗教价值也在一定程度上影响着人们的思想观念，是重要的精神文化资源。

（五）红色文化资源

甘肃是一个具有光荣革命传统的省份，不仅是中国工农红军两万五千里长征胜利的结束地，也是中国西部最早的红色革命政权的诞生地。艰苦奋斗、百折不挠的革命历程，给甘肃遗留下了丰富的革命遗迹。根据党在民主革命时期的总任务和在不同的历史时期党的具体任务的调整，在甘肃形成了不同历史时期的红色文化元素，比较集中的就有"大革命文化""根据地文化""长征文化""抗日文化""解放区文化"等，这些红色文化资源不仅承载着丰厚的革命历史、生动的革命事迹，还给我们留下了具有甘肃特色的"南梁精神""会师精神""红西路军革命精神""舟曲救灾精神"等一大批宝贵的精神财富和优良的革命传统。这些精神具有跨越时空、撼人心魄、发人深省、催人奋进的时代力量，是推进甘肃科学发展、转型跨越、民族团结和富民兴陇战略的历史明鉴和精神动力。在甘肃民族地区，特别是甘南州，分布着众多红色文化资源，成为推动文化产业发展的重要元素。

1. 俄界会议旧址和茨日那毛主席旧居

1935年9月12日，中国工农红军途经高吉村，党中央在村里召开政治局紧急扩大会议。毛泽东在会上作出了决定红军前途命运的重要战略方针的报告，决定成立由毛泽东、周恩来等五人组成的全军最高领导核心，还通过了彭德怀关于缩编部队的建议，决定组建中国工农红军陕甘支队，并责成朱德、叶剑英等研究部队的整编方案。会议批判了张国焘分裂党和红军的错误，通过了《关于张国焘同志的错误的决定》。会后，党中央向全军发出了《为执行北上方针告同志书》。俄界会议纠正了张国焘分裂党和红军的错误，对确定红军北上进入甘肃的战略方针、胜利完成红军长征具有极为重要的意义。

迭部县政府于1993年拨款对俄界会议遗址进行了维修。遗址房屋是典型的藏族山寨土围墙木楼建筑，总面积238平方米，建筑面积102平方米，高 6 米，其中红军司令部面积 69 平方来。毛泽东当时在茨日那居住过的一幢藏式木楼，居室面积 15 平方米，成为重要的革命遗址之一，得到当地政府和群众的保护。

2. 腊子口战役遗址

腊子口是甘川古道上一处地势极为险要的峡谷隘口，它因著名的腊子口战役而闻名天下。当年中央红军正是在突破腊子口天险之后，才踏上了进军陕北的道路。腊子口是腊子河峡谷的一道隘口，是一处风景绝佳的游览观光胜地和爱国主义教育基地。

1935 年 9 月中国工农红军第一方面军到达腊子口，甘肃国民党守军沿朱李沟口、腊子口、康多、道藏、黑扎一带分点布设了数道防线。尤以腊子口为其防守重点，在桥头和两侧山腰均构筑了碉堡，并在山坡上修筑大量防御工事和军需仓库，敌人妄图凭借天险把红军扼阻在腊子口以南的峡谷中。当时红军左侧有卓尼杨土司的上万骑兵，右侧有胡宗南主力，如不能很快突破腊子口，就会面临被敌人三面合围的危险。红军将士通过正面强攻与攀登悬崖峭壁迂回包剿的战术，经过两天激烈的浴血战斗，英勇善战的红军出奇制胜，于 9 月 17 日凌晨终于全面攻克腊子口天险。这一仗红军打出了军威，打开了进军甘肃的大门，为后续部队开辟了道路。为了纪念腊子口战役，甘肃省人民政府于 1980 年 8 月 21 日在腊子口战役纪念地修建了纪念碑，并于 1993 年重建。纪念碑南、西两面镌刻着杨成武将军亲笔题字"腊子口战役纪念碑"八个大字；北面镌刻着甘肃省人民政府对腊子口战役的简介和对革命烈士仰慕缅怀之碑文："腊子口战役的辉煌胜利将永远彪炳我国革命史册；在腊子口战役中光荣牺牲的革命烈士永垂不朽！" 2005 年，迭部腊子口战役遗址被纳入《全国红色旅游发展规划纲要》之中，成为"百个红色旅游经典景区名录"之一。

3. 新城苏维埃旧址

新城苏维埃旧址旧称鞑王金銮殿，始建于十三世纪的元代，最早是元世祖忽必烈南征云南大理时的行宫，其后是当地群众祭祀天地及民族英烈的场所，又称为隍庙。现存主建筑殿宇四座，即正北大殿，东、西两侧殿，山门楼台和东西廊房，均为典型的高阶深廊、飞檐斗拱、复瓦彩绘的歇山式木质中式建筑。使这座历史建筑有功于国家民族，成为远近知名的革命胜迹的是 20 世纪的中国工农红军。

1936 年 8 月，中国工农红军二、四方面军在朱德、张国焘、徐向前率领下长征攻占临潭，将总部设在这里，领导临潭人民掀起了工农革命斗争，建立了甘南历史上第一个苏维埃政权，揭开了临潭人民革命的新篇章。更重要的是红军二、四方面军于同年 9 月 27 日在这里召开了"中共中央西北局会议"，最后确定了红军继续北上的方针，抵制了张国焘要红军二、四方面军西入青海，进兵新疆的错误计划，保证了与中央红军的会师及红军二、四方面军长征的胜利。朱德同志还曾在这里作了整军报告，写下了"抗日反蒋星夜渡，为国跋涉到临潭"的诗句。其后的 1943 年 3 月，这里又成为肋巴佛等领导的甘南农牧民起义军在新城征战中的指挥所。抗日战争中，临潭人民为纪念抗日阵亡将士，曾设忠烈祠于此。这一革命历史文物，在当地政府和人民的多方努力下完整保存至今。

4. 景古地区遗址

康乐县景古地区是指现在的景古镇、莲麓镇及五户乡，位置在临夏回族自治州康乐县城之南，是纯汉族聚居区。1936 年 8 月 9 日，红军二、四方面军四军十二师长征到达莲麓，司令部驻在地寺坪小学，村上设立了兵站。同年 8 月 24 日，红军二、四方面军西北先遣军长征到达景古城，司令部设在线家楼，政治部（政治部主任刘志坚，新中国成立后被授予中将军衔）设在常家楼，后勤人员驻在孙家楼。

红军到达后，首先构筑工事。在莲麓拉扎山头挖了战壕，长达 3 华里，至今残迹犹存。景古城的红军修整了国民党政府为堵截红军所筑的碉堡 6 座，碉堡周围挖了掩体、交通壕，以备应战。同时，广泛开展抗日宣传，动员民众抗日救国，不当亡国奴。当时正值夏收季节，红军一边帮助群众收割庄稼，一边宣传政策，坚决不拿群众一针一线，吃群众的蔬菜瓜果，一律给钱，通过实际行动揭穿了敌人的反动谎言，解除了群众惧怕红军的顾虑。

与此同时，红军进行休整练兵，建立了区、乡苏维埃政权，组织成立了抗日义勇军独立营，打富济贫，筹集粮款，发动群众参加红军，并打退了马步芳侦察连的进攻。1936 年 9 月 30 日，5000 余红军全部撤离景古地区。在景古地区的 52 天时间不仅使红军得到了休整，收集资财改善了部队供给，扩大了队伍，而且在人民群众中播下了革命的火种。

5. 肋巴佛革命纪念馆

肋巴佛革命纪念馆位于甘肃省临夏回族自治州和政县松鸣镇。1940年，肋巴佛在卓尼组织"草登草哇"（七部落济民性质的组织），带领群众抗粮抗捐，开展抗暴斗争。1943年3月27日，肋巴佛率领藏、汉僧俗群众3000余人，在临潭县冶力关起义，自任总司令。后攻克临潭县城，击毙国民党临潭县长和县党部书记长，释放囚犯，开仓济贫。4月19日，肋巴佛率部与王仲甲（甘南农民起义领导人之一）率领的农民起义军汇合成立"西北各民族抗日义勇军"，肋巴佛任洮岷路藏兵司令，挥师武都，策应国民党驻武都骑兵营长张英杰率部起义。6月17日，各路义军七八万人在武都草川崖集结，整编为三个路军和一个藏兵师，肋巴佛为藏兵师师长。这支由汉、回、藏、东乡等各族农民组成的起义队伍，转战甘肃中、南部20余县10月之久，给前来"围剿"的国民党反动军队以沉重的打击。起义失败后肋巴佛在和政松鸣岩等地隐蔽避难。

1981年10月，中共甘肃省委召开甘南农民起义相关座谈会，会议纪要中对肋巴佛的评价是："以宗教领袖活佛的身份，高举义旗，率领藏汉僧俗群众反抗国民党暴政，后加入中国共产党，这在我国现代历史上是很少见的。"2009年5月，和政县建成了肋巴佛纪念馆。展厅分四个展区：肋巴佛革命事迹展区、和政县党史展区、和政县文史展区及新中国成立六十周年来和政县辉煌成就展区，有肋巴佛生前遗物、遗像、生活用品、宗教用品及纪念照片200多件。2011年12月，肋巴佛革命纪念馆被省委宣传部命名为省级爱国主义教育基地。2012年9月，被甘肃省委党史研究室命名为甘肃省第四批中共党史教育基地。

（六）现实文化资源

现实文化资源是相对于历史文化资源而言的，主要是指改革开放和现代化建设中创造出来的新的文化资源。[1] 本书中的现实文化资源，主要是指由文化部门主办或实行行业管理的文化和相关产业机构，以及这类机构的文化产出，包括文艺创作、文化传媒、文化基础设施、社科研究等文化

---

① 王国安：《历史文化资源与现实文化资源的融合研究——以宁波北仑为例》，《中共宁波市委党校学报》2009年第5期，第114～117页。

资源。目前，甘肃民族地区基本已经建立起覆盖到县乡一级的公共图书馆、文化馆、艺术表演场地、文化站、农家书屋、藏家书屋等，文化机构数目和从业人员比重逐渐上升，为甘肃民族地区文化资源提供了良好发展空间。

在已有的现实文化资源中，尤其以《正气甘南》、《双城》《临夏教育》最为有名。临夏主办《临夏教育》，旨在宣传党的教育方针政策和有关部门的决策部署。依托甘南、临夏丰富的民族文化资源，出现了一批具有民族特色的民族研究著作，甘南州在建州六十周年之际，集中出版了一批甘南研究的特色著作，展现出甘南州悠久的历史文化传承。其中，《甘南历史文化丛书》系列，在民族文化、当代民族文学、民族传统歌舞等方面进行了系统的论述，是研究甘南文化传统的全面著述。临夏深厚的历史积淀是学术研究的宝贵资源，当前也出版了临夏研究的诸多专著，如李维建、马景的《甘肃临夏门宦调查》，王平的《临夏八坊：一个传统与现代回族社区的建构》等。这些现实文化资源对改善当地人民的精神文化生活做出了巨大贡献，其蕴含的巨大文化价值潜力还有待人们进一步发掘利用。

二 甘肃民族地区文化资源禀赋特征

面对当前国际国内产业结构大调整的形势，某一地区要想在愈演愈烈的综合竞争中取得优势，最有效的办法就是凸显和发挥比较优势，重点发展优势产业，用特色开路。甘肃民族地区必须抓住机遇，积极调整不合理的产业结构，充分发挥民族地区的文化资源优势，为当地经济稳定持续发展创造条件。甘肃民族地区的文化资源呈现多元并存、交错融合的特征，作为民族地区文化产业的核心资源要素，甘肃省民族地区文化资源所具有的以下特性决定着它对该产业的巨大影响，具体体现在以下几点。

（一）无形性与有形性相结合

文化一般以两种形式存在，即无形文化与有形文化。无形文化是指文化的精神和气质，存在于人类的思想和意识之中，无形无质，却是文化的内核，是体现国家和民族文化软实力的重要无形资源。有形文化亦称物质文化，是民族文化中的硬件部分，是实现精神文明的途径和载体，也是国家文化建设的推动力。一方面，甘肃民族地区人民在生活中创造了大量的无形的非物质文化遗产和有形的物质文化遗产，这些经由历史的洗礼传承下来的精神文明和物质文明正是有形文化和无形文化的完美结合。另一方面，在民族传统文化中，不仅注重人与人之间的和谐，也强调人与社会、人与万物和谐相处。这种文化价值取向也无形中影响了民族文化的发展，例如，甘南藏族人民独具特色的歌舞戏曲、饮食、艺术等都无形中反映了这种天人合一的价值取向。临夏州名胜古迹和人文景观众多，以"马家窑文化"为代表的各类文化遗产星罗棋布，各式清真寺融中国建筑古典风格和阿拉伯建筑特色为一体，庄严肃穆。这些有形文化带来的强烈视觉触觉冲击向世人宣传着伊斯兰教义和风情。不难发现，民族地区只有将有形文化与无形文化紧密结合，才能使民族文化源远流长。

（二）差异性与同质性相结合

我们从以上文化资源的阐释中可以发现，甘肃民族地区各民族和社群在长期的历史发展中形成了独具特色的社会文化和相对独立稳定的文化体系，并由此造成了各民族和社群在生活习惯、风土民情、价值观念、思维方式、人格性情等方面的差异性，继而塑造了不同民族的群体心理素质、气质秉性和行为模式，特别是甘南州以藏族为主而临夏州以回民居多，因此区域和群体间的差异性就更加明显。新中国成立以来，这种文化上的差异性曾一度被减弱，但基本格局依旧。20世纪八九十年代起，农牧区实行家庭联产承包责任制，生产活动的分散，互助行为的减少，加上商品经济发展的缓慢，在一定意义上强化了传统文化模式，使得过去一度淡化的宗族观念、等级制度、宗教意识等又得以恢复和加强。甘肃民族地区各文化体系间虽差异明显，但也表现出一定的同质性。例如，在道德上都强调修身养性、重义轻利及长幼有序的孝悌要求；在家庭和社会生活中注重遵从权威；在天人关系上强调天人合一、顺从天命等。这在一定程度上反映了这些文化体系的共同特点，即它们都是特定历史时期生产力和生产关系相互作用的产物。①

（三）独特性与包容性相结合

在悠久的历史传承中，甘肃民族地区文化传承的延续性和一贯性表现

---

① 李少惠：《互动与整合：甘南藏区农村公共文化服务发展研究》，中国社会科学出版社，2014。

得十分突出，而其融合性和对抗性也十分强烈。① 一方面，在文化发展和传承中，受到较封闭的地域限制，甘肃民族地区与外界的交流较少，民族文化保持了十分稳定的传承机制。民族生活方式和生活习俗受外来文化影响较少，逐渐形成了以藏传佛教和伊斯兰教为核心的稳固的宗教信仰。即便新中国成立后，甘肃民族地区与其他地区交往、联系渐为密切，商品经济流通往来，风俗文化渗透融合，也很难完全改变甘肃民族地区固有的传统文化，甘肃民族地区民族文化的独特性也得以较好传承下来。另一方面，甘肃民族地区民族众多，多民族长期生活在一起，共同发展，在生活习惯和宗教信仰方面相互包容、相互融合、相互促进，在民族文化上，体现出很强的包容性和相融性。

甘南、临夏所处的自然环境、社会环境、人文环境共同影响着区域内民族文化的传承和发展，使其形成了独特性与包容性相结合的文化发展趋势。具体来看，甘肃民族地区少数民族众多，绚丽多彩、风格迥异的民族文化具有浓厚民族气息、鲜明民族特色，它们共同存在于甘肃省这片辽阔的土地上，各具特色却又相互影响，民族文化的包容性在此也体现得淋漓尽致。以裕固族的民歌为例，裕固族民歌旋律与古代文献记载的突厥语民歌、蒙古族民歌有诸多共同之处，还保留着一些与《突厥语词典》中记载的四行一段押尾韵的民歌形式相一致的民歌，同时又吸收了汉族的小调，回族和东乡族的"少年"，藏族的山歌、酒曲以及蒙古族的划拳曲等，并且把各种风格巧妙地融为一体，成为独具特色的裕固族民歌，表现出民族文化资源独特性与包容性相结合②的特点。

（四）宗教性与世俗性相结合

宗教是一种社会文化现象，代表着文化特殊的社会类型，是人类传统文化的重要组成部分，它影响到人们的思想意识、生活习俗等方面。广义上讲，宗教本身是一种以信仰为核心的文化，是构成许多民族文化的基本要素，因而同民族之间有着紧密的联系。同时，宗教又是整个社会文化的

---

① 李少惠：《互动与整合：甘南藏区农村公共文化服务发展研究》，中国社会科学出版社，2014。

② 马少虎、景丽：《民族文化与民族地区发展研究——以甘肃民族地区为例》，《甘肃高师学报》2009 年第 4 期，第 140～142 页。

组成部分。地处西北地区的甘肃省是一个多民族省份，对生活在甘南、临夏等地区的藏族、回族、撒拉族、土族、东乡族、保安族等许多民族来说，宗教本质上是人对超越于自然界与人自身的神的敬拜和遵从，往往是其对整个世界的根本看法，也是其生活处世的基本观点，宗教往往渗入其文化的各个层面成为其塑造文化生活的基本模式。这使得当地的宗教信仰呈现出历史悠久、信仰者众多且信仰虔诚等特点，特别是藏族、回族，因全民信教而使其民族文化具有十分浓厚的宗教性。

尽管宗教与这些民族文化存在密切联系，宗教性是这些民族文化的基本特征，但这并不意味着宗教性是其民族文化的唯一特征，宗教性并不能涵盖其全部文化的方方面面。一个民族的文化，其宗教性无论多么深厚和强烈都无法消除该文化中的世俗性。很多时候，表现为宗教性和世俗性并存乃至相融的特点。如藏族世代相传的反抗压迫剥削、向大自然宣战等类型的民间故事，表现生活习惯和饮食习俗的民谣民谚，反映祭祀活动与游牧生活的戏曲音乐和民间舞蹈等。而回族穆斯林与伊斯兰教的信仰相联系，形成了特有的包含饮食习俗、方式和礼仪等多方面内容的饮食文化，其饮食类型、调制方法、风味特产等展现出饮食文化在回族穆斯林群众中所具有的宗教、历史等方面的特殊价值。

（五）传统性与现代性相结合

随着社会的发展，现代化是民族文化不可避免的发展道路。甘肃民族地区的少数民族文化在传承中基本已经形成了固定的文化发展模式，很难为外界所改变。然而，任何文化的发展，都是不断与外界交流、将民族传统文化与现代文化相融合发展的过程，即任何文化都是传统与现代的结合体。一方面，少数民族文化保留了较好的独立性和稳固性，民族传统文化与现代文化之间呈现出博弈的过程。即便在强势的现代文化冲击下，甘南、临夏地区的传统文化仍然表现出鲜明的文化特色和精神内涵。无论是甘南的藏传佛教文化还是临夏的伊斯兰教文化，都非常好地保持着自身传统文化特色。另一方面，在现代化过程中，甘肃民族地区民族文化表现出传统性与现代性相互融合、再造发展的特点。民族文化在保留自身传统的同时，也在逐渐受到现代化的影响，走上现代化的轨道之中。近年来，甘肃民族地区文化也逐渐朝着"走出去"的战略前进，发展文化产业、增强与外界的交流都是民族传统文化与现代化相结合的路径选择。在全球化的发展中必将形成一个全新的开放的文化价值体系，民族文化传统性和现代性结合发展也将是融入该文化价值体系的必然选择。

（六）精神内涵的潜在性与可塑性相结合

文化资源的精神内涵一般不直接地表现出来，而是需要作为社会生活主体的人去领会、去发掘。以临夏的彩陶文化和甘南的杨土司红色文化为例，如果人们不去深究其背后的意蕴，那些出土的彩陶无非是远古人类的生活器皿，而不是八千年古文明浓墨重彩的一笔；杨土司舍命助红军的事迹也仅仅是一段精彩的历史故事，而不是红色文化和民族大义的完美写照。诚然，这种潜在的价值能否变成现实的经济和社会效益，既取决于文化资源自身的精神内涵，也取决于开发者对该种精神内涵所做的阐释，以及特定需求主体自身素质所决定的对该种精神内涵的理解。我们了解到，"中国彩陶之乡"临夏已经将彩陶发展成工艺品产业，将其打造成了可供欣赏和珍藏的"古文明"，而卓尼杨土司纪念馆的成立以及电影《卓尼土司》的制作也让红色精神得以传播。

第四章　甘肃民族地区文化
产业发展概况

近年来,甘肃民族地区文化产业发展势头良好,成效显著。各级政府出台了许多发展文化产业的重要文件,制定了一系列政策措施,各地各部门加大工作力度,有力地推动了文化产业的发展。具体而言,文化基础设施建设不断加强,文化资源开发步伐逐步加快;文化体制改革不断深化,文化生产力进一步得到解放;优势文化品牌逐步在做大做强,竞争力明显提高;现代传媒、出版发行、文娱演艺、文化旅游业发展较快,现代文化产业体系逐步建立;民营文化企业异军突起,多元化投资格局初步形成。本章通过对甘肃民族地区文化产业的发展和政策历程加以系统梳理,以期在分析文化产业现状的基础上发现问题。

一　甘肃民族地区文化产业发展历程

自新中国成立以来,甘肃民族地区经济建设取得了显著成效,文化建设却一直在探索中前进,在曲折中发展。随着文化产业在国民经济发展中地位的不断提升,甘肃民族地区文化产业逐步兴起,并不断得到发展和完善。

(一) 积累阶段 (1978~2005 年)

新中国成立至改革开放前这段时期,我国经济整体发展速度缓慢。甘南、临夏位于甘肃省西南部,交通闭塞,基础设施建设不完备,经济以农牧业为主,发展水平较低。文化还停留在主要由政府供给的公共文化层面,文化产业发展尚未起步。

改革开放后,经济所有制形式多元化发展,市场活力逐渐恢复,贸易往来增多，具备了文化产业发展所需的前期资金和市场条件，文化产业初具雏形。这一时期，甘肃民族地区在州政府和州文化单位的推动下，兴办了一些文化活动和文化项目，如兴办文艺场所、放映电影录像、进行文艺演出等，虽然更注重公共文化供给方面，但是也取得了一定的经济效益。此后，随着经济的发展和人民生活水平的提高，文化产业越来越多地出现在市场经济领域，文化产业经营单位数目日益增多，尽管经济效益显著，但是尚未成为经济发展的重要推动力。

1992 年，国务院在关于加快发展第三产业的决定中，首次提出要把文化艺术产值计入第三产业统计指标，文化产业开始出现在国家战略决策中。在 2000 年"十五"计划中，提出了要完善文化产业政策，推动文化产业发展的目标。2002 年党的十六大报告提出要积极发展文化事业和文化产业。文化产业在国民经济中的地位日益提高，文化对于一国政治经济的作用不再仅仅是宣传教育，而且还能够转变为经济发展的增长点。2000 年制定的西部大开发战略指出了文化在西部大开发中的重要地位和作用，提出"合理开发利用文化资源，促进西部地区文化产业发展"①的指导建议，很多西部省份抓住西部大开发的机遇，开始把发展文化产业定位为省发展战略。甘肃省于 2002 年颁布了《甘肃省特色文化大省建设规划纲要》，提出了建设文化大省的发展理念，推动文化产业的发展。甘肃民族地区文化产业中，新闻媒体业、音像业、文化旅游业、文物和艺术品业、娱乐演艺业等都有了一定程度的发展，文化产业体系逐渐形成。但是，在这一阶段，甘肃民族地区发展经济的主要动力还是第一产业和第二产业，服务业发展缓慢，而且受制于落后的经济文化发展水平，甘肃民族地区的文化产业发展相对滞后，没有形成较大的文化企业，主要还是家庭作坊式的生产，尚处于最初的产业发展积累阶段。

（二）发轫阶段（2006~2010 年）

自 2002 年党的十六大报告中指出"要积极发展文化事业和文化产业"后，文化产业在我国进入全面启动、快速发展的阶段。到"十一五"时期，

① 《文化部关于实施西部大开发战略加强西部文化建设的意见》，中华人民共和国文化和旅游部官网，最后访问日期：2000 年 5 月 23 日，http://zwgk.mct.gov.cn/auto255/200506/t20050617_472412.html？keywords=。

推动文化产业发展已明确定位为国家发展战略，在"十一五"规划中，正式提出了要"积极发展文化事业和文化产业，创造更多更好适应人民群众需求的优秀文化产品"。在省级层面，文化产业发展对于社会、经济、文化、环境等方面的提升作用也逐渐显现。2006 年出台的《甘肃省"十一五"文化产业发展规划》，提出了建设特色文化大省的战略目标。同时，西部大开发是甘肃民族地区经济文化发展的重要契机，经济发展也带动了文化产业的发展，文化旅游、新闻出版、娱乐演艺业等众多文化行业开始兴盛。在甘肃民族地区，文化产业逐渐发展起来，出现了一些文化产业公司，例如卓尼鼎元艺术品开发有限责任公司、甘南州羚城藏族文化科技开发有限责任公司等，临夏的能成古典建筑装饰工程有限责任公司也在这一时期进入了发展阶段。这些文化企业大多依托于当地特色民族文化资源，将文化资源和现代化的科学技术、经营理念等结合起来，形成经济效应。不过，这些企业的发展尚处于起步阶段，规模较小，仍以家庭作坊式的生产为主，尚未发展成具有地区代表力的文化企业。

（三）发展阶段（2011～2019 年）

2012 年甘肃省第二次党代会上提出了文化强省、建设文化大省战略，指出要深化文化体制改革，加强基础项目建设、文化精品创作，完善公共文化服务体系及发展特色文化产业，特别是要充分发挥文化资源优势，倾力打造华夏文明保护传承和创新发展示范区，促进文化事业大发展大繁荣，努力把文化产业打造成国民经济的支柱产业。在这一阶段，文化产业在国家和省域经济中的重要地位日益凸显，甘肃民族地区对文化产业发展的重视程度不断提升，出台了一系列促进文化产业发展的地方性政策和指导意见，一批文化企业相继成立，规模不断扩大，文化产业进入了快速发展阶段。

1. 国家战略规划重要机遇

这一阶段，甘肃民族地区文化产业的发展遇到了前所未有的重要战略机遇，华夏文明传承创新区和藏羌彝文化产业走廊的建设为甘肃民族地区文化产业的发展带来了很好的发展契机。十八届五中全会提出建设"一带一路"，推进同有关国家和地区多领域互利共赢的务实合作，推进国际产能和装备制造合作，打造陆海内外联动、东西双向开放的全面开放新格局。"一带一路"倡议的提出，对甘肃经济社会发展起到了极大的推动作用。作为"一带一路"沿线十分重要的商贸流通枢纽省份,甘肃成为连接中国与中亚、南亚和西亚国家的路上纽带和产业交流基地,这对甘肃民族地区的文化产业发展而言恰逢其时,为甘肃民族地区文化产品走出国门,走向世界提供了有利条件。同时,"十三五"规划中提出要深化文化体制改革,实施重大文化工程,完善公共文化服务体系、文化产业体系、文化市场体系,推动文化产业结构优化升级,发展骨干文化企业和创意文化产业,培育新型文化业态,扩大和引导文化消费。① 这为甘肃民族地区文化产业提供了发展方向。

2. 政府扶持力度不断加强

较之于甘肃省其他市州,作为农牧业交汇区的甘南、临夏二州,经济发展水平相对落后,虽然文化资源富集,但是文化产业发展优势并没有体现出来。为了发展民族地区经济,带动文化产业发展,政府不断加强对民族地区文化产业发展的扶持力度。围绕华夏文明传承创新区建设和"一带一路"倡议重要机遇,甘肃民族地区制定了有关文化产业发展的总体规划和实施方案,加快推动文化产业发展的配套体系建设。为拓宽融资渠道,政府加大招商引资力度,对文化企业采取税收优惠和银行贷款支持等措施,为发展当地文化产业提供了资金支持。在培育文化企业方面,甘肃民族地区根植于当地民族特色文化资源,尤其大力培育中小文化企业,从项目、研发、品牌建设等多方面给予支持。在文化产品推广上,甘肃民族地区举办文化研讨会、民族文化艺术节、文化旅游节等大型活动,提高当地文化影响力,提升文化品牌知名度。

3. 文化产业市场体系逐步完善

中国经济环境整体发展势头较好,为文化产业发展创造了有利的经济环境,再加上政府扶持引导和文化企业自身的良好运营,甘肃民族地区的文化产业发展较快。经过 10 多年的发展,甘肃民族地区文化产业逐渐建立起自己的市场体系,初步形成不同门类、不同层次的广阔市场发展空间。甘南州和临夏州以当地特色民俗文化作为发展文化产业的主要资源,开发

---

① 《中共中央关于制定国民经济和社会发展第十三个五年规划的建议》,新华网,最后访问日期:2015 年 11 月 3 日,http://news.xinhuanet.com/fortune/2015 – 11/03/c_1117027676_4.htm。

了藏香、唐卡、木雕、石雕、砖雕、氆氇、卡垫、民族服饰、民族饮食等文化产业资源；建立起新闻出版、广播电视、休闲娱乐、歌舞演艺、工艺美术、文化艺术等文化产业门类；健全了图书报刊、电子音像制品、演出娱乐、电影电视剧、民族艺术品等文化产品市场。同时，文化产业发展相关的配套产业，诸如建筑业、制造业、物流业等行业也取得了快速发展。目前甘肃民族地区基本形成了以文化旅游业和民族用品制造业为核心，其他相关行业快速发展的文化产业格局，在文化产业发展中，文化旅游、民族工艺、民族特需品等传统文化产业助推作用明显，但文化创意产业尚处于起步阶段。

4. 文化产业发展平台不断拓宽

虽然当前甘南、临夏的文化产业有了长足发展，但是有相当比例的文化企业仍然采用家庭作坊式生产模式，文化产品销售圈子较小。文化产业全面推进市场，需要扩大圈子，需要借助电子商务平台实现大发展。互联网的普及和网络电商的发展，为甘南、临夏两州文化产业的发展带来了新的商机和平台。一些文化企业纷纷借助互联网平台，发展电子商务，将本地文化产品推向更广阔的平台。借此契机，甘肃民族地区企业家打造了属于自己的文化产品交易平台，甘南藏族自治州藏宝网络商务开发有限责任公司创办藏族特色产品网络购物平台——藏宝网，集佛教铜器、藏族饰品、虫草灵芝、牛肉干、哈达、酥油灯、民族服饰、藏族图书、唐卡等于一体。此外，一些文化企业也借助微信、微博等公众平台，举办各式活动，吸引粉丝，推广本地特色文化，销售文化产品等。网络平台的扩大，给甘肃民族地区小微文化企业带来发展机遇和发展活力。

（四）展望阶段（2020～2025年）

"十一五"和"十二五"的10年时间里，甘肃民族地区文化产业纵向上发展非常迅速，尤其是"十三五"时期，随着国家大力释放文化体制改革红利的政策推动，甘肃民族地区文化产业发展也取得了显著成效。按照全国统一部署，通过不断深入挖掘丰富多元的文化旅游资源，实施文化扶贫，推进文旅融合，为甘肃民族地区文化产业的进一步发展打下了较好的基础。但是横向来看，文化产业发展并不理想，落后于省内一些文化产业发展较好的地区。2020年是全面决胜实现小康社会的攻坚年，也是谋划

"十四五"规划的关键时期。未来五年正值我国文化和旅游产业加快发展的黄金机遇期和转型升级的战略关键期，在国家大力推进文化与旅游产业深度融合的背景下，文化产业和旅游产业融合发展为甘肃民族地区文化产业的发展提供了新的思路，指明了未来发展的方向。

1. 文化产业市场开放程度将不断提高

随着市场经济的发展，文化产业市场逐渐趋向法治化、国际化、便利化，运营环境不断优化。"一带一路"倡议的推出和实施为甘肃民族地区文化产业提供了重要发展平台，为甘肃民族地区文化产品开拓了更大的国外市场，打开了通往国际的大门。甘肃省应借助丝路文化重镇的地理和文化优势，抓住"一带一路"发展机遇，不断加强品牌建设与文化及旅游市场的开发，与各个地区展开全方位的交流合作，实现文化产业跨越式发展。

2. 文化产业与旅游产业融合将深入发展

进入"十三五"以后，我国将文化产业和旅游产业作为国家战略性支柱产业来发展，而文化和旅游的融合为两大产业的发展注入了新的动力，提供了新的思路。近年来，甘肃省旅游市场结构不断优化升级，文化旅游持续走热，文化和旅游融合发展进入新阶段，人民日益增长的文化需求为旅游业发展提供了动机保障，文化消费个性化、多样化、多层次的需求也愈加凸显。在文旅融合发展的大趋势下，文化对旅游策划、开发、品牌等各方面都将产生影响，而旅游对文化产业的介入，也能够激发出新的场景价值和经济效益。在这样的发展趋势下，甘肃民族地区需要思考的是，未来如何用文化创意提升旅游项目品质，加强对文化资源的挖掘和研究并将其运用到旅游发展中，去激发、创造居民的潜在文化消费需求。目前，甘肃民族地区的一些乡村凭借地域性文化遗产或非物质文化遗产吸引投资，打造乡村休闲游，走出了一条文旅融合脱贫的道路。此外，还依托丝绸之路（敦煌）国际文化博览会和敦煌行·丝绸之路国际旅游节（简称"一会一节"）、中国西部旅游产业博览会等节会平台，进一步推广文旅融合项目，招商引资，为文旅融合深度协调发展助力。

甘肃民族地区未来需致力于打造一系列精品文旅项目，这不仅能够促进当地居民的文化消费需求增加，在当今交通便利的条件下，还能够吸引全国各地乃至国外游客前来观光游览，产生联动效应，带动当地餐饮业、运输业、文化产业、旅游业等相关产业消费需求的增长。因此，应结合现代居民的旅游消费需求以及文旅融合的现实要求，打造富有创意的文化旅游项目，并不断完善基础设施建设，通过打造高水平的项目和服务去创造需求引领消费，实现文化产业的发展。

3. 文化产业与互联网融合将成为经济新增长点

网络已经在国民社会生活中占据非常重要的位置，随着物联网的发展与应用和"互联网＋"概念的提出与推进，文化产业未来的发展和互联网密不可分，"互联网＋文化"和文化产业"O2O"（Online To Offline）模式将成为我国未来文化产业发展新的经济增长点。当前，甘肃民族地区文化企业发展较少与互联网、物联网相结合，企业组织、运行方式、销售方式仍然是以传统实体店面为主。推进文化产业在组织、商业模式、供应链、物流链等方面基于互联网的创新发展模式，对甘肃民族地区文化产业发展将大有裨益。

4. 文化建设体系将不断完善，文化产业与文化事业融合发展

"十三五"规划中在文化建设领域提出了完善四个"体系"，除了公共文化服务体系外，其余三个"体系"都是之前没有提过的，分别是"传统文化传承体系""文化产业体系""文化市场体系"，文化体系的建设和完善，将会有力推动文化产业的科学发展和可持续发展。体系的构建是一个长期性、系统性的工作，需要甘肃民族地区从顶层设计、宏观布局角度予以思考，更需要从市场主体、项目落地等微观环节密切筹划。近年来，甘肃民族地区在注重传统文化产业，如会展出版、广告等发展的基础上，也逐渐关注到文化创意和设计服务与相关产业融合发展，以及文化产业和新型业态之间的融合发展等问题，这都与文化发展的体系建构密切相关。①

在今后的文化体系建设中，必须顺应文化事业和文化产业逐渐走向融合的趋势。甘南、临夏的大餐厅中增加了体育活动、游戏比赛、文艺演出等元素，会展活动中也增加了书画交流、文艺演出、古玩展售、花卉展售等多种项目。在文化产业发展过程中，无形中提供了公共文化服务。此外，通过政府购买和服务外包等形式逐渐让文化企业参与到公共文化服务供给

---

① 《"十三五"规划建议中文化建设的 6 大要点》，光明网，最后访问日期：2015 年 11 月 21 日，http://tech.gmw.cn/newspaper/2015－11/21/content_109930712.htm。

中来，文化企业也相应承担一定的公共文化供给责任。通过这些方式，不断推动甘肃民族地区文化体系健全和完善。

5. 文化与科技融合趋势将不断加强

"十三五"规划中，首次提出发展"文化创意产业"，创意在文化产业发展中将会成为提升文化产业竞争力的核心，"创意＋"发展模式将成为文化产业发展的核心推动力。2014 年文化部、财政部联合发布《关于推动特色文化产业发展的指导意见》，提出工艺品业要在保护多样性和独特性的基础上，坚持继承和创新相结合，促进特色文化元素、传统工艺技艺与创意设计、现代科技、时代元素相结合。国务院出台的《关于推进文化创意和设计服务与相关文化产业融合发展的若干意见》指出要加快工艺美术产品、传统手工艺品与现代科技和时代元素相融合。传统手工艺与现代科技融合发展将成为文化产业发展的重点。甘肃民族地区已经出现了将传统手工艺与现代科技融合的发展趋势，例如，甘南石版画制作和临夏砖雕生产将传统手工技艺和现代科技中的平板喷绘技术、精雕技术相结合，以更加细致、精美、高效的优势迅速打开文化消费市场。

同时，文化与科技的融合以及发展创意文化产业的重点是培育和挖掘创意文化人才。然而目前甘肃民族地区的创意型人才、复合型人才和技术型人才都存在较大缺口，这成为制约当地文化产业发展最明显的短板之一。因而，在未来的发展中，能否培育、挖掘高水平人才，将成为影响当地文化创意产业发展的关键。因此，甘肃民族地区需要大力引进既懂创意，又懂市场运作和经营管理的高层次复合型人才，为其文旅产业的发展提供充足的人才保障。

二　甘肃民族地区文化产业的政策规划

21 世纪以来，国家西部大开发战略的提出和实施，为加快西部民族地区发展提供了有力支持和强大动力。同时，各地区也相继出台了符合区域发展实际的文化产业支持政策。2012 年，甘肃省委、省政府出台了《关于贯彻党的十七届六中全会精神、进一步加快文化大省建设的意见》《甘肃省加快文化大省建设的若干政策规定》《甘肃省"十二五"时期文化改革发展规划纲要》等一系列支持文化发展的政策性文件，为文化事业、文化产业跨越发展提供了政策保障。其中,《甘肃省"十二五"时期文化改革发展规划纲要》直接推动了甘肃民族地区文化部门体制改革及文化产业蓬勃发展,重点针对西部地区文化产业存在的问题,包括经济基础薄弱、文化产业发展缓慢、产业化程度低、竞争力不强、市场化及资源优势转化不足等提出一系列发展措施。

甘肃省文化厅联合省财政厅出台了《关于加强非物质文化遗产保护工作的实施意见》《甘肃省非物质文化遗产保护专项资金管理办法》。甘肃省文化厅相继制定并出台了《甘肃省"十二五"时期文化改革发展规划纲要》《甘肃省文化系统贯彻〈文化部"十二五"时期文化产业倍增计划〉的意见》《甘肃省文化系统人才队伍建设规划(2011—2015年)》《关于加强基层文化人才队伍建设的指导意见》《省直文化单位急需人才培养引进办法》《甘肃省文化市场综合执法队伍培训规划》等文件,起草了甘肃省舞台艺术创作、专业美术创作、艺术科学研究等3个五年规划,为全省文化改革发展绘就了蓝图,营造了良好的文化政策环境。

2013年3月,我国首个国家级文化发展战略平台——华夏文明传承创新区建立,极大改变了甘肃的发展状况。过去因为习惯于发展文化资源型产业,导致文化产业链条不长,文化产业发展可持续性不强;而创建华夏文明传承创新区正是要趟出一条经济欠发达但文化资源富集地区实现科学发展的新路子,从文化资源型产业转向文化内容型产业。甘肃省文化厅积极推进"华夏文明传承创新示范区"建设,配合省委宣传部全面梳理全省文化资源,筛选出了一批项目,按照围绕"一带",建设"三区",打造"十三板块"的工作思路,开展文化项目建设。

2014年5月,文化部提议建设"丝绸之路文化产业带",结合丝绸之路辐射区内的文化产业特色,通过发展产业带能够有力带动甘肃民族地区的经济发展和产业结构的升级、改革。8月,文化部、财政部联合发布了《关于推动特色文化产业发展的指导意见》,提出依托各地独特的文化资源,通过创意转化、科技提升和市场运作,提供具有鲜明区域特点和民族特色的文化产品和服务的产业形态。

2015年,中共中央办公厅、国务院办公厅印发《关于推动国有文化企业把社会效益放在首位、实现社会效益和经济效益相统一的指导意见》,有力促进了文化产业发展和文化市场繁荣，实现了社会效益和经济效益同步提升。同年，文化部发布了《2015 年扶持成长型小微文化企业工作方案》，进一步优化小微文化企业创业发展环境，以支持文化领域创新创业和小微文化企业发展。

2016 年，《甘肃省"十三五"文化产业发展规划》明确了"十三五"时期文化产业发展的总体要求、主要任务、重点行业和保障措施，提出切实转变文化产业发展方式，是指导"十三五"时期甘肃省文化产业工作的总体规划。同年，文化部出台的《文化部"一带一路"文化发展行动计划（2016—2020 年）》等政策，进一步完善了我国文化产业合作与交流的机制，打造了"一带一路"文化交流合作平台，"一带一路"国际文化市场的文化产业发展格局初步形成，文化企业规模不断壮大，文化贸易渠道持续拓展，服务体系建设初见成效。

2017 年，中共中央办公厅、国务院办公厅印发了《国家"十三五"时期文化发展改革规划纲要》。同年，党的十九大提出文化创新是加快发展文化产业的主线。"数字文化产业"政策的出台，为互联网时代的文化发展提供了一条全新路径。"互联网 ＋"持续带动文化产业不断向"文化 ＋"的方向拓展。这些政策规划的出台，为甘肃民族地区文化产业的发展指明了方向，提供了良好的发展环境。可以看出，国家对西部民族地区的文化产业发展给予极大的重视，这也为民族地区由追赶式发展向跨越式发展提供了可能性。

为贯彻落实国家政策，甘肃省征集整理文化系统重点文化企业、基地（园区）融资贷款项目，争取国家及省上的文化产业发展专项资金。参加深圳文博会、北京文博会、中国海峡两岸文博会、国际文化产业大会等，全方位展示华夏文明传承创新示范区的独特资源禀赋、良好文化基础、项目储备和支持政策，加大招商引资力度。其中在第六届中国西部文化产业博览会上，宣传推介重点文化产业项目 14 个，达成长期供货协议 16 项。① 甘肃省以"三园一带"建设为重点，指导文化产业园区完善项目规划，着力在营造良好的政策环境、搭建公共服务平台、破解文化企业融资难、加大

---

① 李虎：《文化产业发展》，《甘肃年鉴（2013）》。

推介展示营销力度等方面下功夫，文化产业发展速度不断加快。甘南州羚城藏族文化科技开发有限责任公司与兰州创意文化产业园有限公司、肃南裕固族自治县祁连玉文化产业开发有限公司三家文化企业代表甘肃省成功入选第五批国家文化产业示范基地。

借助国家层面重大发展机遇，甘肃民族地区在文化产业方面也制定了一系列政策推动发展。

（一）企业发展

近年来甘肃省民族地区陆续出台的一系列支持文化企业发展的政策措施，从财税、信贷、土地和价格等方面都在不断深化、细化和完善，市场效果随之显现。在土地政策许可范围内，优先安排重点文化企业、园区和集聚发展用地。通过设立文化产业发展专项资金，支持重点项目、产业园区和骨干企业发展；鼓励创建园区、扶持企业和原创作品，根据企业创造的经济效益和社会效应给予一定奖励。政府实行结构性减税和普遍性降费措施，减免涉及小微文化企业的相关行政事业性收费和政府性基金，进一步清理乱收费现象，切实减轻小微文化企业负担，可以说，减税和增支是其政策发力的重点。支持非公经济发展，全面推行"三证合一"，进一步降低准入门槛，简化程序，允许新企业注册资本在两年内分期到位，放宽企业名称、经营项目、注册资本限制，推动中小微文化企业增加数量、扩大规模。建立和完善中小微企业融资担保体系，加大政府注资规模，破解融资难题，鼓励担保公司给予文化企业担保贷款，在国家允许的贷款利率浮动幅度内给予一定的利率优惠。着力优化非公有制企业发展环境，促进非公有制经济快速发展。对在新产品研制开发、技术创新、项目攻关等方面做出突出贡献的集体和个人授予荣誉称号，有研究成果的给予奖励，其专利参与分配要素。

（二）地区交流

甘肃民族地区积极开展与发达地区的交流合作。甘南州积极构建多层次交流合作格局，密切与天津的沟通衔接。早在 20 世纪 80 年代末，天津与甘南就建立了对口帮扶与经济协作关系，成功实施了一大批项目，有力推动了甘南州经济社会发展。甘南州借力天津的发展优势，全面推进区县、行业、部门结对援助。2016 年 4 月 14 日至 19 日，甘南州代表团赴天津市参加投资贸易洽谈会，积极推介招商，分别与天津市农委、商务委、旅游局、司法局、文广局、电视台、天津现代职业技术学院、建筑设计院、市政工程设计研究院等部门签订了9项《战略合作框架协议》，开创了新形势下天津对口支援甘南工作的新局面。而临夏州也获得厦门市大力的对口支援，从2010年开始，厦门市委、市政府认真贯彻落实中央"两个大局"战略思想，以高度的政治自觉和责任担当，在临夏实施了一系列对口帮扶措施，不仅有项目、资金和产业支持，还有教育、卫生人才和干部培训等多方面的合作，真诚给予帮助，各方面都取得了极大成效。临夏州通过重点在清真产品外销、教育卫生发展、干部挂职学习、劳务技能培训等方面与厦门市加强交流合作，有效实现了吸引资金、资源和技术，承接产业转移，优势互补，互利共赢。此外，甘南州、临夏州也十分注重与省内兄弟市州和周边民族地区的交流合作，在畜产品加工、民族特需品生产、文化旅游、商贸流通等领域开展全方位、多层次、多元化的合作。与大专院校、科研院所进行交流合作，建设多层次的人才智库，开展决策咨询、科研攻关、考察调研、学术交流活动，推进技术创新，破解发展难题。

（三）文化旅游

临夏州、甘南州的文化旅游业发展起步较早，并依托兰州中心城市的优势，产业各要素渐趋成熟，已经组织并编制了本地区文化旅游发展规划及相关方针、政策；对现有的文化旅游资源进行了整理分类；对本地区文化旅游重大问题进行了决策；积极协调各部门利益；定期召开会议，认真研究文化旅游发展现状及问题。民族地区在开发文化旅游过程中充分考虑甘肃省以及周边地区文化旅游的发展状况和州内实际发展情况。对内，不断完善文化旅游发展过程中的不足；对外，学习、发扬有利于民族地区文化旅游发展的经营模式。内外兼修、放宽眼界、创新经营、与时俱进，深度挖掘可利用的文化旅游资源，并着力打造精品旅游景区、旅游线路和旅游产品，加快发展文化旅游，把宗教文化、民间艺术等具有民族特色、地方特色的民族元素引入旅游产品当中，促进文化与旅游的深度融合，不断丰富和提升文化旅游品牌内涵，使旅游与文化相互依存、相互促进、共同繁荣，为广大游客提供具有震撼力的视觉盛宴，扩大对外知名度和影响力。

（四）园区建设

近年来，按照华夏文明传承创新区建设总体布局，根据甘肃省文化资源的区域分布和产业发展基础，截至 2016 年，甘肃省建立了 1 个国家级文化产业示范园区、9 个国家级文化产业示范基地，省委宣传部等有关部门在全省命名了 3 个省级文化产业示范园区、23 个省级文化产业示范基地，各市州也相应命名了一批文化产业园区（基地）。① 以三大文化产业区（陇东南文化历史产业区、兰州都市文化产业区、河西走廊文化生态产业区）、多个特色文化产业集群、产业支撑作用明显的文化产业示范园区为建设重点的"一带三区多园"的丝绸之路文化产业带空间布局已形成。这些园区（基地）涉及国有企业、民营企业，涵盖文化旅游、文化创意、期刊图书、文物仿制、工艺品、民俗文化等众多文化产业领域。在招商引资方面，充分利用兰洽会、西洽会等节会，开展招商活动，创新招商引资方式，优化投资环境，拓宽投融资渠道，提高签约项目履约率和资金到位率。

甘南州采取灵活有效的方式，通过招商引资开发建设民族产业园，加快实施甘南羚城等文化产业园区、民族服饰制作等文化产业基地、文化艺术展示中心等文化产业项目建设。全力打造当周神山藏文化国际生态旅游体验区、甘南藏区原生态游牧部落文化休闲体验区、古洮州民族民俗文化产业园区、郎木寺藏族文化艺术演艺中心等重点文化产业项目。加快推动海螺湾文化旅游产业园、冶力部落文化产业园、泰吾赛雍旅游文化产业园等重点园区建设进程，突出了文化内容和园区景点化建设。

临夏州充分利用当地的资源条件，开发了复兴厚中藏回医药文化旅游产业园、松鸣岩户外健身训练基地等大型项目。正在规划建设的临夏（国家级）民族民俗文化产业园，作为甘肃省委、省政府和临夏州市积极响应国家"一带一路"倡议的重要举措，不仅是华夏文明传承创新示范区建设的重点项目，也是临夏州全力打造国家丝绸之路经济带黄金段盛世伊园的重要载体和大夏河特色产业经济带的重要组成部分。甘肃民族地区通过产业园区建设，加大文化与旅游、文化与科技、文化与金融、文化与体育的深度融合，大力培育产业主体，扩大产业增量，有效实现了文化产业的快速发展。

甘肃省民族地区文化产业园区聚集效应已初步显现，园区特色鲜明，融合了科技资源，更好地整合了文化资源，使相关文化资源的文化价值得到了

---

① 《甘肃省"十三五"文化产业发展规划》，甘肃省人民政府官网，最后访问日期：2016 年 9 月 1 日，http://www.gansu.gov.cn/art/2016/9/1/art_4786_284968.html。

突出体现，文化氛围浓厚，也为进一步吸引文化人才资源创造了良好的发展环境，具有巨大的经济和社会效益创造潜能。在未来的发展中，甘肃省民族地区文化产业要加强对文化资源的整合管理，通过集约化管理，把分散、单一的文化资源整合成规模化的资源，通过有效的组合、对接，提高资源和产业的集中度。其次，结合当地的文化产业发展的实际情况做好规划管理，培养一批高质量、高规格的大型文化企业，从而吸引更多的文化企业参与到园区中。另外，在园区内要做好基础设施的配套管理，使得产业园区规模更大、专业化水平更高，产业链更全，从而扩大甘肃省民族地区文化产业的知名度和竞争力。

（五）节庆活动

甘南州已成功举办香巴拉旅游艺术节、中国乘用车拉力赛、玛曲格萨尔赛马大会、中国腊子口大力士国际邀请赛、卓尼国际自驾狂欢节、碌曲锅庄舞大赛以及香浪节等节庆赛事活动，并邀请省内外百家电视台走进甘南，扩大宣传推介，拓展高、中端旅游市场，深化与周边客源地和京津冀、长三角、珠三角等重点区域的旅游合作，还开通了甘南旅游网，开展网络营销，加快智慧旅游建设。近年来，甘南州不断打造各项品牌节庆活动，全方位展示甘南多彩的民俗文化、地域风情，不断开拓旅游客源市场，推介甘南旅游资源和旅游产品，进一步提高了"九色甘南香巴拉"旅游品牌的知名度，提升了甘南州旅游文化的影响力。同时，第四届丝绸之路（敦煌）国际文化博览会与第九届敦煌行·丝绸之路国际旅行节共同举办（简称"一会一节"），于2019年7月30日在甘南藏族自治州合作市开幕，进一步为甘南州文化旅游的发展搭建了平台。

临夏州以"花儿"为开发契机，先后举行过黄河三峡民族风情旅游节暨花儿大奖赛、迎澳归"电力杯"首届民歌大奖赛、西部花儿歌手邀请赛、甘肃河州花儿艺术节暨和政松鸣岩旅游观光节、莲花山花儿旅游节等大型节庆活动。"牡丹处处有，胜绝是河州"，近几年，临夏市依托十里牡丹长廊举办的河州牡丹文化节，已成为全州知名花卉节会品牌。这一节会不仅促使牡丹花及其相关衍生产品热销，并且拉动了当地餐饮、住宿等相关市场的发展，带动周边旅游景区游客量大幅攀升，有效促进了地方经济发展。临夏州将民俗文化产业同旅游业融合起来，力图创建有特色的规模化的民族文化产业模式。民族地区通过举办一系列文化节庆活动，对当地文化产业的发展产生了一定的推介、辐射、凝聚和带动作用。①

三　甘肃民族地区文化产业发展现状

甘肃民族地区拥有丰富的文化产业资源，文化产业也正处于快速发展时期，文化产业开发全面展开，文化产业建设取得了一定成绩，但是从整体上看，文化产业起步晚、发展慢，企业规模小，并且由于社会经济发展水平限制，基础设施条件落后、人民收入水平较低、文化市场发展水平较低、资源优势向产业优势的转化进度缓慢，经济效益并不突出。

（一）文化产业发展周期

产业发展周期是每个产业都要经历的一个由成长到衰退的演变过程，是指从产业出现到完全退出社会经济活动所经历的时间。

根据迈克尔·波特的国家竞争优势理论，在经济的不同发展阶段，产业国际竞争具有不同的驱动方式，而且体现竞争优势的产业也具有不同的内容。在这四个阶段中，前三个阶段为产业竞争力扩张时期，第四个阶段是产业国际竞争力下降时期（见图4-1）。在产业竞争导入期，产业竞争优势主要依靠要素驱动，包括资本、土地、资源、管理者个人能力等。进入经济发展起飞阶段，产业竞争优势主要依靠投资驱动，包括大量引进外资，

产业国际竞争过程	要素驱动	投资驱动	创新驱动	财富驱动
产品生命周期	导入期	成长期	成熟期	衰退期
经济发展阶段	为起飞创造前提阶段	起飞阶段	向技术成熟推进阶段	大众高额消费阶段
	（1）	（2）	（3）	（4）

图4-1　迈克尔·波特产业发展周期

资料来源：迈克尔·波特：《竞争战略》，华夏出版社，1997。

---

① "甘肃民俗文化产业再开发前景与文化生态关系研究"课题组：《甘肃民俗文化产业开发综合考察报告》，2009。

靠扩大生产规模、提高生产能力等获得竞争优势。目前，甘肃省民族地区的文化产业发展处于从导入期向成熟期转变阶段，一方面，文化产业发展要素驱动作用明显，大量文化企业的发展与当地丰富的资源密不可分；另一方面，一些发展较好的优势企业已经积累了一定的资金、技术、人才、管理经验等资源，正朝着创新、创意方向发展，通过增加投资吸引人才、研发技术，增强创新意识和能力。

（二）文化产业规模与总量

甘肃省民族地区文化产业正处于快速发展时期，文化产业建设取得了一定的成绩，但从总体上看经济效益并不突出。新兴的文化企业多数起步较晚，在当地既有的市场格局中很难快速占据优势；而生产民族特色手工艺品的小型企业和家庭作坊往往因为土地、资金、人才的缺乏，技术的限制以及制作工艺的特殊性等因素的影响，即便拥有较高的知名度和美誉度，规模却始终难以扩大。

从文化企业规模来看，甘肃民族地区发展较好的优势企业较少，甘肃省委文化体制改革工作领导小组办公室发布的 2013 年《甘肃省 100 家骨干文化企业名录》和《甘肃省民营文化企业 30 强榜单》[1] 以及甘肃文化创意产业协会和甘肃省文化产业商会联合公布的《2014 年甘肃文化企业 30 强和民营文化企业 10 强公告》[2] 显示，甘南和临夏在 100 家骨干文化企业中仅占 8 家（临夏 7 家，甘南 1 家），在 30 强榜单中占 4 家（皆来自临夏），而在 2014 年的文化企业 30 强及 10 强公告中却只有 1 家上榜（临夏能成古典建筑装饰工程有限责任公司），说明甘肃民族地区发展较好的文化企业非常少，而且，登上榜单的企业全都来自工艺品行业，在文化旅游、影视动漫、演艺娱乐、节庆会展、文化创意等领域没有大的建树。由此可见，甘肃民族地区的文化企业整体上发展不足，仍停留在以工艺品制造为主要业态的初级产业发展阶段，目前较知名的都是工艺品行业，缺乏在其他文化行业领域的突破。在当前的经济条件下，民族地区文化产业自我发展能力较弱，

---

① 《2013 年〈甘肃省 100 家骨干文化企业名录〉和〈甘肃省民营文化企业 30 强榜单〉正式发布》，每日甘肃网，最后访问日期：2013 年 5 月 24 日，http://gansu. gansudaily. com. cn/system/2013/05/24/014078974. shtml。

② 《2014 年全省文化企业 30 强和民营文化企业 10 强公告》，每日甘肃网，最后访问日期：2014 年 10 月 29 日，http://gsrb. gansudaily. com. cn/system/2014/10/29/015234536. shtml。

还存在许多问题。因此，当地政府发展文化产业的着力点应主要集中在公共治理、市场培育、资源开发、产业运营四个层面。

纵向来看，近几年，民族地区文化产业发展速度较快，发展规模和产业基础得到不断壮大，文化产业增加值呈上升趋势（见表4-1），到2017年，临夏州实现文化产业增加值4.94亿元，增长11.5%，增速比全州GDP高出7.8个百分点，比第二产业高出11.2个百分点，比第三产业高出6.8个百分点，文化产业增加值占GDP的比重为2.07%；甘南2017年文化产业增加值2.04亿元，增长11.5%，增速比全州GDP高出11.2个百分点，比第二产业高出9.6个百分点，比第三产业高出13个百分点，文化产业增加值占GDP的比重为1.5%。甘肃民族地区文化产业呈稳步发展态势。然而，横向来看，甘肃民族地区文化产业发展尚落后于甘肃省其他市州。但无论是从文化产业园区、基地、企业等集群，还是从文化产业投资额、增加值、对GDP的贡献率、企业数、文化产品种类、行业从业人数等方面，全省文化产业呈现经济总量小、生产规模小、科技含量低等特点，文化产业增加值占国民经济比重较低，规模偏小，综合实力不强，对GDP的贡献、拉动能力有限，还没有形成规模化、集约化、科学化生产经营管理的局面。与经济发达省份相比较，无论是产业增加值还是占比，都还存在较大差距，规模实力不强。到2017年，甘南、临夏二州文化产业机构746个，甘南305个，临夏441个（见表4-2）；文化产业从业人员15421人，甘南5238人，临夏10183人；文化产业资产总额为42.8亿元，甘南9.3亿元，临夏33.5亿元，远远落后于甘肃省其他市州。从这些经济发展指标来看，甘南、临夏文化产业的发展仍然有很大的发展潜力和提升空间。

表4-1　2012~2017年甘肃省各市州文化产业增加值统计

单位：亿元

年份＼地区	兰州	天水	酒泉	张掖	嘉峪关	金昌	白银	武威	庆阳	陇南	平凉	定西	临夏	甘南
2017	63.76	12.71	17.77	8.87	4.52	2.71	7.68	6.03	13.36	6.14	7.61	5.46	4.94	2.04
2016	70.56	16.55	19.98	8.87	3.99	3.05	2.95	6.81	15.03	6.64	8.47	3.40	4.43	1.83
2015	60.91	15.81	17.3	8.39	2.10	2.62	7.34	5.89	13.04	4.77	7.37	6.50	4.00	1.70
2014	34.40	2.46	1.55	4.16	6.90	3.30	4.75	4.15	8.25	7.30	2.98	3.30	2.86	1.20

续表

年份 \ 地区	兰州	天水	酒泉	张掖	嘉峪关	金昌	白银	武威	庆阳	陇南	平凉	定西	临夏	甘南
2013	40.06	3.00	1.90	5.10	8.40	4.20	5.90	5.00	10.30	8.66	3.77	3.80	3.46	1.29
2012	30.87	2.24	1.38	3.45	5.57	3.06	4.34	4.31	7.07	6.48	2.72	2.95	2.49	1.09

资料来源：甘肃省公共文化服务体系建设和文化产业发展情况统计。

表 4 - 2　2012～2018 年甘肃省各市州文化产业机构数统计

单位：个

年份 \ 地区	兰州	天水	酒泉	张掖	嘉峪关	金昌	白银	武威	庆阳	陇南	平凉	定西	临夏	甘南
2018	632	444	485	372	81	144	507	314	544	612	400	540	454	320
2017	654	415	518	390	88	151	518	361	545	612	383	522	441	305
2016	3194	892	933	1190	255	262	901	534	1095	773	765	590	395	260
2015	3172	473	830	437	239	195	837	512	922	689	663	525	348	224
2014	3042	644	699	798	187	199	709	465	838	514	515	422	290	175
2013	2584	688	582	749	168	292	666	377	754	366	440	377	293	143
2012	1041	242	405	347	152	230	395	260	418	255	363	278	235	109

资料来源：甘肃省公共文化服务体系建设和文化产业发展情况统计。

（三）文化产业市场绩效

市场绩效是指在一定的市场结构下，通过一定的市场行为使某一产业在产量、价格、利润、产品质量和品种以及技术条件等方面所达到的现实状态。市场绩效是以市场结构为基础，由企业市场行为形成的资源配置和利益分配的状况，它反映市场运行的效率。[①]　总体来看，甘肃省文化产业增长势头良好。2017 年全省各市州文化产业在全国经济增速放缓的大环境下，继续保持较快的增长势头，对经济增长拉动作用较为明显。2017 年全省文化产业增加值为 163.6 亿元，增速为 12%。全省各市州文化产业增加值增速均保持 2 位数增长，增速在全省增速之上的市州有 6 家，文化产业占 GDP 的比重逐年增加。但是，甘肃民族地区文化产业增加值较低，2017 年甘南文化产业增加值为 2.04 亿元，临夏为 4.94 亿元，这显然与当地丰富的文化

---

① 李晓亮：《西藏文化产业发展战略研究》，硕士学位论文，复旦大学，2009。

资源禀赋不匹配。

甘肃民族地区是文化资源的富矿区，其资源禀赋可谓得天独厚，自然景观、宗教建筑、民俗风情、特色美食、民族节庆等都蕴含着巨大的开发潜力，但在现实发展中，甘肃民族地区文化资源利用率普遍偏低，主要采取传统的开发方式，当地文化资源优势并没有很好地转化为产业发展优势。如对当地旅游景区的打造，虽然开发了自然景观生态观光区，但是由于思维局限，并没有同周边的配套人文资源进行有效整合，导致景区的产业化运作受阻。其次，对文化资源的挖掘仅仅停留在表层，如文化旅游景点的收入主要是门票收入，景点衍生消费较少；以民俗风情为主题的旅游项目中，各类少数民族饰品、工艺品仅仅作为旅游纪念品来开发，而游客单单因为美观、精致来收藏、购买，文化产品本身的内涵并没有得到挖掘，其自身的价值和意义也没有为消费者所看到。

长期以来，甘肃民族地区文化产业模式单一，融合度不高，新兴业态的文化产业发展落后，没有形成完整的产业链条，非物质文化遗产生产性保护未能产生明显的社会和经济效应，众多优质的文化资源没有得到合理的开发利用，没有形成产业优势和项目优势。目前，甘南、临夏都在推动文化旅游业和休闲娱乐业的互动融合，通过不同行业融合发展，提高当地文化资源的利用效率，提高文化产业市场效益。文化产业结构的不尽合理也影响了甘肃民族地区文化产业市场绩效，主要表现为企业构成结构有待于优化。甘肃民族地区文化产业总体规模依然较小、层次依然较低、经济效益低下，文化企业多数是低附加值、简单开发的中小微企业，辐射带动效应不强，没有形成龙头骨干企业和知名品牌。文化产业构成以家庭小作坊式的文化企业为主体，这类文化企业数量大、产出少，所占市场份额小，而且众多的家庭作坊处在加工阶段，自主设计、研发新产品的较少，不仅难以形成完整的文化产业链，而且产品的附加值低，属于"微利"企业。文化产业是前期投资大、资金回笼慢的产业，甘肃民族地区有较大影响的重点项目较少。

（四）文化产业行业发展

整体来看，虽然甘肃民族地区文化产业与甘肃省其他市州存在一定差距，但是甘肃民族地区文化产业也在不断发展、完善中。通过分析甘肃民族地区文化产业各行业的发展，我们可以发现，作为民族自治州，甘南州和临夏州的文化产业开发，基本着眼点就是"民族性"和"地域性"，通过突出民族特色和区域特色来扩大产业范围、深化产业内涵、调整产业结构，最终实现文化产业的高经济效益和社会效益。

1. 广播影视业

广播电视作为基本公共服务供给，在甘南、临夏的覆盖率皆已达到95%以上。2018年，甘南广播综合覆盖率100%，其中，农村广播综合覆盖率100%，无线广播覆盖率90.2%，农村无线广播覆盖率89.0%，少数民族语言广播覆盖率62.7%。电视综合覆盖率100%，其中，农村电视综合覆盖率100%，无线电视覆盖率88.3%，农村无线电视覆盖率86.8%，少数民族语言电视覆盖率35.3%，广播电视直播卫星用户15.92万户，有线电视在网用户5.31万户。[①] 临夏州广播电视转播台11座，广播人口覆盖率98.84%，电视人口覆盖率98.97%。[②]

依托丰富的民族文化资源、深厚的历史文化资源和优美的自然文化资源，甘肃民族地区大力发展影视业，建成"格萨尔"演艺与"格萨尔"影视推广基地，成立了甘南安多影视化传媒公司、临夏花儿文化影视传媒发展有限公司等影视制作公司，制作、出品了一系列反映当地风土人情、精神风貌的优秀影视剧。甘南创作生产了《甘南情歌》《卓尼土司》《青稞熟了》《云中的郎木寺》《拉卜楞人家》《迭部恋歌》以及藏语译制片《圣诞玫瑰》等电影，其中，《甘南情歌》荣获第十三届中宣部"五个一工程"奖；临夏拍摄了电影《情定河州》，筹拍电影《古河州的女儿》、方言电视剧《马五哥和尕豆妹》等。这些优秀的影视剧反映出甘肃深厚的民族文化积淀，凸显了西部类型影视剧的独特魅力，扩大了甘肃影视剧品牌的知名度和影响力。

2. 文化出版业

文化出版业包括音像出版业及新闻出版业，涵盖音像制品及电子出版物的发行、批发、零售和图书、报刊、广告、装潢等经营行业。近几年，

---

① 《甘南藏族自治州2018年国民经济和社会发展统计公报》，甘南藏族自治州统计局官网，最后访问日期：2018年4月10日，http://www.gnzrmzf.gov.cn/2019/zfgb_0530/25126.html。

② 《临夏回族自治州2018年国民经济和社会发展统计公报》，临夏回族自治州统计局官网，最后访问日期：2018年4月10日，http://www.tjcn.org/tjgb/28gs/36090.html。

甘肃民族地区文化出版业发展较为迅速，将大量民族文化制作成电子产品、书籍、报纸杂志等出版物，既取得了较好的经济效益，又扩大了民族文化的影响力。甘肃民族地区成立了央金音像电子有限责任公司、甘南藏族音像制品公司、临夏四海音像有限公司等文化出版公司及甘南日报社、临夏回族自治州民族报社等较有影响力的报社。甘南出版了书籍《甘南藏族民歌集》《多彩的舟曲文化》《多彩的迭部文化》《拉卜楞文化丛书》，杂志《格桑花》《达赛尔》，出版发行了藏汉两文《甘南日报》等。临夏州截至2015年共有印刷企业31家，广告、装潢店28家，图书报刊的零售单位44家，从业人员650人，年产值达5200万元①，组织出版了《魅力临夏》《临夏回族自治州史话》《临夏人物志》《临夏小说选》等书籍和《临夏民族日报》、党委机关报《民族报》等报刊和以《河州》为代表的杂志。

3. 休闲娱乐业

娱乐休闲服务场所主要以 KTV、歌舞厅、休闲会所等为主。随着人民生活水平的提升和生活质量的提高，休闲娱乐业发展越来越迅速。当前，甘南、临夏依托文化旅游业发展休闲娱乐业，建设完善旅游基础项目。2018年，甘南州全年接待游客1220.9万人次，同比增长10.4%，实现旅游综合收入58亿元，同比增长12%。建成国家 A 级旅游景区31处，观景台76座，已建成特色鲜明、规划有序、设施完善、粗具规模的旅游专业村126个，并成立了注册资金129亿元的州文旅交建集团，完成融资5.2亿元。②临夏州共有国家 A 级旅游景区16家，旅游投资公司2家，国家级全域旅游示范区创建1个，省级全域旅游示范区创建1个，中国特色小镇1个，省级乡村旅游示范村3个，农家乐750家，旅行社13家，在册导游员126名，农家乐750家。全州全年旅游接待人数达2098万人次，旅游综合收入96亿元。③

4. 工艺美术业

工艺美术业包括广告服务、文化软件服务、建筑设计服务及工艺品制作、文化产品生产等。甘肃民族地区工艺美术品生产主要有木雕、洮砚、

---

① 数据来源：《临夏州文化产业调研报告（2015年）》（笔者调研所得）。
② 《甘南州文化和旅游工作情况》，甘肃省文化和旅游厅官网，最后访问日期：2019年5月6日，http://wlt.gansu.gov.cn/gnzwhgdhlyj/23748.jhtml。
③ 《临夏州文化和旅游工作情况》，甘肃省文化和旅游厅官网，最后访问日期：2019年5月6日，http://wlt.gansu.gov.cn/szwlbmgzqk/23749.jhtml。

石雕、唐卡、氆氇、卡垫、雕刻葫芦、砖雕、刺绣、美术品（含文物复仿）、民族手工地毯、黄河奇石、民族服饰等。甘肃民族地区文化产业很大程度上是依托工艺美术业发展起来的，一些发展较好的文化企业，如甘南的羚城藏族文化科技开发有限责任公司、玛尼藏式木雕有限责任公司、摩尼宝藏族文化艺术有限公司、鼎元艺术品开发有限责任公司，临夏的能成古典建筑装饰工程有限责任公司、青韵砖雕有限责任公司、临夏市工艺美术有限责任公司、临夏大禹民间文化艺术有限责任公司等都是以当地传统民族工艺为重点而发展起来的。甘肃民族地区工艺美术业已经成为当地文化产业的重要组成部分，但是发展水平仍有待于进一步提高。目前，除羚城、能成等发展较好的公司外，大部分公司仍采用传统家庭小作坊式的生产方式，产量少、效益低。

5. 文化旅游业

文化旅游是近几年甘肃民族地区主推的文化产业，通过文化创意、文化项目、文化活动、文艺产品等手段，增加当地旅游业的文化内涵，不断开发特色旅游资源，提升完善老项目，打造旅游新项目，助推甘肃民族地区文化旅游产业发展。甘南州重点推广甘南藏族文化千幅唐卡、甘南藏族歌舞、夏河拉卜楞佛教文化、舟曲采花节、玛曲龙头琴弹唱、卓尼洮砚雕刻、临潭洮州花儿、碌曲锅庄、迭部红色文化旅游9个知名文化品牌。临夏主要有和政古动物化石博物馆、和政县松鸣岩旅游景区、康乐县莲花山旅游景区、积石山县大山庄峡旅游景区、大墩峡旅游景区、永靖水上文化公园、临夏市东公馆等，具有民族民俗特点的A级以上文化旅游景区有12个。在文化旅游业发展中将特色文化资源和文化活动结合起来，提供具有地区特色的旅游服务。例如，刘家峡水上公园充分利用得天独厚的刘家峡水库资源，将其与登山比赛、书画笔会、文艺演出和餐饮住宿有机结合，推出了多种刺激性、趣味性和参与性强的运动项目和娱乐项目，打造了集吃、住、行、游、购、娱为一体的文化公园，促进了文化旅游业的发展。借助于丰富多彩的文化资源，甘南、临夏文化旅游业取得了较好发展，基本建立起香巴拉旅游文化、民俗风情特色旅游文化、草原峡谷生态游、红色文化游、史前彩陶及化石文化游等文化旅游主线。

6. 文化产业园

建设文化园区的基本前提是文化生产与消费活动的呈现，文化产业的核心内容是创意，而创意灵感的获得往往来自与其他同行相互接触产生的刺激。在众多地点中多样化文化聚会地点的出现，通常能给人们提供充足的交流时间以获取灵感，诸多优势让文化产业园成为政府规划、布局文化产业的重点。近几年，甘肃民族地区文化产业园建设发展非常快。

目前，甘南州有甘南羚城藏族文化产业园区、夏河县拉卜楞文化产业园区、甘南白龙江流域民俗和生态文化产业园区、洮河风情文化产业园区 4 个产业园区和甘南藏族歌舞演艺基地、甘南藏族服饰制作基地、甘南唐卡藏香艺术传承基地、拉卜楞藏传佛教文化基地、迭部腊子口生态文化基地等 7 个文化产业基地。同时，甘南民族医药产业也有较大发展，甘南州凭借其独特的藏医药文化优势和丰富的中藏药资源优势，构建了中藏药大健康产业链与价值链。通过中藏药材种植、中藏药新产品研发、中藏药品牌建设、骨干企业培育等方面的相关措施，推进中藏药产业的可持续发展。

临夏州围绕华夏文明传承创新区建设，提出了"一园、三区、八基地"的建设布局，筛选确定了 7 类 28 个重点项目；围绕国家"一带一路"倡议和省上建设丝绸之路黄金段的重大机遇，编制并正在实施《丝绸之路经济带黄金段盛世伊园（临夏）建设方案》。目前，临夏州规划建设和已投产的园区共 16 个，其中已投产 2 个，即临夏州中医药产业园、甘肃复兴厚中藏回医药文化旅游产业园，正在建设的投资亿元以上的文化产业园区有临夏民族文化产业园等 3 个，已规划尚未开工的园区有 11 个。

但与此同时，甘肃省民族地区的文化产业园区特色并不突出，许多文化产业园区存在雷同发展现象，园区的产业结构单一，产品趋于同质化，文化产业缺乏创意。地区产业园区之间发展不平衡，有一些文化资源被闲置，没有得到合理的开发利用。因此，当地需要进一步加强对优秀文化资源的发掘和利用，从而有效提升区域文化产业的发展水平，构建起具有特色的文化品牌。

四　甘肃民族地区文化产业发展问题分析

甘肃民族地区文化产业的发展虽然取得了显著成绩，然而，从产业化角度来讲，还存在着较大不足。具体来看，民族地区文化产业的发展问题主要集中在政府治理、市场培育、资源开发和产业运营四个层面。

（一）政府治理层面

1. 文化管理体制制约

近年来，甘肃民族地区文化市场管理体制取得了明显进展，多数地区改革成绩显著，但甘肃民族地区文化发展仍存在严重的体制性障碍。由于文化管理涉及部门众多、政府的管理职能转变滞后，各部门之间职能交叉、权责不明的问题始终没有得到很好解决。文化企事业单位的角色定位存在偏差，仍存在较强的政府本位思想，结构优化不到位、管理效率低，内部缺乏改革创新精神，尚未完全树立起公平竞争、服务市场的意识。旧有文化体制还没有得到根本的改变，制约文化发展的体制性障碍仍然存在。诸如政府与文化企事业单位的关系、文化政策及文化立法、"管办不分"、"政企不分"等问题，都没能真正得到解决。①

文化市场管理工作是一项社会系统工程，涉及部门众多。当前在文化管理体制上存在的主要问题是各部门权责混乱、职能交叉。在文化产业管理上，存在政出多门、互相推诿扯皮的现象。在调研中，通过和当地政府人员的交流，笔者得知，虽然 2012 年成立了文化广电新闻出版局（简称文广新局），对文化、广播、新闻等文化行业实行统一管理，但是事实上文化产业管理条块分割现象依然明显，由不同部门管理的不同文化行业市场之间仍缺乏必要的沟通与协调，当地娱乐市场、图书出版市场等分别由政府不同部门进行管理，彼此之间缺乏沟通、协作，管理分割严重。而 2019 年文化和旅游两大部门合并后，州县层面相关管理职能整合成效尚不显著。这势必会影响当地文化产业的协调发展，使得整个文化市场缺乏活力。此外，文化产业体系的高度复杂性要求有综合素质高、管理能力强、知识储备丰富的高端复合型的文化产业管理人员，但当地政府部门以及文化企事业单位缺乏能够准确判断文化产业市场的人才。

2. 文化产业政策欠缺

文化产业已进入地方经济的视野，成为各地政府发展经济的重要手段。甘肃民族地区提出发展文化产业的战略后，相继制定了各种各样的文化产业发展政策，这些政策对当地文化产业发展做出了战略规划和建设布局。

---

① 马廷旭、戚晓萍：《甘肃文化发展分析与预测（2018）》，社会科学文献出版社，2018。

但是，就当前民族地区文化产业发展的现实需求来看，已发布的文化产业政策以及文化立法方面还有待于进一步改进和完善，尤其是在文化产业政策的实施方面还存在较大欠缺。现有的文化政策大都是从宏观局面进行规划设计的，有的还只停留在概念阶段，缺乏具体的、详细的、可操作的内容。同时，对文化企业的扶持政策滞后，以及对政策的落实不到位，导致文化扶持资金分配不均，专项资金大多流向了大型文化项目，而中小型企业则获益较小，限制了文化产业的大规模发展，阻碍了规范高效、竞争开放的理想型文化市场的形成。

首先，文化产业政策倾斜力度不够。从文化产业发展的现实状况来看，甘南、临夏的家庭作坊和其他小型文化企业占据很大的比重，这类文化企业规模小，资金少，受到土地、资金、人才等条件的限制而难以扩大规模、发展壮大。但政府在这些方面并没有采取有效的措施来予以解决，当前的文化产业政策更倾向于税收、土地、招商引资等领域，未涉及融资机制改革。投融资机制的不健全使得文化产业投入不足，投资方式单一，限制了文化产业的发展。目前出台的文化产业政策对小微文化企业发展虽有帮助，但作用有限。

其次，文化产业政策与文化产业战略不配套，导致文化体制改革的实践结果与预期目标出入较大，出现了文化主体的发展与文化体制改革相背离的现象。以文化事业单位改革为例，甘肃民族地区的歌舞院团改制已基本完成，除少数院团保留事业编制外，其余皆已进行企业化改革。然而，改制后的院团并不适应市场竞争，院团人员工资仍由政府担负，院团改制根本没有达到预期效果。

与此同时，我们可以看到，虽然甘肃民族地区各个时期都十分注重制定促进文化产业开发的战略规划，但这些看似科学可行且内容翔实的发展规划，实施起来却困难重重，有些甚至沦为摆设。文化产业发展规划难以实施主要来自两方面原因：一方面，规划的制定流于形式，缺乏针对性和可行性；另一方面，文化产业涉及面广，部门之间尚未形成政策合力，往往是各部门只负责自己部门的业务，无法协调合作，负责规划实施的部门执行力差也会导致最终的实施结果与最初目标存在偏差。政策惯性对文化产业发展规划的制定和实施产生一定影响。由于变动会产生切换成本和摩擦代价，文化产业发展规划在制定时往往倾向于依赖前一项规划，换汤不换药，缺乏改革与创新性；而在规划的具体执行时，受到执行者主观能动性的影响，实施权限在层层下放的过程中偏离规划的初衷，导致规划的实施结果不理想。

此外，虽然甘肃民族地区出台了促进文化与其他产业融合发展、文化金融合作、文化创意产品开发等方面的支持政策，但是对其在融资贷款、建设用地、税收等方面的政策等同于一般商业企业，并没有体现出文化产业是绿色生态产业、带动性产业的特殊性，对文化产业的重视程度不够。由于缺乏对文化及其相关企业的制度约束，部分企业在文化资源利用过程中重利用、轻保护的现象较为突出。一些企业过分追求经济利益，生产的文化产品粗制滥造，既没有充分体现文化资源的文化价值，也不能满足消费者的文化需求，对有限的文化资源造成了严重浪费和破坏。

3. 文化产业法规不够完善

甘肃省民族地区文化产业的地方立法近年有较快发展，对文化产业的发展已经进行了一些政策和法律方面的保护，也取得了相应的成绩，但是还远远不够，不能有效促进和保障文化产业的发展。总体来看，主要是因为存在覆盖性不强、产业覆盖面不全、立法缺失较多、政策性规定较多、保护力度不够等方面的问题。

目前保障甘肃省民族地区文化产业发展的法律法规稀少且粗劣，起作用的主要是一些政府制定的政策、发布的红头文件，绝大多数是行政规章，而这些行政规章、政策性文件受到权责交叉或者职权不明晰的影响，使得对甘肃民族地区文化产业发展的保障出现管理的重叠或者空白，缺乏系统规范，政策、法规之间无法实现管理上的衔接，并且这些法律规范的法律地位和效力层级较低。同时，与文化产业相关的法律都是根据文化产业的发展状况而制定的，没有足够的前瞻性以适应文化产业市场的变化和需求，由此造成有些法律法规已经明显与现实脱节，无法应对文化产业出现的新问题，文化产业的立法进程远远落后于现实需要。此外，相关法规在促进甘肃省民族地区文化产业发展时内生动力不足，地方立法也未能有效发挥其在民族文化产业法律保障中的优势。

根据上述当前甘肃省文化产业发展的现状及存在的问题可知，尽管文化产业是甘肃省民族地区发展经济和弘扬优秀文化的支柱产业，但是并没有强有力的法制保障来进一步促进其实现飞跃式发展，所以完善甘肃省文化产业发展的法制保障刻不容缓，这就需要各地行使地方立法权制定出针对本地民族文化产业发展状况和特点的更具可操作性的补充规定和配套措施。

4. 文化产业基础设施落后

甘肃民族地区发展文化产业的基础设施落后，尚没有形成完善的配套基础设施。首先，交通不便制约了甘肃民族地区对外交流。2014 年年底，连接甘南和临夏的临合高速公路才建成并投入使用，兰州到合作实现了全程通车，这条临合高速是甘肃民族地区连接外界的主要交通道路，也是甘肃民族地区唯一一条一级公路。此外，临夏、甘南至今仍没有铁路，在建的兰州至合作的兰合铁路预计到 2020 年投入使用。落后的交通条件极大限制了甘肃民族地区和外界的交流，也制约了文化产业"引进来，走出去"的步伐。

其次，文化产业配套设施不健全。文化产业是融合多行业的综合性产业，需要交通、餐饮、休闲等多行业协同发展和公共文化、公共设施等公共基础建设的支撑发展，然而在这些方面，甘南州和临夏州的发展情况都不尽如人意。甘肃民族地区的民俗节庆活动、自然风光是当地旅游业发展的优质资源，但相关的基础设施，如酒店、农家乐、牧家乐等很不健全，游客接待能力低。2018 年，甘南全州星级饭店有 40 家，农牧家乐 1112 户，农牧家乐接待客房 2717 间、床位 9183 张，旅游厕所 286 座。夏河机场建成通航，临合高速、迭宕公路建成通车，玛久、合和、夏同公路全面开通。[①]临夏州星级饭店只有 19 家，农家乐 750 家，旅游厕所 156 座。旅游客运公司 2 家（甘肃惠达旅游客运有限公司、甘肃驰达运输集团临夏市交通客运有限责任公司），共有旅游营运车 23 辆。[②] 从中可以看到，甘南州和临夏州的星级饭店、农牧家乐以及相关配套设施的数目都较少，在一定程度上影响了整个地区文化产业的口碑，也间接表明甘南州和临夏州在游客接待能

① 《甘南州文化和旅游工作情况》，甘肃省文化和旅游厅官网，最后访问日期：2019 年 5 月 6 日，http://wlt.gansu.gov.cn/gnzwhgdhlyj/23748.jhtml。
② 《临夏州文化和旅游工作情况》，甘肃省文化和旅游厅官网，最后访问日期：2019 年 5 月 6 日，http://wlt.gansu.gov.cn/szwlbmgzqk/23749.jhtml。

力方面尚有待提高。政府急需大力完善这些旅游配套建设，给游客更好的休闲体验，使休闲旅游业成为当地特色文化产业发展的载体和主要增长点。

5. 文化产业监管机制不健全

甘肃民族地区政府虽然逐步开始重视当地文化产业的发展，但是，在文化产业发展的过程中，尚未建立起有效的关于文化产业发展的监督管理机制，监管能力也处于较低的层次和水平，缺乏对相关政策效果的评估，难以系统和全面地统计估算政策实施后的实际效果，特别是文化产业发展带来的溢出效应。我国文化产业的发展时间还比较短，文化市场的成熟度较低，加之"市场失灵"现象的存在，文化市场的健康发展离不开政府这只有形的手进行监管调控，引导和保障文化产业发展。

甘肃民族地区文化产业监管的相关制度体系还不完善，尚未形成系统性、整体性的文化市场监管制度体系。同时，在这一情况下，地方政府行使监管权力的时候也无法达到相关制度的要求。地方政府在对文化市场进行监管的过程中有的依然采用监管文化事业的方式，有的则借助经济市场的监管模式，管理方式单一和多重交叉管理等问题并存，监管方式创新以及部门协同的能力极其不足。同时文化市场监管需要多元化的主体，但是地方政府在监管的过程中忽视部门协同，导致监管问题重重。由此可以看出，地方政府在文化市场监管的过程中运用制度体系的能力水平还比较低。

文化产业监管的过程中协同率较低，既损害了文化市场主体的利益，又浪费了大量的社会资源。在监管过程中一些相关部门相互推诿责任，文化市场监管能力长期处于低下的水平，得不到提升。不同的监管单位和部门之间职责不明，增加了文化市场监管的成本，监管成本与产出效益之间不成正比。文化市场监管部门设置混乱、责任不清、职责不明导致地方政府在文化市场监管过程中协同意识缺乏，使得文化市场监管的部门间、行业间协同能力较弱。由此可以看出，甘肃民族地区地方政府文化市场监管的协同能力有待于进一步提升。

此外，现行的法规对政府的相关职能管理部门的监督管理也十分有限，很多文化管理部门的人员都是公务员，对其考评与其他公务员一样，都是按照固定的标准和方法来开展的，没有建立一套完整的专门针对推动文化产业发展的监督管理考核机制以及创新考核工作的方式方法。因此，需要进一步提高文化管理部门的行政效能和相关文化管理部门人员的科学化管理水平。

（二）市场培育层面

1. 市场体系不完备

甘肃民族地区文化产业发展尚处于起步阶段，文化产业市场体系初具模型，还存在较大可以完善空间。首先，文化事业发展缓慢。文化事业是文化产业发展的重要条件。甘肃民族地区政府对公共文化投入较少，基础设施建设滞后，以上因素制约了文化事业的发展，从而影响文化产业的发展。其次，民族地区文化产业经济链条没有真正建立起来。当前甘肃民族地区很多文化产品生产还是靠传统手工制作和简单的机器加工，创意产品研发力度不够，品牌未完全建立起来，仍旧处于产业链"微笑曲线"的下游，不利于文化产业的发展。

2. 市场意识不足

甘肃民族地区的文化产业起步晚、发展慢的一个重要阻力是文化产业发展的市场化意识不足。

首先，甘肃民族地区的文化企业缺乏竞争和开放意识，许多文化企业的经营者缺乏专业知识储备，欠缺对市场走向的精确判断和引领。在市场发展中，甘肃民族地区文化企业少，竞争压力小，企业的竞争意识比不上文化产业发展较好的地区。在甘肃民族地区，很多文化企业以当地特色民族工艺为经营对象，例如洮砚、保安腰刀、黄河石等。在经营上，很多商家选择将真正有代表性的精品、优质品压箱底，不轻易示人。这种传统守旧的思想观念，不利于文化产业的发展。

其次，缺乏敏锐的市场眼光和洞察力。很多甘肃民族地区文化企业经营者的知识层次较低，在经营上属于经验管理，缺少从事文化产业的专业化知识储备，缺乏市场知识，加之对社会和经济发展的关注不够，导致市场眼光不够敏锐。

再次，由于相关企业间缺乏有效的沟通和联系，生产的文化产品和提供的文化服务形式也较为单一，且缺乏创新性、科技含量低，至今省内没有像样的文化产业链，不能体现文化产业的规模优势，在国内外文化市场上也缺乏竞争力。

最后，中小型企业在甘肃民族地区文化产业领域占有相当大的比重，这些企业因基础薄弱，更需要政府部门的支持与帮助，但实际上当地政府在贯彻落实文化产业政策时更加重视对大型企业的财政和金融支持而忽略了小微文化企业的政策诉求。这种政策偏向性进一步导致了甘肃民族地区文化产业市场的畸形发展，不利于自由竞争市场的培育。

3. 文化消费水平低

消费就是人们为了满足自己的生理或心理需求而开展的某种交易行为，主要是通过货币与产品的交换来实现。文化消费看不到实物，所以与物质消费存在一定的差异，文化消费是建立在物质满足的基础上，根据自己的主观需求，通过购买文化产品或服务来满足人们精神食粮的一种消费活动。

甘肃民族文化产业以市场化的方式满足人们的精神文化需求，从事文化产品的生产和提供文化服务。它的第一追求是实现文化的经济价值，实现经济效益和利润最大化。它的直接目的是增加社会精神文化产品，更好地满足社会日益增长的文化生活需求，但这也是为了实现它的最终目的——营利而服务的。文化消费是创作和生产文化产品与文化服务的最终目的，是整个文化产业链条的最终环节。一个地区的文化产业发展水平的高低决定着当地文化消费水平的高低，而文化消费水平反过来影响文化产品与服务的生产能力和效率。马斯洛的需求层次理论指出，精神需求是在满足物质需求的基础上产生的需求，经济发展水平的提高会促使精神需求的总量不断扩大，层次不断提高，相应地也会促使文化产业由精英化向大众化转型。因此，文化需求是文化产业发展的重要推动力，它的总量水平决定了文化产业的市场容量，从而决定了文化产业的分工水平和实现规模经济与范围经济的有效程度。

相较于其他消费需求，文化消费需求属于发展型需求。作为经济欠发达地区，甘肃民族地区居民的消费能力偏低。文化产品单一、价格偏高、创意不足，居民文化消费观念滞后，潜在市场开发不足等问题的存在，都严重制约了甘肃民族地区文化产业的发展。因此，一方面，需要提高当地基层民众的文化消费水平，引导文化企业积极开发产品和建设场所，形成积极的文化消费氛围；另一方面，文化企业要创新商业模式，提供个性化的文化产品和服务。

首先，从消费习惯上来看，由于相对封闭的自然地理环境，甘肃民族地区居民的消费习惯和消费行为较少受到外界影响，较低的文化消费水平成为制约当地文化产业市场发育的首要原因。文化消费属于新兴的消费行为，基本较少存在于传统社会生活中，因而，文化消费观念在民族地区还尚未真正地建立起来。

其次，从消费能力上看，甘肃民族地区居民文化消费能力有待于进一步提升。2018 年，甘南州城镇居民人均可支配收入 24783 元，比上年增加 1771 元，增长 7.7%；农村居民人均可支配收入 7677 元，比上年增加 679 元，增长 9.7%。全州居民消费价格总水平比上年上涨 2.6%。[①] 临夏州城镇居民人均可支配收入 20834 元，比上年增加 1446.8 元，增长 7.5%；农村居民人均可支配收入 6817.1 元，比上年增加 614.1 元，增长 9.9%。城镇居民人均消费支出 15297.8 元，比上年增长 4.4%；农村居民人均消费支出 6157.1 元，比上年增长 8.5%。全年居民消费价格比上年上涨 1.6% [②]可见甘肃民族地区整体人均收入偏低，消费结构不尽合理。而较低的文化消费水平难以支撑文化产业的发展壮大，当地文化产业的发展主要还是靠外界的消费市场。

最后，群众对文化消费的认知不足、参与度不够在一定程度上成为文化产业泡沫化发展的原因，在民族地区的文化产业发展过程中群众的文化消费意识亟待深化。因而，进一步刺激文化消费，扩大文化消费规模，建立扩大文化消费的长效机制，是甘肃民族地区文化产业发展面临的一项重要任务。

（三）资源开发层面

文化产业的发展主要经历 7 个环节：资源（生产资料）→投资（生产投入）→企业（生产主体）→产品（生产成果）→服务（生产增值）→营销（生产推广）→消费（生产结果）。[③] 资源作为初始环节，是文化产业发

---

① 《甘南藏族自治州 2018 年国民经济和社会发展统计公报》，甘南藏族自治州统计局官网，最后访问日期：2018 年 4 月 10 日，http://www.gnzrmzf.gov.cn/2019/zfgb_0530/25126.html。

② 《临夏回族自治州 2018 年国民经济和社会发展统计公报》，临夏回族自治州统计局官网，最后访问日期：2019 年 7 月 4 日，http://www.tjcn.org/tjgb/28gs/36090.html。

③ 葛红兵、谢尚发：《文化消费：文化产业振兴的根本问题》，《科学发展》2009 年第 12 期，第 84~94 页。

展最为基础和根本性的要素。甘肃民族地区是文化资源的富矿区，其资源禀赋可谓得天独厚，自然景观、宗教建筑、民俗风情、特色美食、民族节庆等都蕴含着巨大的开发潜力。但在现实发展中，当地文化资源优势并没有很好地转化为文化产业发展优势。

1. 文化资源纵向开发不到位

甘肃民族地区文化产业资源富集，但是文化产业资源开发程度低下，文化资源优势还没有完全转化为文化产业优势。首先，品牌宣传不够。受地理环境影响，甘肃民族地区文化资源分布区域、资源禀赋、文化内涵等都存在一定差异，这些差异化的文化资源的评估、整合、保护、开发力度不够，从而导致甘肃民族地区的文化品牌知名度较小。例如，洮砚是我国四大名砚之一，砚石品相绝佳，然而洮砚的知名度却远远不如其余三大砚石。这是因为甘南对洮砚文化开发利用力度欠缺，没有形成品牌知名度。其次是文化资源开发特色不鲜明。民族文化的开发要想创造出良好的经济效益，为广大消费者所接受，就涉及开发特色问题。[1] 特色是民族地区文化产业发展中显著区别于其他地区的标志，也是吸引国内外消费者消费的魅力所在。如前文所述，甘南、临夏的民族特色文化浩如烟海，但是在实际发展中，特色文化优势并没有真正表现出来。

2. 文化资源横向开发涉猎狭窄

甘肃民族地区的各民族都有自己特有的民族文化、民族音乐、民族舞蹈、民族手工艺品、民族文化典籍、民族医药、民族饮食等，每一项文化都具有非常高的开发价值。但是，从目前已开发的情况看，民族地区对文化资源的挖掘一般只停留在以民族风情为主要内容的旅游业上，许多可以独当一面的民族文化项目基本上还只是旅游业的"副产品"[2]，甚至对某些文化资源的开发是朝着发展旅游业的方向前行的。例如甘南的藏饰、临夏的彩陶等产品主要是作为旅游纪念品进行开发，而游客单单因为美观、精致来收藏、购买，文化产品本身的内涵并没有得到挖掘，其自身的价值和意义也没有为消费者所看到。

同时，旅游项目的规划也未真正挖掘出文化资源的丰富内涵，许多极

---

① 梁振：《西部地区民族文化产业研究》，硕士学位论文，中央民族大学，2005。
② 梁振：《西部地区民族文化产业研究》，硕士学位论文，中央民族大学，2005。

具价值的文化资源尚未完全开发，只停留在资源开发的表层。旅游项目规划前期未对受众群体进行充分的市场调研，导致一些依托独特的自然风光开发建立起来的旅游景区与当地的民俗没有很好地结合，如卓尼县大峪沟具有雄奇秀丽的生态景观，但是景区内并没有表现当地风土人情的人文体验项目，游客反应并不理想。甘南、临夏都有大量景色优美的自然风景区，对这类风景区的开发许多还停留在观光游览的浅层次开发上，真正实现将自然景观与民族文化结合发展还任重道远。

3. 资源整合创新能力欠缺

甘肃民族地区虽然文化资源丰富，但是资源整合能力欠缺，很多企业缺乏将文化小资源整合成大资源，将分散资源整合成系统资源的能力，更不用说将原有资源创新成新资源。资源整合、创新能力不足，直接制约当地文化产业的发展。一是衍生产品开发不足。衍生产品是在原有资源基础上，通过资源整合、资源创新等手段，开发出的新的产品。当前甘肃民族地区文化产品的开发仍旧处于开发传统产品和类别的基础上，周边衍生产品开发不足。二是文化创意产品开发不足。文化创意产业已逐渐成为文化产业发展的主趋势之一，然而，当前民族地区文化与创意的融合发展尚处于起步阶段，文化创意产业发展滞后。具体来看，在甘南、临夏民族文化中有很多世人所熟知的神话、故事，如藏族的格萨尔王、回族的曼苏尔，完全具备发展为歌舞剧、动漫等产品的元素，但是，目前对其的开发仍旧处于采用传统表演形式阶段。提高当地的资源整合创新能力，将会从根本上推动甘肃民族地区文化产业的发展。

4. 资源开发利用不合理

甘肃民族地区拥有极为丰富的文化资源，但是由于当地的经济发展水平相对落后，该地区急于通过发挥资源优势、发展文化产业来调整产业结构，从而提升整体经济社会发展水平，实现跨越式发展。然而，民族地区文化资源又存在严重的脆弱性。在文化产业开发和发展的热潮中，由于市场体系以及法律法规尚未健全，地方政府或一些缺乏文化资源保护意识的投资者，因需求导向的缘故，对于能够快速吸引现代都市人眼球的民族文化资源，如民族歌舞、民族节庆、民族饮食、民族习俗等进行了"掠夺式"的开发，试图通过一味地求新求奇换取丰厚的利润报酬。在功利心驱使下，为实现效益最大化，对本来就脆弱不堪的民族文化资源和文化生态进行了粗暴的投资和开发，造成许多民族文化的衰落和资源的枯竭。文化资源开发盲目，民俗文化遭到滥用，精品文化开发不足且利用率低，这种急功近利的表现，不利于该地区文化产业的可持续发展。

过度强调产业化和经济效益，这是文化产业发展最大的忌讳。因为发展文化产业的初衷并不只是单纯地促进当地经济的增长，而是通过产业化的形式，将本地区的特有历史文化通过一定的载体呈现出来，从而达到弘扬本地区优秀文化的目的。但是在甘肃省文化产业的资源开发利用过程中，因为急于求成，不仅没能促进经济的增长，反而对当地固有的传统文化及生态环境产生了破坏。

（四）产业运营层面

甘肃民族地区文化产业主要发展文化旅游业及民俗手工业，产业附加值较低。从产业环境来说，该地区文化产业市场、技术、资金、服务及人才等要素较弱，整体处于起步阶段；从发展方式来说，甘肃民族地区的文化产业在发展中传播、运营、创意生产等方面较弱，集聚效应不明显，尚未形成完整的产业链，文化产业效率不高。

1. 文化产业技术落后

技术是文化产业发展的核心竞争力之一，也是甘肃民族地区发展文化产业的一块短板。首先，文化产业发展的专业技术落后，没有形成大规模流水线作业。目前甘肃民族地区文化产品的生产加工主要是靠手工或者初级的机器生产，生产规模小，效率低，不仅难以满足更广阔的市场需求，还由于技术水平低导致文化资源的开发程度不深，从而造成极大浪费。技术水平落后以及创新意识不足使得其独特的资源禀赋缺乏相配套的集约和深度开发利用机会。其次，相关的专业技术人才匮乏，制约甘肃民族地区文化资源转化为文化产业。甘肃民族地区的教育水平落后，无论是政府文化部门的行政人员还是文化产业从业者中，高素质、能力强的专业人才都非常少。此外，受甘肃民族地区经济和自然环境影响，民族地区很难留住需要的人才或者引进专门人才。例如，甘肃民族地区有丰富的民族歌舞资源，但是目前尚没有能够把这些歌舞资源转化为大型民族歌舞的专业编舞人才。同时，甘肃民族地区依然存在守旧思想，没有意识到文化产业创新创造的重要性，创新技术研发不足，创新能力差。因为缺乏创新，无法提高产业附加值，无法更好地适应现代化发展的趋势，文化产业缺乏竞争力。

2. 文化企业自身发展不足

甘肃民族地区文化企业自身发展缓慢，资金少、规模小，整体实力偏弱，对政府依赖严重。从文化企业发展历程上看，民族地区文化企业已有10余年发展历史，然而真正步入快速发展阶段还是在2010年之后，政府的大力扶持真正推动了文化企业的发展。从规模上看，民族地区文化产业除却少数发展较好的优势龙头企业，大多数文化企业尚处于家庭小作坊式的生产阶段。这种以家庭为单位、纯手工或半手工半机器的生产方式，效率低、产量少、见效慢，不仅没有形成文化产业链，还很难发展成为大型文化企业。从行业联动上看，民族地区文化企业多为家族企业，同行业间交流沟通较少，缺乏相互协作，甚至存在一定程度的恶性竞争，同行之间时常出现相互拆台、挖人、压价等现象。这种"闭门造车"的发展方式使得甘肃民族地区尽管存在许多同类企业，却始终无法形成产业化规模和集群效应，当地文化企业难以形成产业群，极大地限制了文化企业的发展壮大。一些由政府部门主持成立的行业协会也没有很好地起到协调、促进作用。同时，由于当地企业缺乏一定的前瞻性，在制定文化产业发展目标时片面追求经济效益，在许多优秀文化的传承过程中急功近利，出现短视现象，文化产品被粗制滥造，同时缺乏危机意识，使民族文化传承因产业化和市场化的运作而陷入困境。

3. 文化产业发展资金匮乏

文化产业作为一个新型的产业，其发展离不开资金投入的拉动。甘肃民族地区经济发展水平较低，文化产业发展所需资金不足，难以将资源优势转化为产业优势。有鉴于此，甘肃省近年来加大了对文化产业的资金投入力度，在财政扶持政策和投资融资方面也都进行了改善。但是目前甘肃省的文化产业依然呈现出国有单位投资为主、私营单位投资力量薄弱、吸引外商投资水平十分有限、总体投入不足的特点。

从企业发展看，长期以来，甘肃民族地区经济发展的主要增长点是工业、建筑业和农牧业，文化产业尚处于开发初期，配套设施和自身体系尚不健全，所需投入较大，但是甘肃民族地区文化企业自身发展缓慢，难以满足企业发展所需的资金；从市场发展看，甘肃民族地区文化产业市场初具规模，但是市场体系尚不健全，相应的融资渠道较少，银企协调不紧密，文化企业发展存在贷款难、贷款少的问题；从政府层面看，一方面，政府主导的发展模式限制了社会资本的流动，另一方面，政府对文化产业的财政投入不足，文化企业的发展缺乏资金，难以进行资源的开发和产业运作。虽然政府会采取一些财政补贴和税收优惠措施，但是相较于文化企业所面临的巨大资金缺口，政府补贴优惠只是杯水车薪，难以切实满足企业的需求。同时，社会融资渠道尚不健全，银行等金融机构与文化产业之间没有实现有效衔接。受经济发展水平的制约，甘肃民族地区的文化产业总体实力不强，文化企业的承贷能力较弱，其发展缺乏资金的问题始终没有得到有效的解决。而多元的文化产业投融资机制尚未形成，金融机构信贷产品也缺乏灵活性与创新性，从而使得金融对文化产业发展没有起到很好的支持作用。因而，资金问题成为制约民族地区文化产业发展一个主要障碍。

4. 文化产业发展人才匮乏

文化产业是一种典型的智力型、知识型产业，是一种高度依赖创造力的产业，核心要素是创意、故事、技术、知识、制度、管理等。因此，文化产业要实现更好的发展，就需要既熟悉文化产业又熟悉市场经济的经营管理人才。但目前，甘肃民族地区人才十分紧缺、经营管理人才不足，精通现代新兴文化产业的创意型人才和复合型人才奇缺，没有形成文化产业企业家队伍和人才群体，文化产业实业家或领军人物更是凤毛麟角，远远不适应引领文化产业快速发展的需要。

少数民族地区是民族文化的聚集地，民间民俗文化更多地集中在农村地区，所以，少数民族地区和广大农村地区是最需要文化人才对文化资源进行整合的地方。然而甘肃目前的文化人才分布现状与这种需求不符，文化人才在城市分布较多，而在农村地区分布很少，特别是在一些地理位置偏远、经济条件落后的农村，文化人才供给不足的现象更为突出。这严重阻碍了甘肃文化事业和文化产业的发展。同时，传统民俗文化面临传承断代威胁。在一些传统的手工艺品制作、民俗文化以及其他非物质文化遗产的传承方面，原有的传承人才结构老龄化，而年轻人由于对传统技艺不了解或不感兴趣而不愿学习传统技艺，又造成了年轻力量补给不足。双重因素严重制约了甘肃民族地区文化产业迈向新兴领域、纵深空间以及实现更高水平的发展。

高素质文化人才匮乏主要体现在三个方面：第一，甘肃地处经济发展落后的西部地区，对专业型、管理型、创新型的高素质文化人才缺乏吸引力，引进高素质文化人才比较困难；第二，甘肃对本省范围内的文化人才教育培养还不够重视，对已经从事文化工作的文化人才提供的培训进修机会较少，对省内的高校教育资源也没有充分利用，没有做好文化相关职业的专业教育，同时一些非物质文化遗产的传承活动也没有形成规模；第三，人力资源管理机制僵化，文化人才管理不力，很多优秀的专业人才或遇到岗位与技能不匹配的问题，或遇到受条件限制不能发挥专长的问题，使得他们不能最大限度地施展自己的才华，最终选择流向外省。

5. 文化产业链条不完整

在国家大力发展文化产业的宏观背景下，文化产业蓬勃发展。近年来甘肃民族地区文化市场初具模型，但仍然尚未呈现规模化，文化产品和文化服务的产业经济链条还没有真正建立起来。文化产业链是指以文化主体内容为核心，以创新创意为动力，打造文化产品和文化服务供给市场，拉动产品和服务的消费，从而带动后续文化产业的开发与发展，形成多维度、高产出的经济循环产业链条。文化产业链条在一定程度上反映了当地文化产业发展的水平。甘肃民族地区发展文化产业，需要构建一个完整的产业链条作为支撑，这是文化产业发展的动力所在。打造一个相对完善的产业链，才能够推动文化产业持续不断地发展、升级，文化产业的发展才会产生规模效益和互动效益。

甘肃省民族地区的文化产业链较短，多数文化企业主要集中于产业链的中、低端，系列化产品不多，延伸产业链中的文化产业企业更是少之又少。与此同时，甘南州和临夏州的多数文化产业分布较散，未成规模，且多为小型企业，缺乏竞争力，产业结构单一，各个行业间的衔接环节较差，辐射力不强，缺乏相关的文化衍生品。目前发展较好的旅游业、工艺美术业、节庆会展业，在其各自的行业中运行情况良好，但是行业与行业之间交叉少，联系不够紧密，各行其是，并且同行业之间可能存在无序而低质量的竞争，从而无法形成规模化、集约化的效益。以文化旅游产业为例，虽然旅游资源丰富，但是各个旅游景点之间各自为政、较为分散，导致旅游收入不高，并且未能在文化旅游产业的基础上延伸出其他文化产品和服务，从而导致产业链条断裂。同时，甘南州和临夏州的相关企业配套服务不够完善，上下游企业与中小企业的协作关系并不密切，产品和服务的关联度低，从而导致甘肃民族地区整体文化产业市场的竞争力较弱。

6. 文化产业品牌效应不突出

文化品牌作为一种标志与象征，是一个地区文化竞争力的综合体现。打造具有特色的文化品牌是关系文化产业长期发展的重要举措，也关系到文化资源的特色建设。甘肃民族地区在文化产业的发展过程中，不仅不能忽视品牌的建设，还应深挖特色民族文化元素，并以此为内涵创建区域性的文化品牌，彰显与建设文化品牌特色，使之成为区域文化名片，提升地域文化形象和民族文化形象。这有利于促进文化旅游、文博业、展览业等相关产业的发展，从而为文化产业的发展提供支撑，使甘肃省民族地区文化产业获得突破性发展。

但是，就目前而言，甘肃省民族地区文化产业的品牌效应尚不突出，主要表现在以下两个方面：一方面，品牌观念有待增强，甘南州和临夏州的文化产业的经营者多为个体经营户，受传统文化产业经营方式和思想的影响，缺乏市场观念和品牌意识；另一方面，相关文化企业对品牌的创建不重视、认识度不高，品牌意识亟待增强。

第五章　甘肃民族地区发展文化产业的实证分析

本章分别运用扎根理论、标杆分析方法和产业区位商数等方法从三个不同的视角对甘肃民族地区文化产业的发展进行实证分析，以便为该地区文化产业发展战略的制定提供支撑和依据。

一　基于扎根理论的甘肃民族地区文化产业影响因素探析

有学者在研究我国文化产业竞争力的地区差异时指出，分析文化产业影响因素是衡量其竞争力的前提条件[①]，同样，摸清民族地区文化产业发展的影响因素也是制定其发展战略的前提条件。考虑到民族地区具有自身发展的特殊性，因此，我们运用扎根理论研究技术对影响甘肃民族地区文化产业发展的重要因子进行实证分析。

（一）方法解析

扎根理论由社会学家 Glaser 和 Strauss[②] 于 1967 年提出，此后得到进一步的发展和完善，现已成为质性研究的杰出代表。扎根理论方法的核心是资料收集与分析的过程，该过程既包含理论演绎又包含理论归纳[③]，而且是一种自下而上的研究过程（见图 5 - 1）。一般而言，扎根理论包含 3 个步骤的编码。[④] ①一级编码（开放式登录）：研究者没有任何理论预设，以开

---

① 叶丽君：《中国文化产业竞争力的地区差异研究》，硕士学位论文，湖南大学，2008。

② B. Glaser, A. Strauss, *Time for Dying*, Chicago：Aldine, 1968.

③ 白长虹、刘春华：《基于扎根理论的海尔、华为公司国际化战略案例相似性对比研究》，《科研管理》2014 年第 3 期，第 99 ~ 107 页。

④ J. Corbin, A. Strauss, *Basics of Qualitative Research：Grounded Theory Procedures and Techniques*, Newbury Park：Sage, 1990.

放的心态将所有的资料按原有的状态进行登录。这是将资料打散，赋予概念，再进行初步范畴化的操作过程。②二级编码（关联式登录）：发现和建立概念类属之间的各种联系，是在一级编码的基础上进一步抽象和范畴化的过程。③三级编码（核心式登录）：在已发现的概念类属中找到能够统领所有范畴的"核心类属"，构建出理论框架。

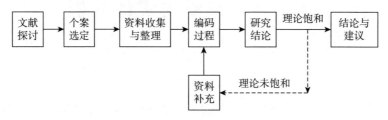

图 5 - 1　扎根理论的一般流程

（二）案例选定与数据收集

本研究以甘肃民族地区（主要是甘南州、临夏州）为扎根分析对象，数据的收集由三大部分构成。①深度访谈。深度访谈是扎根理论最为常用的方法。根据理论抽样，我们选取了对本研究问题具有一定认识和理解的相关人员（见表 5 - 1），并通过设计开放性访谈提纲对他们进行了时间不等的深入交流，此外，在被访者同意的情况下对访谈内容进行了录音。访谈问题如：您认为本地文化产业发展面临的最大问题是什么？您对文化产业的发展有哪些建议或期望？②实地观察。在受访者允许的情况下对当地所见所闻进行拍照、录像及文字记录。③内部资料和网络信息。内部资料主要是当地政府及产业主体赠予的。经统一整理，最终得到共计 4 万多字的文字材料。我们随机抽取了大致三分之二的记录进行编码分析和模型建构，剩余的资料留做理论饱和度检验。

表 5 - 1　受访者基本概况

受访者序号	受访者	性别	职业（身份）	访谈方式
01	张先生	男	基层公务员	个人深度访谈
02	邢女士	女	基层公务员	焦点小组访谈
03	安先生	男	木雕工艺大师	焦点小组访谈
04	安先生	男	木雕工艺大师、企业领导	个人深度访谈
05	安先生（1）	男	木雕工艺师	个人深度访谈

续表

受访者序号	受访者	性别	职业（身份）	访谈方式
06	安先生（1）之妻	女	雕刻师	个人深度访谈
07	刘先生	男	县文化部门领导	个人深度访谈
08	孙小姐	女	政府办事员	个人深度访谈
09	王小姐	女	政府办事员	焦点小组访谈
10	道先生	男	学校领导	个人深度访谈
11	赵先生	男	学校领导	个人深度访谈
12	杨先生	男	工艺企业领导	个人深度访谈
13	卢先生	男	洮砚企业领导	个人深度访谈
14	卢先生	男	洮砚企业职工	个人深度访谈
15	李先生	男	县政府领导	个人深度访谈
16	王先生	男	州宣传部门领导	焦点小组访谈
17	马先生	男	州文化馆领导	个人深度访谈
18	全先生	男	州文化部门领导	个人深度访谈
19	石先生	男	州政府领导	焦点小组访谈
20	加央先生	男	基层官员	焦点小组访谈
21	万马先生	男	基层官员	焦点小组访谈
22	张先生	男	民族工艺老师	个人深度访谈
23	李先生	男	民族工艺老师	焦点小组访谈
24	贡先生	男	唐卡企业领导	个人深度访谈
25	张先生	男	银行领导	个人深度访谈
26	吴先生	男	银行管理者	个人深度访谈

（三）范畴提炼和模型建构

1. 开放性编码

为最大限度减少研究者的定见或偏见，我们使用受访者的原始语句作为标签并从中发掘初始概念，共得到 730 余个原始语句及相应的初始概念。通过不断比较和归纳，我们对初始概念进行了初步范畴化。在范畴化的过程中，剔除了与研究主题无关及重复频次少于两次的初始概念。表 5-2 为部分原始语句及初始概念。为节省篇幅，每个范畴仅仅节选 3 个原始语句及初始概念。最终我们在开放性编码中得到了政府扶持方式、行政管理、人力资源、资本、情感、产业融合、产业主体类别、社会环境、契机等共 44

个范畴。

表 5 - 2 开放式编码范畴化（部分）

范畴	原始语句（初始概念）
产业主体类别	A01：本地没有特别大的洮砚企业，小作坊居多。（无大企业、小作坊） A07：目前主要是家庭作坊式，需要形成规模带来规模效益。（家庭作坊） A07：卓尼是洮砚之乡，大的公司（注册的）有 4 家，不注册的就更多了。（中小企业）
文化资源	A01：洮砚石主要来自洮河下面。（洮砚石、洮砚文化） A04：卓尼木雕主要以藏传佛教格鲁派和藏族民间传统工艺为题材，取材于本地优质紫、白檀木、柏木和桦木等。（木雕工艺、本地取材） A08：甘南有很多自己独特的文化，例如觉乃藏族服饰（又称"三格毛"）就是甘南独有的。（独特服饰文化）
人力资源	A01：现在的年轻人学这个的越来越少，所有的文化产业都面临该问题。（传承人短缺） A11：群众文化产业一是专业队伍不行，二是覆盖面难以触及群众。（专业人才匮乏） A18：总体来讲我们文化产业还是缺人，缺人是我们最大的问题之一。（缺人）
产品生产方式	A05：木雕全部手工雕刻，雕刻工具有二三十种。（手工雕刻） A12：公司的木雕属机雕。（机雕） A24：唐卡制作全部手工，没有机器参与成分。（手工制作）
政府扶持方式	A04：政府没有扶持资金，但是政府有搭桥，主要是帮宣传。（政府帮助宣传） A07：卓尼县的卓砚文化规划是省上牵头做的。（产业规划） A18：政府对该公司除了土地扶持外，再就是资金支持，比如，去年帮助公司争取国家产业项目补助金 500 万元。（土地和资金支持）
资金	A12：贷款还是不好贷。（贷款难） A18：但是我们的企业没有资金，都有制约。（资金制约） A24：从我们的角度讲，并不是非常缺钱，尽管也需要一点钱。（资金需求）
思想观念	A16：我们的观念太落后了，洮砚最好的作品全都压箱底。（观念落后） A18：本土企业大都是土老板（土豪金），都是通过机遇、手段等挣了些钱，让他们搞个建筑、修个楼可能还愿意，也有钱赚，但赚文化的钱他们脑子里面没东西。（缺乏文化营利意识） A23：本地学生很少，原因是本校招考的分数较高，深层次原因是观念陈旧、家长不重视。（观念陈旧、不重视）
责任心	A22：学习传统手工艺，一是为了非遗传承保护，二是将其做成产业。（传承保护） A24：唐卡是民族文化的重要组成部分，不能只为挣钱而作践民族文化。（不为钱而作践文化） A04：这是一门手艺，如果机器雕的话手艺就传承不下去了，就丢失了。（工艺传承）

注：A＊＊表示第＊＊位受访者回答的原话，句末括号中词语表示对原始语句进行编码得到的初始概念。

2. 主轴编码

主轴编码是运用"因果条件→现象→脉络→中介条件→行动策略→结果"的典范模型将开放译码中的范畴联结起来的过程，目的是发展主范畴及副范畴。基于开放性编码获得的 44 个范畴，通过对其进一步分析和整理，最终得到包括产业主体、产业能力、政府、生产要素、情感、产业环境、契机、时间、市场、产品及服务、相关和支持性产业及服务在内的 11 个主范畴。图 5 - 2 呈现的是主范畴的典型关系结构，表 5 - 3 为主轴编码形成的主、副范畴。

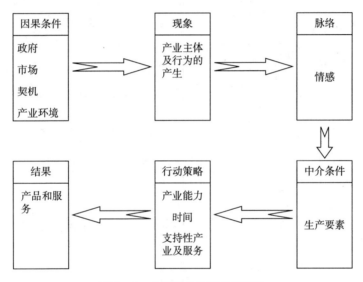

图 5 - 2　主范畴的典型关系结构

表 5 - 3　主范畴与对应副范畴

主范畴	对应范畴	关系内涵
1. 政府	政府扶持方式	政府的行为和成效，以及人们对其行为的感知对民族地区文化产业的前期发展具有重要影响。
	对政府扶持的感知	
	对政府的刻板印象	
	行政管理	
2. 生产要素	人力资源	共同构成文化产业发展的生产性要素，其中以人才和资本要素最为关键。
	资本	
	文化资源	
	管理	

续表

主范畴	对应范畴	关系内涵
	科学技术	
	基础设施	
3. 情感	热情	责任、信仰等情感要素对民族地区文化产业发展有特殊影响。
	文化信仰	
	责任感	
	文化自信	
4. 宏观环境	自然地理环境	文化产业发展的宏观环境构成。
	政治环境	
	经济环境	
	社会环境	
5. 经营主体	主体类别	文化产业发展的实操者及其行为。
	主体间关系	
	主体行为及限制因素	
6. 契机	契机	机会要素,通常不可控。
7. 时间	时间	揭示文化产业发展的规律。
8. 产业能力	企业战略及规划	创新、营销等能力对民族地区文化产业的发展有重要影响,直接决定了其竞争力。
	产业模式	
	创新实践	
	品牌打造	
	市场营销	
	产业结构及规模	
9. 市场	消费结构	以需求为核心的市场要素从根本上决定文化产业发展方向。
	需求市场	
	要素市场	
	市场体制	
10. 产品及服务	产品及服务性质	产品、服务的质量、层次等是影响文化产业发展的最后一环。
	产品及服务质量	
	产品及服务形式	
11. 相关和支持性产业及服务	产业融合	民族地区文化产业发展的必要辅助因素。
	产业发展平台	
	产业配套设施及服务	
	公共文化服务	

3. 选择性编码

选择性编码也称为三级编码，是在前两个编码阶段所得到的主范畴基础上进一步比较提炼出核心范畴，并以"故事线"的形式将其串联起来的过程。"故事线"的串联即意味着实质性理论框架的初步构建。我们将核心范畴确定为"甘肃民族地区文化产业影响因素及作用机制"，基于该核心范畴的"故事线"可概括为：在以市场为领衔因素，政府、契机和产业环境为辅助因素的共同作用下，文化产业主体开始涌现，在情感的支配下，产业主体运用生产要素从事文化产品及服务的生产，该生产过程会受到产业能力、时间、支持性产业和服务等因素的影响，而整个演化流程则决定着民族地区文化产业的发展（见图 5-2）。依据该"故事线"，本研究建构出一个关于甘肃民族地区文化产业发展的影响因素及作用机制框架，称为"民族地区文化产业发展影响因素模型"，如图 5-3 所示。

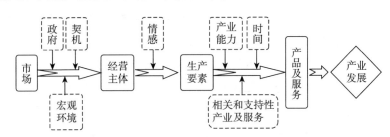

图 5-3 民族地区文化产业发展影响因素模型

4. 理论信度与饱和度检验

为确保理论信度，我们在编码过程中对存有异议的范畴进行了集体商榷，又按照前述编码逻辑对剩余三分之一的访谈资料进行再次范畴提炼，目的是对已建立的实质理论进行饱和度检验。结果显示，已构建模型中的范畴已经发展得较为完备，并未发现新的范畴和关系，而且现有的范畴中也没发现新的构成因子。据此可以判定，上述理论模型是饱和的。

（四）研究发现与政府文化产业职能建议

1. 研究发现

我们从现有文献中发现，不少学者都基于波特的钻石模型（见图 5-4）对文化产业有关影响因素进行分析或评价。因此，本研究将在与钻石模型相比较的基础上对所构建的模型予以阐释。

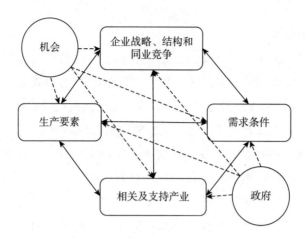

图 5 - 4　波特钻石模型基本结构①

波特产业竞争优势理论，也称波特钻石模型。波特认为，生产要素，需求条件，相关及支持产业，企业战略、结构和同业竞争，机会，政府六者在产业形成和发展中共同发挥作用，相互影响相互促进，在结构上形成了具有钻石般稳定的六边形结构。其中，前四个因素为主要的决定因素，且相互间具有双向作用。①生产要素。在国家产业的发展中，主要的要素就是生产要素，包括人力、天然资源、知识、资本等有助于生产力发展的资源。在这些资源中，不仅有自然资源，还有人文因素。②需求条件。它们主要是指国内市场对某种产品的需求程度。一般来说，某个产品或服务都会先在国内市场扩展，满足了国内市场后，再开始向国外市场迈进。③相关及支持产业。这一点主要是指具有国际竞争力的供应链商家和其他行业，了解这些供应商或行业的竞争力水平。④企业战略、结构和同业竞争。它们主要指能够提供企业创建条件，提升管理水平的办法或措施，同时也包括国内竞争条件。

在四项要素中，每个要素都不是孤立存在的，而是相互促进和相互制约的，关系非常密切，只有全面考察这些要素及其相互之间的关系，才能够提高和保持企业竞争力。另外，除了这四项要素以外，还有两项变数较大的因素，一个是政府的行为，一个是机会。政府行为能够主动地、直接地影响到其他四个因素发生作用，例如政府采购行为能够为产业发展创造

_____
① 迈克尔·波特：《国家竞争优势》，李明轩、邱如美译，华夏出版社，2002。

需求条件，并能够进行主观的选择和支持某些产业和其中的企业，为企业发展创造机会。关于政府行为，波特指出，参与市场竞争的最终是企业而非政府，因此政府行为的意义在于为企业提供所需资源以及创造适宜产业发展的环境。政府应当选择对企业需要花费外部成本的地方进行投资，如基础设施建设、政策支持以及开放资本渠道等方面。

甘肃民族地区文化产业与其他项目的不同在于，这个地区的文化资源具有独特性。民族地区的文化产业项目比一般的项目更注重地区文化氛围，注重地区文化产业基础以及政府的政策。独特的历史文化资源在很大程度上决定了一个地区适合发展的文化产业类型。因此对甘肃民族地区文化产业而言，分析当前文化产业发展环境是至关重要的。本书按照波特钻石模型对影响甘肃省民族地区文化产业发展的四要素进行分析，通过研究波特钻石模型的四要素，对当地基础条件、需求状况、相关产业发展以及企业组织现状进行系统分析，力求对甘肃省民族地区文化产业有全面而深刻的把握。

在本研究所构建的模型中，市场、经营主体、生产要素、产品及服务四大范畴构成了模型的主轴，因此它们可以被视为影响民族地区文化产业发展的核心要素或基础要素，而其他范畴则通过作用该主轴来影响文化产业发展，因此可称为辅助因素。在由市场、政府、契机和宏观环境四要素组成的产业发展前提中，有三个因素与波特钻石模型相近，分别是市场、政府和契机。在开放性编码中，市场，尤其是市场需求获得较多的编码支持，可见，文化需求是文化产业发展的根本动力，这与波特所强调的类似。但政府和契机则有不同内涵。在波特的理论框架中，政府作用的发挥必须要谨慎，且不能处于主导地位。但本研究在编码中发现，政府这一范畴所涵盖的编码数量最大（共计133个初始编码），由此可见，在民族地区文化产业的发展中，我国政府机构扮演了极为重要的角色。而且就现有经验而言，政府主导文化产业的前期发展也是一些国家（如韩国）和地区的通行做法。关于产业发展的契机或机会，波特认为，机会对产业发展是可遇不可求的，如新技术的诞生等，但本研究所强调的契机却恰恰相反，因为文化产业的契机是可以预见的。首先，马斯洛的需求层次理论表明，随着人们物质生活水平的提升，象征更高需求层次的文化精神需求会水涨船高，而需求市场的扩大是商机的根源所在；其次，国家层面产业转型升级的压力，区域发展差距日益扩大的现实，以及跨国商贸往来的加强都预示着文化产业的诞生和壮大。

除了以上三大要素，本研究模型还强调了被波特钻石模型忽视的因素，即宏观环境（由自然地理、经济、政治和社会环境组成），编码显示，其中最重要的是经济和社会环境。就本研究案例而言，甘肃是经济发展较为滞后的西部省份，而民族地区如甘南州和临夏州的经济排名又常常全省垫底。对于文化产业的发展来讲，经济发展落后不仅影响文化需求市场的培育，而且难以支撑如交通建设、文化产业专项资金等的财政供给。社会环境（由民族宗教、教育和思想观念构成）也是较为重要的影响因素。教育水平落后造成甘南州民众的文化素养整体偏低，致使传统观念难以解禁。尽管某些地区已经意识到发展文化产业的重要性，但一些做法（精品压箱底）仍然比较保守，而且传统农牧业仍是当地的经济支柱。这些守旧行为加上不以利为重的宗教观念，对文化的产业化发展造成较大阻力。此外，政治环境可能是民族地区发展文化产业面临的独特环境要素，如因民族、宗教等问题引发的骚乱事件会让投资者望而却步。

模型主轴上的第二大因素是"经营主体"，这与波特理论中的企业战略、结构和同业竞争虽有内涵上的差异，但精神实质相同。究其原因，企业无疑是产业发展中最重要的经营实体，但波特主要是针对国家产业竞争力影响因素所做的理论建构，因此并不贴近我国民族地区的发展实际。笔者在调研中发现，甘南文化产业主要以家庭作坊和中小企业为主，且不和谐的同质化竞争致使主体间各自为战，彼此联合度很差。所以，促进文化产业主体联合以实现规模经济效应便成为民族地区文化产业发展的重要方向。

"生产要素"是模型主轴上的第三大要素，这与钻石模型中的要素内涵相近。从编码中可知，该要素由人才、资本和文化资源构成。其中，文化资源尽管面临如传承、保护等持续发展问题，但对民族地区文化产业主要发挥积极作用，而人才和资本则是获得较多编码的产业制约因素。按照当地文化部门领导的说法，甘南、临夏两州的文化产业人才全方位短缺，包括工艺传承人、行业带头人以及高端经营管理人才等。除了人才，资本也是一大制约因素，由于产业发展的前提条件较差，前景不被看好，致使招商引资及金融借贷等都比较困难，目前主要靠藏区项目补助。

　　"情感"范畴处于"经营主体"和"生产要素"之间，尽管该范畴所获编码较少，却在调研中常被提及和感知。之所以没把"情感"纳入"产业主体"范畴，是因为这些"情感"更多的是一种民族情愫，而非个别产业主体的觉悟。就作用路径而言，产业主体在对待生产要素时，"责任感""民族文化信仰"等是极为重要的考量因子，它们会通过支配产业主体的行为间接发挥作用。以卓尼木雕为例，工艺大师宁愿少接订单也不选择机雕的方式，目的就是保护和传承民族工艺。从这方面讲，民族文化产业化其实面临一个悖论，因为产业化要求以工业化的方式生产产品或服务，但文化的过度产业化却破坏了作为"产业灵魂"的文化底蕴，从而加速了民族传统工艺等文化的消逝。

　　理论主轴的第四要素是文化产业的最终呈现——"产品及服务"。从编码来看，该范畴对文化产业发展影响较弱，但就产品及服务的性质和形式而言，甘南州的既定发展状况并不利于产业市场拓展。以卓尼洮砚为例，几乎所有的卖品都因袭传统样式，尽管做工精致，但体形普遍较大，十分不便携带，而就时代发展而言，形态各异的工艺品更符合洮砚的定位。此外，洮砚的镂空雕刻工艺也对网售等营销方式造成较大限制，因为雕刻细节极易在运输中损毁。所以，产品及服务的定位和形式也是影响文化产业发展的重要一环。

　　在"生产要素"向"产品及服务"转化的过程中，三大要素发挥着关键调节作用。从编码结果来看，比较重要的是"产业能力"和"相关和支持性产业及服务"，而产业能力又以创新能力、产业发展模式及品牌打造能力为重。创新是一种产业原创力，对满足人们日新月异的文化需求极为重要，但民族地区由于受到人才等因素制约，自主创新能力还有待加强。发展模式的选择对文化产业的健康持续发展具有重要影响，而甘南目前采取的仍是输血式的项目拉动模式。尽管该模式在国家的支援下比较可行，但不少都是面子工程，因而对当地产业的带动有限。不过，当地政府也在着力培育重点企业，力图走企业带动之路，这种内生发展模式对于资源的整合和产业链的打造将产生重要影响。此外，民族文化品牌的打造在调研中也经常被提及，尽管当地政府积极采取相关措施，包括影视制作等，但品牌宣传力度仍比较欠缺。"相关和支持性产业及服务"范畴中比较重要的是

"产业平台"和"产业融合",这与波特理论中强调的"产业集群"现象基本一致。就甘南而言,当地文化产业的发展已呈现出"内卷化效应",具体表现为生产要素利用方式守旧和产品、服务单一,长此以往,文化产业不仅难以壮大,反而会面临因资源枯竭而衰败的困境,而重要的原因是缺乏平台支撑和产业间有机融合。我们在调研中了解到,当地目前还没有成型的文化产业孵化器,且文化与旅游、科技、金融等的融合尚处于起步阶段,文化产业与文化事业仍旧是"两张皮"。

"时间"范畴虽然编码支撑较少,但不容忽视,因为它强调了遵循文化产业发展规律的重要性。实事求是地讲,除了表面上的文化资源优势外,民族地区发展文化产业的配套家底其实相当薄弱,短期内很难培育出比较竞争优势。因此,民族文化产业化发展要循序渐进,不能急功近利。

2. 政府文化产业职能建议

通过与波特钻石模型对比分析,可以得出以下结论:①本研究进一步证实了钻石模型的构成要素,且对一些要素的内涵进行了本土化变更。此外,亦对某些因素的重要性做了调整,如将"相关及支持产业"降为辅助要素。②发现和强调了其他重要影响因素,如宏观环境、产业能力、产品及服务、情感、时间等,其中,情感和时间两大要素在已知文献中鲜有提及。③本研究基于扎根理论研究方法,通过深度访谈搜集民族地区文化产业发展资料,进而建立了体系相对完整的影响因素及作用机制框架。基于此,我们对民族地区文化产业发展中的政府职能提出建议,需要强调的是,解析政府职能并不意味着政府对文化产业的大包大揽,而是为了突出政府在民族地区文化产业发展初期的重要作用。具体而言,政府的文化产业职能主要表现在以下四个方面。

(1)夯实文化产业发展的前提基础

如前文所述,甘肃民族地区发展文化产业的前提条件不容乐观,已成为制约其发展壮大的基础性环节,而该类产业又具有前期投资大且回报周期长的属性,因此,打牢文化产业发展前提是当务之急。具体而言,政府应从以下四点着眼。

①在准确把握文化产业发展机遇的基础上,对民族地区文化产业发展实情认真调研,然后基于一手数据制定战略规划,并以制度等形式予以细

化，确保战略落地。在与甘南州、临夏州相关负责领导交流的过程中，我们亦获取了有关部门赠予的相关规划材料，但这些文件反映出的客观现实是，当地政府对文化产业的战略规划仍处于概念设想层面，四个字形容就是"全而不实"。尽管方案设计面面俱到，但没有落地实施的详细路径，整体感觉比较空洞，与民族地区的客观现实有较大出入，与我们在基层调研的情况并不完全符合。因此，做实前期规划是重中之重。

②积极培育有利于民族地区文化产业发展的宏观产业环境。一是着力改善以交通为首的基础设施状况。这一举措旨在破解自然地理条件对文化产业发展的制约。对民族地区而言，人气和物流是发展文化产业的必备要素，而山高沟深的地域环境俨然是极为不利的自然阻隔。以甘南州为例，该地区至今没有铁路运输线路，对大宗货运及文化旅游等产生较大负面影响。因此，只有尽快搭建内外沟通的"桥梁"，才能有效发挥民族地区文化资源比较优势。二是优化民族地区产业结构，积极改善以农牧业为首的产业格局。整体而言，甘肃民族地区的产业结构仍比较传统和保守，且这种传统做法形成了一定惯性，短期很难改变，这就需要借助政府的力量加以引导。比如，当地可以借力独特的人文和自然景观发展农家乐式的体验旅游业，让农牧民形成产业化思维，进而升级当地产业结构。而产业结构的优化一方面可以通过盘活当地文化资源解放并留住人力资源，另一方面也使外来者更深入了解当地文化精髓，进而产生经济效益。三是通过宣传、教育等手段提高民众文化素养，以便革新传统守旧观念。正如当地宣传部门的领导所言，文化产业滞后的一个重要原因是观念的落后和保守。整体来看，该地区人们的"一亩三分地"意识较浓，眼界比较狭隘，不懂得通过合作等方式实现规模效益，但深层原因其实是文化素质偏低。因此，大力发展教育事业是转变民族地区民众传统观念的关键所在。四是妥善挖掘宗教文化资源，使其成为展现民族文化的独特平台。宗教氛围浓厚是民族地区的一大特点，且宗教本身即是鲜明的民族文化资源，鉴于宗教和信仰是孪生体，因此对该类文化资源的发掘需十分谨慎。

③切实解决文化产业主体面临的实际问题。我们在调研中发现，尽管当地政府在项目引进、招商引资等方面做了大量工作，但产业经营主体对政府作为的评价并不高，原因在于政府过于注重"形象工程"，致使对现实

问题的解决助益甚微。因此，政府应以积极有为的姿态和科学务实的精神改变其在人们心目中"唯政绩是瞻"的固化负面印象。此外，政府要改进解决现实问题的行政方式，改变"一刀切"式的行政管理模式。原因在于，民族地区的宗族观念和领地意识较强，而产业转型势必意味着对传统生活方式的扬弃甚至舍弃，若为了完成指标而强制发展文化产业，势必激化政民矛盾，可行的办法是，政府可以尝试引领一部分人率先做出改变并获得可观收益，进而通过模仿效应促使其他民众逐步转变思维和行动。

④积极培育和拓展内外需求市场。市场需求是文化产业发展的"元动力"，就内需而言，政府应竭力提升民族地区经济发展水平，增加居民的人均可支配收入，从而提升其消费层次。对于外需，政府需助力经营主体加大品牌打造力度，通过走精品路线来建立和强化人们的品牌认知。由于西部民族地区发展文化产业缺乏经验积累，所以政府可以有针对性地组织当地企业带头人到发达地区参观考察，或者邀请本领域知名企业家来当地参观指导。除市场需求外，政府还要着力构建良好的文化市场体系，并通过完善相关法律法规来保障市场在文化资源配置中发挥决定性作用。

（2）积极培育和升级经营主体，打造产业集群

迈克尔·波特认为，产业集群是在某一特定领域中，大量产业联系密切的企业以及相关支撑机构在空间上积聚，通过协同作用形成强劲、持续竞争优势的现象。① 但民族地区文化产业主体多以中小企业和家庭作坊为主，尽管部分企业实现了小规模集聚，但彼此协同作用有限，因而抑制了文化产业的进一步壮大。为解决该困境，政府应做到以下五点。

①根据文化产业主体类别成立专职机构，有针对性地提供相应服务，确保管理专业化。由于民族地区多处于文化产业发展的初期阶段，因此，专门性的机构设置应是"标配"。这不仅体现了对发展文化产业的重视程度，而且是产业前期发展的现实所需。

②依据资源禀赋合理规划文化产业集聚区位，并通过提供优惠的产业载体和相关设备为文创人员构筑孵化基地。以上做法在英国伦敦的创意产业领域最为典型和普遍，对我国民族地区发展文化产业亦具有重要借鉴意

---

① 康小明、向勇：《产业集群与文化产业竞争力的提升》，《北京大学学报》（哲学社会科学版）2005 年第 2 期。

义。这主要由该类产业的两个特点决定：一是如前文所述，文化产业属于高投入、高风险行业，且该行业并非房地产般"有钱皆可为"的草根产业，而是具备自身独特的发展脉络；二是从事该行业的通常是具有浓厚文化情怀的"文化人"，换言之，他们是因为热爱和责任而投身该项事业。也正是因为这点，文化产业的发展方向才能确保不迷失，才能守住其灵魂。鉴于以上两点，政府必须为那些有志无钱之士提供便利，从而为产业兴盛积攒人脉。

③在防止产业垄断的前提下重点培育和扶持基础较好的文化企业，打造行业"领头羊"，使其辐射和带动相关产业集聚，进而完善产业链条。就目前而言，民族地区发展文化产业的一大困境是同质化竞争。这里的"同质化"有两层含义，一是产品和服务的无差异化，二是生产规模和方式的趋同化，而打造行业"领头羊"就是为了破解第二种同质化竞争。严格意义上讲，民族地区的文化产业竞争已经形成稳态，彼此实力相当，也相互抑制对手的发展空间，这就需要引入经济学上的"鲶鱼效应"来打破平静，进而迸发竞争活力。

④要积极倡导和引领文化产业经营主体成立产业协会等互动平台，增加主体间沟通机会，从而为合作共赢打下良好基础。政府在搭建交流平台的过程中主要发挥两点作用，一是牵线搭桥，促使各企业负责人放下戒心，合作共赢；二是调解疑难，产业协会等平台属于民间自发组织，相关制式并无法律效力，因此，当涉及深层利益的棘手问题时还需政府出面协调。

⑤要特别尊重民族地区文化产业主体的情感，争取做到因地制宜，因势利导，在保护和传承的基础上促进民族文化产业和谐发展。如前文所言，民族文化情感已经超越了个体范畴，它是一种情愫或文化信仰，不可随意忽视和侵犯。这就要求政府在发展文化产业时要深入了解当地民众的真实诉求，切忌为了发展而发展。

（3）认真评估文化产业生产要素实况，做到取长补短

有学者根据文化产业发展的动力来源将其发展模式总结为需求外溢型和内生增长型[1]，而两种模式的区别很大程度上是人才、资金、技术等"硬

---

① 李晓亮：《西藏文化产业发展战略研究》，硕士学位论文，复旦大学，2009。

环境"差异所致,显然,甘肃民族地区更符合前种模式。所以,针对以甘南为代表的民族地区文化产业发展短板,政府应做到以下四点。

①注重高端人才的培养和引进。拥有伟大的思想才能促成伟大的事业,民族地区发展文化产业更是如此。为解决高端人才短缺问题,政府可从内、外两个方面着手应对。内部而言,要鼓励当地学校增设民族文化类专业和方向,而且对学生要做到"教得好,留得住";对作坊业态中传统学徒式的培养方式给予经济补助,防止青年人才因薪酬原因到外地务工。对于外部,一方面,可以通过搭建网络虚拟平台让高端人才为我所用;另一方面,可通过"政策留人""高薪留人"等利好政策引进高素质文化产业人才。

②破解文化产业发展的资金瓶颈。文化产业属于资金密集型行业,尤其是发展初期的投入较高,但资金短缺正是民族地区的鲜明写照。因此,政府一方面要健全和引导金融行业发展,降低银行等金融主体对文化产业的支持门槛;另一方面要加大招商引资力度,并示以正确的价值导向,使外部企业在本地生根发芽。此外,政府应鼓励社会资本积极参与文化产业发展,拓宽资金来源渠道。

③要效仿我国台湾地区的做法,以文化创意来引领民族地区文化资源的传承和保护,谨防杀鸡取卵式掠夺开发。我们在对卓尼县的调研中了解到,有些企业完全是冲着资源本身入驻,而且所在地官员早有察觉。值得庆幸的是,当地政府已经准备出台有限开发的政策措施。从长远发展来看,民族地区单纯依靠独特的文化资源难以实现真正意义上的产业化运作,唯有做到"青出于蓝而胜于蓝"式的创意开发才能助力文化产业深入、持续发展。

④进一步推进文化馆、图书馆、博物馆等文化基础设施建设,使其在提升民众文化素养和培育文化氛围方面发挥重要作用。文化氛围或情趣对文化产业的发展具有潜移默化的作用,能够通过提升民众的精神层次来增进其对文化产品的认知,刺激其对文化产品的需求。因此,深入开展公共文化服务,促进文化产业和事业的深度融合对民族地区文化产业发展有极大裨益。

(4) 尊重文化产业发展规律,稳步提高文化产业核心竞争力

尽管文化产业在我国尚处于起步阶段,但国外先进发展经验警示我们,该类产业有其自身的发展逻辑和规律。为此,政府必须在遵循其发展规律

的基础上提高文化产业的核心竞争力。

①积极探索适合民族地区的文化产业发展模式。综观文化产业较为发达的国家和地区，其发展模式各具特色和侧重。除前文提及的需求外溢型和内生增长型两种区域发展模式外，还有政府主导型（韩国）、市场主导型（美国）等国家层面发展模式，民族地区需对以上模式综合借鉴，努力走出一条政府和市场双头并进、特色产业优势明显的发展道路。根据民族地区的现实情况，文化产业发展的前期应依靠其资源禀赋采取外需拉动式发展模式，在形成一定的原始积累后，政府应当不失时机地通过转型规划来促使其向内生型或自创型发展模式转变。

②加大宣传营销力度，走特色化、精品化路线。该策略最终目的是增强民族文化品牌的认知度，如美国夏威夷就以优质的旅游体验著称于世。众所周知，品牌已经演化成特殊的无形资产，能够对产品带来极高附加值和消费者忠诚度。对民族地区而言，品牌的打造需从两方面着手：一是对外靠宣传；二是对内靠产品。一般来讲，品牌宣传应以企业为主体。但民族地区以中小企业和家庭作坊为主的经营主体结构表明，政府必须在本土文化品牌推广中起到顶梁柱作用。除了强化宣传外，对特色精品的缔造才是核心，否则品牌宣传将因缺乏可靠载体而失去意义，而我国云南地区已经做出典型示范，如《丽水金沙》《云南映像》等精品剧目已闻名内外。对此，政府可以有针对性地引进其他地区的先进发展经验，并结合当地特色资源推陈出新。

③努力培育创意阶层，提高文化产品和服务层次。事实上，民族地区的文化产品和服务不仅面临激烈的同质化竞争，而且传统的文化表现形式也并非为现代人所喜闻乐见。所以，唯有对民族文化资源进行创意开发才能使产品和服务更具吸引力，也更利于民族地区文化产业的可持续发展。创意开发需要依靠成熟的创意阶层才能实现，但民族地区目前仅停留在创意个体层面。以甘南木雕和临夏的铜铸工艺为例，国家和省级工艺大师屈指可数，而且还面临传承人断层的问题。针对该困境，政府除了开办传习所以外，还要尽快促成工艺大师和高等院校间的合作共研，例如，可以利用高科技将濒临失传的工艺以影像化的形式保存下来，以便对年轻人进行大范围可视化传授，从而促进创意阶层的尽快成长、成熟。

二　甘南藏族自治州与迪庆藏族自治州文化产业发展对比分析

标杆分析法是将研究对象的各项活动与从事该项活动最佳者进行比较，发现研究对象存在的问题与不足，从而提出行动方法。运用标杆分析法分析民族地区文化产业发展，就是将本地区文化产业发展与文化产业发展最佳者进行比较，从而提出行动方法，以弥补自身发展的不足。在民族地区文化产业发展中，相较于其他民族地区，迪庆藏族自治州可以算是文化产业发展的标杆地区。因此，本研究以甘南和迪庆这两个藏族自治州为例，对其文化产业进行对比分析，据此探讨甘肃民族地区文化产业发展的路径选择。

（一）甘南与迪庆文化产业发展可比性分析

迪庆州是云南省唯一一个藏族自治州，地处青藏高原南缘，横断山脉腹地，是滇、川、藏三省区交汇处，也是云贵高原向青藏高原过渡地带。全州地貌以高原为主，兼有江河湖泊、崇山峻岭、高山草甸，自然景观多样。平均海拔在 3300 米以上，属于寒温带气候，年平均气温较低，气候垂直变化明显，有"一山分四季，十里不同天"的说法。迪庆少数民族人口占多数，据迪庆州国民经济和社会发展统计公报统计，2017 年少数民族人口 326529 余人，占总人口的 88.99%。其中藏族人口 132057 人，占总人口的 35.99%。[①] 其余少数民族还有傈僳族、白族、彝族、苗族、纳西族、普米族等，人口均在千人以上。由于海拔较高，迪庆州草地资源丰富，是云南最大的天然牧场，传统经济主要以畜牧业为主。

20 世纪 90 年代末，云南开启了寻找"香格里拉"的考察活动，最终发现迪庆州的中甸县就是书中所描绘的那块人间净土，红尘天堂。2001 年，经国务院批准中甸县更名为香格里拉县，借此契机，迪庆开始发展以文化旅游为主的文化产业。迪庆的文化产业经过十几年的发展，基本已经建立起以文化旅游业为支柱，民族歌舞、民族工艺多元发展的文化产业体系，在国内外也享有广泛知名度。

甘南州处于青藏高原东北边缘与黄土高原西部过渡地带。全州从东到

---

① 《迪庆藏族自治州 2017 年国民经济和社会发展统计公报》，迪庆州统计局官网，最后访问日期：2018 年 4 月 23 日，http://www.tjcn.org/tjgb/25yn/35491.html。

西分别为：东北部农林牧交错的山地丘陵区、东南部气候温和的岷迭高山峡谷区、西北部宽广的草甸草原的山原区。其中，西北部山原区草地广阔，水草丰美，是全国"五大牧区"之一；东南部岷迭高山峡谷区林业资源丰富，是全国"九大林区"之一，有全国"六大绿色宝库"（之一）的美誉。

甘南州被誉为美丽神奇、纯净圣洁、世人仰慕的人间仙境——香巴拉。它历史悠久，是古丝绸之路唐蕃古道的重要通道，其辖区内生活着以藏族为主的 24 个民族，它处于牧区与农区接合部，汇集了草原文化、游牧文化、佛教文化、农耕文化、民俗文化、红色文化等多种文化于一体，拥有极其丰富的文化资源。近年来，甘南州依托文化资源大力发展文化产业，作为甘南州首位产业，文化产业成为甘南经济发展新的增长极。

甘南州民族文化产业的核心是民族文化旅游产业，以民族文化旅游产业为依托逐步带动其他多种类型民族文化产业发展的特点非常突出。由于拥有特殊的地理位置、独特丰富的人文资源、与众不同的自然环境，甘南州民族文化旅游产业的发展具有先天的资源优势与区位优势。近年来，甘南州秉承"文化撑州""旅游兴州"的战略，坚持以资源为基础、以市场为导向发展民族文化旅游产业，探索出具有"甘南特色"的发展之路。

在对二者文化产业发展环境的分析、文化资源的梳理以及文化产业发展推动力方面的探讨过程中，笔者发现甘南州和迪庆州存在诸多相似之处，而迪庆作为民族地区文化产业发展典范，其发展模式为其他地区提供了极大的参考价值。因此本节在进行细致考量的基础上，选取了迪庆藏族自治州与甘南藏族自治州的文化产业发展状况作为对比分析的主体。

从地理地貌上来说，甘南和迪庆同属于青藏高原的一部分，属于温带大陆性气候，地貌以高山草甸和山林峡谷为主，河流纵横；在社会文化环境上，两地同属民族地区，迪庆是云南省唯一的藏族自治州，州内少数民族以藏族、景颇族、白族为主，少数民族有各自的宗教信仰，多种宗教共存共荣[1]，甘南以藏族、回族、土族等少数民族为主，藏传佛教为主要宗教信仰，两州都是以藏区文化为主要文化特色；在传统经济上，两州都有丰富的草场资源，兼有部分耕地资源，传统经济以农牧业为主；在经济结构

---

① 王洛林：《全球化与中国》，经济管理出版社，2010。

上，由于主体经济是农牧业和少量手工业，第二、三产业并不发达，因此两地都属于省内经济落后区，政府财政收入以转移支付为主。

自 90 年代末以来，迪庆致力于发展文化产业，香格里拉归属地的认定给迪庆带来极大发展机遇。此后，迪庆通过文化旅游业带动发展，形成了文化旅游业、歌舞演艺业、民族手工艺制作业等多产业协同发展局面，发挥当地文化优势，建立健全了文化产业体系，推动了当地经济跨越式发展，成为中国文化产业发展的典范区域之一。与迪庆相比，甘南在文化产业发展上明显落后，一方面，由于迪庆文化产业发展较早，多年来已营造了广泛的知名度；另一方面，迪庆在发展文化产业方面有自己独特的发展路径。通过比较两州文化产业的发展，可以从中探索迪庆文化产业的特色与经验，发现甘南文化产业发展中存在的问题以及潜在优势，从而为民族地区文化产业发展路径选择提供启示或镜鉴。

（二）甘南和迪庆文化产业对比分析

"十二五"之后，甘南州政府着力发展文化产业，实施"文化撑州"战略，加大对文化产业的财政支持和政策引导力度，使得当地文化产业焕发出勃勃生机。文化产业增加值从 2011 年的 0.6 亿元，增加到 2017 年的 2.04 亿元，增加了 2.4 倍。在文化产业发展上，甘南州着力推动文化旅游、文化产业项目建设和特色文化产业的发展，以"九色香巴拉"为文化宣传品牌，结合甘南和周边省市独特的地理地貌、风土人情、宗教文化等文化资源，进行文化产业的开发。2018 年全年共接待游客 1217.20 万人次，比上年增长 10.5%；实现旅游综合收入 57.04 亿元，增长 13.6%。全年新建旅游厕所 41 座，改扩建 36 座，建成道路观景台 4 座。全州现有国家 4A 级景区 7 处、3A 级 12 处、2A 级 12 处。① 甘南州目前已经基本建立起覆盖广播电视电影业、新闻出版传播业、民族工艺艺术品业、文化休闲娱乐业等多方面的市场体系。但相对于文化产业发展较早的地区，甘南州文化产业起步晚，发展仍相对落后。

自 2000 年以来，迪庆藏族自治州的文化产业依托"香格里拉"的名片开始发展起来。云南省虽然从 90 年代就提出了建设文化大省的发展战略，

---

① 《甘南藏族自治州 2018 年国民经济和社会发展统计公报》，甘南藏族自治州统计局官网，最后访问日期：2018 年 4 月 10 日，http://www.gnzrmzf.gov.cn/2019/zfgb_0530/25126.html。

但是真正着力打造省内文化产业是从 2000 年开始的，迪庆文化产业发展恰好赶上了云南省大力打造文化大省的东风，属该省文化产业发展较早的区域，起步早、资源足、口碑好是迪庆文化产业的鲜明特征。2013 年 10 月，在第七届藏、川、青、滇毗邻地区康巴文化旅游艺术节上，西藏昌都、四川甘孜、云南迪庆、青海玉树四地州签署了战略合作协议，合力打造"中国香格里拉生态旅游区"，开启了覆盖滇川藏 3 省区的"中国大香格里拉生态旅游圈"建设项目，此项目还纳入国家西部"重点地带"开发计划。作为迪庆发展文化产业及对外宣传的重点，香格里拉经过一系列宣传推广活动，现已经成为迪庆对外形象的名片，辐射区涵盖了滇西整片区域甚至还有接壤的四川、西藏等地区。

1. 文化旅游

（1）甘南文化旅游

结合自身现有特色文化资源，甘南将现代文化产业发展理念与民族文化元素融合，着力打造具备区域特色的文化旅游品牌。甘南位于黄土高原和青藏高原交汇处，是农区和牧区的过渡地带，在自然景观、人文景观上兼具农区和牧区特色，地广人稀，风景优美，且属于安多藏区，宗教文化气息浓厚。多彩的民族风情和神秘的宗教文化与当地广阔壮丽的自然风光融为一体，浑然天成，使得甘南在国内外都有较高的知名度。美国《视野》杂志评选出的"让生命感受自由的世界 50 个户外天堂"中，甘南位居其一，该地区也是无数摄影爱好者心中的天堂。2014 年，甘南州联合《中国国家地理》杂志社举办的"寻找甘南最美 100 个观景点"活动极大地扩大了甘南的知名度。为进一步提高在国内外的知名度和美誉度，甘南州先后在北京、天津等地和瑞士、英国等国家举办了"相约甘南·感受神秘藏文化""人间净土·画外天堂"等一系列主题宣传推介活动，使富有甘南藏民族文化特色的文化产品打入国内国际市场。[1] 在此基础上，甘南积极开发特色文化旅游业，全力打造自然生态游、红色文化游、宗教文化游、藏区文化游等，每年吸引了大批国内外游客慕名前来。2018 年全年，甘南州共接待游客 1217.20 万人次，比上年增长 10.5%，实现旅游综合收入 57.04 亿

---

[1] 《甘南州立足藏区特色促进文化产业发展》，中国甘肃网，最后访问日期：2015 年 4 月 28 日，http://gansu.gscn.com.cn/system/2015/04/28/011002860.shtml。

元，增长 13.6%。① 文化旅游业已经成为拉动甘南州经济增长的新动力。

（2）迪庆文化旅游

滇西是云南旅游西向的黄金路线，迪庆的香格里拉就是这条黄金路线上的璀璨明珠，享有"心中日月""高原明珠"的美誉。迪庆自然环境和文化资源得天独厚，其秀美的自然山水、多彩的民族民俗和庄严的佛教文化在国内外旅游胜地中独具魅力，加上政府详尽的文化旅游业发展规划，目前已基本形成了以香格里拉县为核心的文化旅游品牌承载区。其辐射地区包括云南的丽江、梅里雪山、虎跳峡，四川的贡嘎山、丹巴美人谷、太阳谷，西藏的墨脱、雅鲁藏布江、芒康等地区，成为跨越多个省区的大文化旅游圈。自迪庆成为"香格里拉"的代表后，云南省政府着力打造了以香格里拉为品牌的文化旅游精品项目。1993 年，云南省政府迪庆现场办公会决定把迪庆作为省级高原藏族旅游开发区；1998 年召开的省政府迪庆现场办公会决定支持迪庆旅游开发的"888"工程和"一千四环一中心"旅游经济干线的建设；1998 年上半年，国家把迪庆香格里拉列为中西部地区 6 大旅游资源开发项目之一；1999 年"香格里拉之旅"被列入 8 条国家级旅游精品线路。② 文化旅游位居迪庆四大支柱产业之首，基本形成了市场完备、基础设施健全的市场体系。迪庆充分挖掘当地的旅游资源和民俗文化资源，在原有文化旅游模式上，不断开拓新的旅游线路、旅游形式和旅游景点等，完善交通、住宿等基础设施条件，加强高端文化旅游产品的开发，打造富有地方民族特色、游客体验优质的高端文化旅游精品项目，基本建成了与"吃、住、行、游、购、娱"相匹配的旅游产业体系，开通了北京、上海、拉萨等多条航线，成立了全国大陆首家国家公园——普达措国家公园，有包括 1 家 5A 级景区在内的 A 级景区 18 家，星级饭店 70 家，旅行社 37 家，购物场所 18 家，藏民家访 24 家。③ 2018 年，迪庆共接待国内外游客 2410.2 万人次，同比下降 9.96%。其中，接待海外旅游者 90 万人次，同比下降 4.25%；接待国内旅游者 2320.2 万人次，同比下降 10.17%。全年完成旅

---

① 《甘南藏族自治州 2018 年国民经济和社会发展统计公报》，甘南藏族自治州统计局官网，最后访问日期：2018 年 4 月 10 日，http://www.gnzrmzf.gov.cn/2019/zfgb_0530/25126.html。

② 倪荣华、曹力生：《香格里拉旅游文化产业初探》，《创造》2003 年第 1 期，第 54~56 页。

③ 《迪庆用心呵护世界级旅游品牌香格里拉》，《云南日报》2015 年 11 月 14 日，第 7 版。

游业总收入 275 亿元，同比下降 7.98%，创旅游外汇收入 2410.2 万美元。①

（3）综合评价

在文化旅游资源和文化旅游开发模式上，甘南和迪庆有类似之处，皆是将秀丽壮阔的自然风光和绚丽多姿的民族民俗文化融合，打造具有民族特色的文化旅游业。但在发展规划、基础设施等方面存在一定差距。

①迪庆文化旅游业发展优势和甘南存在的问题。首先，在政府发展文化旅游业的规划定位上，迪庆的发展目标是建成"全国藏区最具特色的国际旅游胜地"，定位清晰、明确；甘南在文化旅游业发展上着力打造藏区风情，在具体实施上还需要进一步完善。其次，在基础设施建设上，迪庆不仅具备公路、铁路、航空齐备的交通运输系统，还建成了一体化的旅游产业体系，具有完善的基础设施建设，是迪庆文化旅游业快速发展的保障；对比之下，甘南目前仅有一条高速公路，铁路尚未开通，夏河虽然有机场，其载客量仍没有铁路大，在旅游配套体系上还处于起步阶段。再次，在周边景区协同发展上，迪庆已经和云南的大理、丽江，西藏的墨脱、雅鲁藏布江，四川的贡嘎等多地形成大文化旅游圈，彼此辐射带动，相互促进；甘南近邻西宁的青海湖、四川阿坝，北靠临夏、兰州，彼此间形成一定辐射带动作用，但是相较于迪庆，跨地域的旅游文化圈仍存在发展的空间。

②迪庆对甘南文化旅游业发展的借鉴。虽然甘南在文化旅游业发展上与迪庆存在较大的差距，但是甘南也在着力凸显文化旅游业自身的特色，如辽阔的草原景观、以腊子口为代表的红色文化游和以拉卜楞寺和郎木寺为代表的宗教文化。甘南文化旅游业发展具备后发优势。由于起步晚、发展慢、文化资源开发程度低，甘南很多民族文化受经济发展冲击小，仍旧保留着朴素的原生状态，迪庆文化旅游中频出的"宰客"现象，在甘南极少发生，因而文化旅游的口碑较好。在未来的发展中，需要在以下几方面努力：首先，甘南需要制定详细的文化旅游业发展规划，明确文化旅游业发展愿景和发展定位，围绕核心发展规划，逐步推动文化产业在各方面的建设和发展。其次，完善基础设施建设和旅游产业配套设施建设，打造品位优质、特色突出的黄金旅游线路和精品旅游景区，尤其是交通、住宿、

---

① 《迪庆藏族自治州 2018 年国民经济和社会发展统计公报》，迪庆州统计局官网，最后访问日期：2019 年 7 月 4 日，http://www.tjcn.org/tjgb/25yn/36089_4.html。

公共基础设施等方面的配套设施需要进一步完善。最后，与周边旅游城市联合，打造大文化旅游圈，发挥文化旅游的联动效益，联合青海、四川、西藏省份建立安多藏区经济圈和安多藏区文化圈，进行资源共享、优势互补，实现经济发展的联动效应。

2. 民族演艺业

(1) 甘南民族演艺业

甘南民族演艺业在相当大程度上只履行文化事业的职能，其市场化程度并不高，州歌舞院团进行企业化改制后，甘南8个院团只保留了甘南州藏族歌舞剧院和甘南州藏戏团两个院团。从改制后的经营状况来看，转企改制的效果并不理想，各院团在职能方面主要还是承担文化事业职能，例如送戏下乡等，市场效益不高，缺乏竞争力，各院团员工的工资仍然由政府财政拨付。

尽管发展缓慢，甘南州的民族演艺业也取得了一定的成绩。以各类节庆赛事活动为契机，甘南州藏族歌舞剧院新创排了女子群舞《笛声奶香》、舞蹈《羚羊记忆》、服饰表演《四季甘南》、藏戏面具舞《佛阁古韵》，夏河县新创舞蹈 15 个，新创歌曲 1 首，为全州各族干部群众增添了精神食粮。[①] 州藏族歌舞团选送的舞蹈《雪山脚铃》，2012 年 10 月在北京参加了中央电视台《2012 年中国民族民间歌舞乐盛典》的录制，并在庆阳市进行了慰问演出。夏河艺术团曾随甘南党政领导考察团参加了北京、天津、深圳、上海等地的招商引资宣传演出活动。经过院团改制后，甘南的影视业有所发展，成立了安多影视基地，拍摄了以当地历史事件为蓝本的影视作品，提高了当地知名度。甘南以红色文化为资源，投资拍摄了史诗记录电影《红星耀甘肃》，红色电影《太阳河》《卓尼土司》等，反映了甘南的风土人情和民族文化，上映之后广受好评。

(2) 迪庆民族演艺业

除人口比重最大的藏族外，迪庆州还有傈僳族、景颇族、白族、纳西族等多个原生少数民族。歌舞在少数民族的日常生活中占据较大比重，成为不可或缺的一种生活方式。这些原生态的民族歌舞文化资源是发展民族

[①] 全永康：《实施文化撑州战略 推进文化甘南建设》，《发展》2012 年第 12 期，第 41～43 页。

演艺业的重要资源支撑。成立于 1959 年的迪庆民族歌舞团是自治州唯一的专业艺术表演团体，是迪庆民族演艺业发展的支柱，多年来坚持创作集思想性、艺术性及观赏性为一体的精品佳作，曾多次获中央宣传部、文化部等部门的表彰，代表作有《香格里拉》《卡瓦格博礼赞》《月夜》。近年来，歌舞团更远赴德国、奥地利、美国、墨西哥、日本等地进行文化交流演出，宣扬香格里拉民族文化。[①] 迪庆也充分利用少数民族原生歌舞素材，挖掘歌舞文化资源，打造出具有迪庆特色的大型歌舞精品《香巴拉映像》和大型民俗舞蹈《走进香格里拉》。2007 年，《走进香格里拉》全国巡演 1000 场次，提升了香格里拉的知名度，取得了较好的社会效益和经济效益。《香巴拉映像》以藏族文化为主线，将香格里拉优美自然风光和纳西族、白族、景颇族等少数民族歌舞元素完美融合，实现传统民族舞和后现代艺术的完美对接，并将舞台情景、演员服装、灯光道具等融为一体，展现出香格里拉传统民风民情。《香巴拉映像》由《云南映象》的原班人马创作，演出阵容 60 余人，全部从迪庆当地 2400 多名报名群众中挑选[②]，保证了歌舞原生态的民族元素。《香巴拉映像》于 2005 年 10 月正式公演，一推出就广受好评。迪庆州委、州政府决心将《香巴拉映像》当作迪庆香格里拉的文化产品打入国际市场。此外，《走进香格里拉》招商剧目完全实行市场化运作，在全国商演 1000 多场。《香格里拉》舞剧除在上海、山东、江苏等商演 30 多场，成功在人民大会堂、北京大剧院演出，还赴欧洲等国家、地区交流演出。除了精品剧目《香巴拉映像》，迪庆还着力打造具有区域特色的演艺会所，茶马古道金色大厅和香格里拉会所颇受游客青睐，每年茶马古道金色大厅营业收入达千万元。民族文化演艺业成为迪庆对外交流的一张耀眼名片。

（3）综合评价

在民族演艺业上迪庆能够将挖掘出的优质民族文化元素和现代艺术融合起来，创造出了一批优秀的歌舞剧，实现了社会效益和经济效益的双赢。

①迪庆歌舞演艺业发展优势和甘南存在的问题。

---

① 《云南迪庆州民族歌舞团原创舞剧〈香格里拉〉将亮相》，中国西藏网，最后访问日期：2013 年 11 月 15 日，http://www.tibet.cn/news/szxw/201311/t20131115_1950793.htm。

② 李炎、王佳等：《空间、布局与特色：云南文化产业现状与对策》，云南大学出版社，2013。

首先，在运作方式上，迪庆大型歌舞剧目实行市场化运作模式，拉动赞助资金，充分配置资源，实现效益最大化。其次，在歌舞剧推出后，根据市场反应，不断改进提高，提升歌舞剧品质，得到了消费者广泛好评。最后，在剧目编制上，聘用优秀编舞团队，整合当地特色民族文化，创造出具有民族特色的高水平精品剧目。同时，迪庆在充分发掘本土民族文化资源优势的基础上，精心编排文艺节目，将民间歌舞演艺与旅游结合，为游客提供别开生面的文化旅游体验。与其他歌舞展演类产品相比，在产品内容上更注重与游客的互动，在节目的串联和展演中积极调动游客的参与性，将藏民族的饮食文化、服饰文化、歌舞文化、丧葬婚俗文化及宗教信仰文化融入其中，提升节目品位，满足游客希望体验藏族风情、了解藏族文化的需求。

甘南歌舞演艺业发展虽然有特色文艺资源支撑，如集民间舞蹈、民歌、僧歌于一体的"南木特"藏戏和以"道得尔"为代表的甘南佛殿音乐，但是要将这些特色资源融汇糅合，发展成有创新性和市场吸引力的艺术佳作仍然任重而道远。受经济条件、教育水平、地理环境等因素影响，甘南州民族演艺业方面一直没有形成具有代表性的作品。

②未来甘南歌舞演艺业发展方向。发展歌舞演艺业，首先要挖掘人才，编制精品剧目。甘南民族众多，甘南的民族歌舞元素异常丰富，载歌载舞是少数民族日常生活常态。因而，甘南并不缺少参与歌舞演艺业的人员，缺少的是能够将这些民族歌舞元素重新整合打造的高水平编舞人才，要充分挖掘当地的艺术能人，整合文化资源，打造具有甘南特色的民族歌舞剧目。其次，鼓励当地院团创新，设置政府创新奖，对能够自主编创新剧目的院团给予政策支持和财政资金援助。

3. 品牌建设

（1）甘南文化产业品牌建设

2012 年 2 月，甘南州第十一次党代会提出实施"文化撑州"战略，首次把文化甘南建设提升到全局的高度，为甘南文化发展繁荣明确了奋斗目标。发展之初，甘南州积极推动文化产业的发展，打造具有代表性和竞争力的民族特色文化品牌，进一步提升文化影响力。一是加大宣传力度，不断开拓文化市场，全面提升"九色香巴拉"品牌形象。"九色香巴拉"的提出，涵盖甘南的自然风光、美食服饰、建筑工艺、宗教文化等多种文化资源，已经被越来越多的人所熟知，成为代表甘南文化的独特标签。二是不断挖掘当地的文化资源，围绕"九色香巴拉"这一文化品牌大力发展文化旅游。近年来，"西部最具魅力旅游景区""中国最具民族特色旅游目的地""国家精品旅游景区""中国最美的生态低碳旅游目的地"等头衔逐渐烙印在甘南大地上。随着以"九色香巴拉"为首的品牌形象的不断提升，甘南藏族自治州旅游经济得到长足发展，地区知名度和美誉度进一步扩大。三是加大招商引资力度，推动银企合作，多方面筹措资金，改善基础设施建设，为文化产业的发展及品牌形象的塑造营造良好的环境。除主打文化旅游的"九色香巴拉"品牌外，甘南还重点打造文化龙头企业，培育了甘南羚城、夏河拉卜楞摩尼宝、卓尼玛尼藏式木雕等一批具有民族特色的文化企业，着力打造民族服饰、唐卡、木雕等民族传统艺术品牌，这些品牌现已经成为甘南州对外交流的名片。

（2）迪庆文化品牌建设

随着国家文化产业地位的提升，云南省提出了建设文化大省的战略，2009年国家发改委正式批准实施《云南省旅游产业发展和改革规划纲要（2009—2015）》，云南省正式成为全国唯一旅游产业改革发展试点省份。借此东风，云南出台了一系列政策扶持省内文化产业，《云南省旅游文化产业发展规划纲要（2009—2015）》中指出文化产业应与旅游产业协调发展，将云南旅游业和文化产业发展的基点和方向定位在"文化品牌"上。品牌建设成为云南文化产业发展最主要的路径选择。在文化旅游业上迪庆着力打造"香格里拉"品牌。具体来讲，首先，在发展文化旅游初期阶段，迪庆大力挖掘"香格里拉"文化，将"香格里拉"这个虚幻的书中名词实体化，并将其打造成独具亮点的旅游形象。其次，迪庆州采取"政府＋企业＋媒体"的模式，不断推出别具创意的宣传推介活动，积极开展国际国内旅游合作，提高"香格里拉"在国内、国际的知名度，将迪庆推向世界。2004年，迪庆成功举行了"PECC第二届国际生态旅游论坛"，来自世界各地的30多个国家和地区的生态旅游专家、学者齐聚香格里拉，达成《香格里拉共识》，进一步扩大了香格里拉在国际的知名度。同时，围绕"香格里拉"这个世界知名的旅游文化品牌，迪庆不断挖掘当地的文化资源，开发新的旅游产品，将其融入市场，满足消费者的需求。一是在品牌定位上，迪庆采取差异化定位策略，异质于位于同一条旅游线上的大理、丽江，既凸显了迪庆的优质资源，又避免了不同旅游城市之间的恶性竞争。二是在文化企业培育上，迪庆实施"名牌战略"，将地区特色产品和文化融合起来，打造名牌产品，已孕育出一批如"香格里拉印象"、"香格里拉"酒、"大藏密"酒等省级名优产品。三是在文化工艺品品牌塑造上，以非物质文化遗产为核心，发挥非遗传承人的作用，打造出尼西藏族黑土陶，香格里拉县唐卡堆绣、刺绣，传统的木制品及傈僳族弩弓等工艺品品牌。

（3）综合评价

在品牌建设上，两州皆是针对州情打造具有当地特色的文化产业战略品牌。甘南州致力于以"九色香巴拉"为代表的特色藏区文化产业品牌建设，而迪庆则以"香格里拉"为核心进行文化品牌塑造。总体而言，迪庆略胜一筹，迪庆州"香格里拉"品牌在品牌增值、产业带动、资源整合、区域辐射等方面取得了较好的经济效益和社会效益。

①迪庆文化品牌建设的优势及甘南当前的不足。迪庆州方面，首先通过加强与媒体合作，发挥媒体在迪庆品牌宣传的作用。迪庆州旅游发展委员会携手云报旅游传媒在昆明设立了"迪庆州旅发委昆明新闻宣传中心"，推动迪庆对外宣传的正面影响。其次，在品牌战略上发挥了"大品牌"的带动作用。"香格里拉"是迪庆最具有知名度的国际品牌，文化企业和文化产品的建设围绕"香格里拉"这个文化品牌发展，延伸出更多的品牌内涵，并打造出最能代表藏乡文化特色的文旅产品，通过对文化旅游品牌的策划塑造和宣传推介吸引游客慕名而来，塑造了迪庆文化旅游的特色和名片，从而带动了迪庆文化旅游的发展。而在甘南州，"九色香巴拉"的提出是其大品牌战略的核心，但较之于迪庆的"香格里拉"还有差距，"九色香巴拉"的品牌对甘南文化企业、文化产品发展的带动作用较小。当前存在的主要问题是对"九色香巴拉"的品牌内涵界定不清晰，在目前能找到的资料中，基本没有对"九色香巴拉"的阐述。

②甘南未来文化品牌建设的重点。首先是打造甘南大文化品牌战略。在大品牌战略中，首先需要对"九色香巴拉"内涵进行阐述，提升品牌吸引力。其次，在对外宣传这一块，甘南近几年虽然逐渐加大了宣传力度，

但是在宣传广度和深度方面都需要进一步推进，采取多种品牌宣传策略。在宣传方式上采取多种宣传方式，例如和媒体合作，扩大甘南品牌知名度，充分利用发达的自媒体，在微信、微博等推广平台上宣传甘南的文化景观和民族风情。

4. 民族工艺品

（1）甘南民族工艺品

甘南作为有着悠久历史和多种民族聚居的民族地区，民族特色工艺品别具一格，主要包括藏族服饰、洮砚、卓尼木雕、石雕、唐卡、氆氇、卡垫等，这些独具特色的民族工艺品也成为当地文化产业发展的重要支柱。其中，洮砚是中国四大名砚之一，砚石细腻文雅，纹样秀丽，属砚石中的名品，木雕、石雕、唐卡等是藏族传统艺术品，也是藏族生活的一部分。唐卡是甘南藏族久负盛名的民族艺术品，其绘制流程不仅耗时，而且对画师技术要求极高，因此每一幅唐卡都是不可多得的艺术精品。在第十五届中国西部国际博览会上，甘南州羚城藏文化科技开发有限公司与甘肃华源文化产业集团签订了2.34亿元的甘南藏文化千幅唐卡整体打包上市融资和产权出让项目，标志着甘南州千幅唐卡正式走向大市场。唐卡作为甘南州民族工艺制品的代表，其制作经营取得了较好的经济收益。现如今，"甘南唐卡"文化品牌已走向全国各地，走向世界，以甘南千幅唐卡为代表的文化产业项目入选了国家藏羌彝文化产业走廊，甘南州羚城藏族文化科技开发有限责任公司的唐卡基地被列为甘肃省重点文化产业基地。

（2）迪庆民族工艺品

随着文化旅游业的发展，文化市场日渐扩大，加上民族技艺得到深入挖掘，迪庆民族工艺品业也逐渐发展起来。以民族刀具、银器、木制品、陶制品、手工艺、刺绣为代表的，具有地域文化特色的旅游产品初步形成产业化，例如香格里拉县卡卓有限责任公司生产的卡卓牌刀具、德钦银制品厂生产的银器以及香格里拉尼西黑陶等文化产品远销国内外。其中以国家级非物质文化遗产尼西黑陶为典型代表。尼西是迪庆一个藏族村寨，曾经是茶马古道上的必经之地，村寨中有流传上千年的制陶工艺。尼西黑陶技艺精湛，造型优美，是黑陶中少有的精品。随着考古发现和迪庆文化旅游业的发展，尼西黑陶逐渐被世人知晓，进而享誉世界，不仅深受游客偏爱，还成为远销海内外的艺术精品。尼西黑陶的造型从最初的简单生活用具逐渐增加到一百多种，涵盖了生活用品、民族工艺和宗教用品三大类，销售地远达日本、欧洲、美国等。尼西黑陶资源的挖掘为当地经济发展提供了契机，目前村中大多数人从事黑陶制作，年产值高达数百万元。

（3）综合评价

在民族工艺品的开发中，迪庆在技艺传承、生产规模、产业链和产品市场上都优于甘南，因此甘南民族工艺品未来需要在这些方面加以重点突破。

①迪庆民族工艺品产业优势。其一，迪庆发展民族工艺品最大的特点是不断推陈出新，研发出新产品，以满足消费者需求。从最初的陶火锅、陶盆、陶罐等生活用具延伸出涵盖生活用具、艺术装饰等的多种样式，创新是迪庆民族工艺品长盛不衰的源泉。在这一点上，甘南在也在发展，将掐丝技术融入唐卡，创作出掐丝唐卡等文化创意产品，深受消费者欢迎。民族工艺品的发展不能一成不变，只有不断推陈出新，才能满足市场需求。但是，文化内涵是民族工艺品的灵魂，在创新的同时，不能篡改民族工艺品的文化内涵。其二，迪庆民族工艺品产业市场体系发展较好，从业者众多，产业链完备。同样以尼西黑陶为例，迪庆尼西村寨基本整个村子的村民都在制作黑陶，黑陶产业有自己的生产、销售链条。反观甘南民族工艺品生产，文化企业大多规模较小，在经营方式上主要以家庭为主，例如卓尼木雕的代表"玛尼藏式木雕有限公司"在生产和经营上以家庭为主的作坊式生产，木雕制作人员少，产量低，无法满足市场需求。其三，民族工艺品对技术需求较高，技艺传承艰难。甘南的很多民族特色工艺品都需要手工制作，对从业者技艺要求非常高。在传承上，学习时间久，见效慢，需要静下心来做，很多人尤其是年轻人选择外出打工而不是学习艺术品制作，民族工艺品传承艰难制约了民族工艺品企业发展壮大。

②甘南民族工艺品产业发展重点。首先，发展民族工艺品要采取措施吸引更多的手工艺人参与，提高工艺品的产量，满足日益扩大的市场需求。其次，手工和机器生产互补。甘南当前很多民族工艺品生产是纯手工制作，纯手工制作产品精美，对消费者吸引力大，但是生产周期长，产量低，难以满足日益扩大的市场需求。因而，可以采用机器生产来弥补市场需求

缺口。

5. 文化产业园及重大项目建设

(1) 甘南文化产业项目建设

文化产业项目是发展文化产业的重要手段。甘南州文化资源布局分散，进行文化产业园建设能够集聚文化资源，实现文化企业间的联动发展。近几年，甘南州通过推进文化产业项目集群建设，一方面有效实现了文化产业的集聚优势，另一方面培育壮大了一批弱小的文化企业。比较有规模的是甘南州羚城藏族文化产业园、夏河拉卜楞唐卡绘画展示中心改建项目、卓尼洮河雕刻工艺品展示中心、藏宝网文化产业开发及推广项目、舟曲县博峪民俗风情文化产业园项目等。在第十届深圳文博会上，甘南成功签约了夏河县文化旅游综合体项目、迭部县多儿养生景区综合开发项目、玛曲县高原旅游文化房车营地建设项目等 3 个文化产业招商引资项目。在第三届国际文化产业大会暨第七届甘肃省文博会上，成功签约合作市当周神山藏文化国际生态旅游体验区帕乔村民俗体验区安多部落、碌曲县郎木寺藏族歌舞演艺中心和甘南冶力部落民俗文化产业园 3 个文化产业重点项目。[①]"十二五"期间，甘南州建设了 4 个文化产业园区，14 个文化产业基地，15 个文化产业建设项目，一个涵盖民族服饰、饮食、工艺品、生活用品制作、医药生产、歌舞艺术、宗教文化、生态文化、文化遗址、手工技艺展示、印刷出版等产业类型的民族文化产业网络已经初步形成。

(2) 迪庆文化产业项目建设

迪庆文化产业园建设不是单纯建设一个大文化园区，让州内文化企业入驻，或者依靠某一发展较好的文化企业进行文化产业项目建设，而是将当地的城镇、生态环境、文化企业都纳入文化产业园建设中，推动了文化产业园内餐饮业、酒店业、商贸业等多种文化企业的协同发展。通过不断加大对文化企业的扶持和宣传推介力度，许多具有迪庆民族特色的文化企业迅速崛起。独克宗古城、香格里拉文博中心、印经院文化旅游区、呀啦嗦马术演艺中心、德钦阿墩子古城、叶枝同乐生态文化村等重大文化产业项目全面启动建设，取得了明显的经济效益和社会效益。当地文化企业积极做好重点文化产业项

[①] 《甘南州加快文化产业发展》，中国甘南网，最后访问日期：2015 年 3 月 20 日，http://www.gannancn.cn/html/2015/gn_0320/7477.html。

目申报工作，2014年，迪庆州共争取到3个省级文化产业发展专项资金300万元，组织开展香格里拉县特色文化资源普查并形成特色文化资源普查报告，组织相关文化产业企业参加创意云南2014文化产业博览会，在此期间，该市展馆销售额达5万余元。在云南省工艺美术协会举办的第八届"工美杯"精品评选大赛，三坝纳西东巴《六十花甲图》，东旺手绘唐卡《四壁观音》，尼西黑陶《浮雕土锅》等获奖。尼西乡汤堆片区成功入选"云南文化产业特色村寨"，尼西乡黑陶开发有限责任公司入选"云南文化产业特色企业"。

（3）综合评价

文化产业园建设是文化产业发展的重要方面，也是文化产业集聚的必然选择。甘南、迪庆文化产业园都处在稳步发展阶段，正在积极整合当地特色文化资源，推动文化产业集聚建设。甘南文化产业园目前正处于建设期间，尚未开始真正盈利。

①迪庆文化产业园建设优势与甘南州文化产业园存在的问题。迪庆文化产业经过多年发展，目前多个产业园区已经成功建设并有序经营，探究其经验主要有以下几点。首先，因地制宜，紧紧依托州文化资源分布建设文化产业园。其次，在文化产业园建设中，前期是由政府主导推动建设，对文化产业园的规划、建设、实施和开发进行引导。在产业园运行中，主要还是依靠市场的力量，管理者角色由政府转到市场，充分尊重市场发展规律，取得了良好经济效益。而甘南文化产业发展时间较晚，在旧有的城市规划中并没有将文化产业园加入城市建设规划之中，现阶段文化产业园大多远离市区，降低了文化产业园的吸引力。而且甘南文化企业经营理念和政府管理理念存在冲突：一是文化企业自身发展平稳，原有产业规模完全可以满足当前市场需求，不需要扩大产业规模；二是文化产业园规划理念和企业的文化理念存在偏差，企业担心产业园建设丧失文化的真正内涵。

②甘南未来文化产业园建设发展方向。针对以上问题，甘南州在产业园区和重大项目建设时，首先要采取政府主导和企业自主发展相结合战略模式。在文化产业园建设上，政府的角色主要是扶持、引导企业发展方向，规范企业运行；在经营上，充分发挥企业的市场主体作用。其次，调整资源配置，优化产业结构，走品牌化道路。甘南文化产业园区建设还处于刚刚起步阶段，文化产业集群效应还不明显，需要严格文化企业入驻标准，

提高文化产业园区内文化企业产品的质量，打造精品产品，提升文化产业园区的吸引力和知名度。再次，推动产业创新发展，优化产业园建设理念。文化产业具有很强的市场导向性和高风险性，文化产业的运营模式是否符合市场需要，对文化企业的发展至关重要。因而，在文化产业园建设中，必须鼓励创新，满足文化市场需求。迪庆在文化产业园建设中打破传统以企业为主的产业园建设，发展更符合市场需求的生态村、古城建设，扩大了文化产业园范围，深受广大消费者喜爱。

6. 战略部署和政策引导

"十二五"时期党中央就提出"基本建成公共文化服务体系，推动文化产业成为国民经济支柱性产业"战略目标，而"十三五"规划提出要将文化产业建设成国民经济发展的支柱产业，这表明促进文化产业发展已经成为国家强力推动的经济发展战略之一。各级党委、政府对文化建设也提出了新的目标任务和具体要求。在第五次西藏工作座谈会上，党中央出台了《关于加快四川云南甘肃青海省藏区经济社会发展的意见》，强调要加强藏区文化基础设施建设，提升公共文化服务能力，加强藏语节目和藏文出版物生产能力建设，保护物质和非物质文化遗产。中央西部大开发工作会议对全面实施新一轮西部大开发做出了全面部署，明确了深入实施西部大开发战略的总体要求、基本思路、战略重点和政策措施。党中央、国务院在《关于深入实施西部大开发战略的若干意见》中提出，要加快西部地区尤其是边疆民族地区文化事业发展，推进文化创新，这为民族地区加快文化发展提供了重大机遇。

（1）甘南战略部署和政策引导

自"十二五"以来，甘南州着力发展文化产业，提出了"文化撑州"的发展战略，制定了一系列文化产业政策。2015年甘南州出台了《关于加快推进文化产业发展的实施意见》和《甘南州推进华夏文明传承创新区建设实施意见》，确定了文化产业发展的总体思路和重点发展领域，提出了在财政扶持、税收减免、投资融资、人力资源、文化用地等方面的文化产业发展政策，为甘南的文化产业发展提供了全面规划部署。在招商引资方面，甘南州紧紧围绕国家西部大开发战略、"一带一路"倡议和甘南州"3341"项目工程，加大招商引资力度。其间，甘南州相继出台了《关于甘南州鼓励内外资经济组织和个人投资的若干规定》《关于对招商引资项目实行"一站式"服务的规定》《甘南州招商引资中介人奖励暂行办法》等一系列优惠政策，采取主动出击、主动对接的招商模式，先后到广州、上海、成都、天津、西安等地进行项目的洽谈和对接工作，并充分利用深圳文博会、兰洽会和省文博会等展会平台，重点围绕特色文化产业招商。2014年甘南州成功签约玛曲县高原旅游文化房车营地建设等8个文化产业项目，签约金额11.51亿元，招商引资到位资金4.3亿元。与上海文化产权交易所商谈甘南藏族千幅唐卡打包上市项目，签订了投资额为2.343亿元的框架合作协议。①

（2）迪庆战略部署和政策引导

迪庆州政府在2000年提出了"文化兴州"的战略，加强对文化产业的政策倾斜。2002年，迪庆州出台了《迪庆州文化兴州行动纲要》，为迪庆发展文化产业，推动经济发展进行了详细部署。"十二五"伊始，迪庆就提出了"生态立州、文化兴州、产业强州"的发展思路。针对文化产业发展资金不足的问题，迪庆州政府做出一系列决策：对州内文化企业减征15%的企业所得税；非公资本进入文化产业领域，在信贷、土地使用、税收等方面享有和国有资本同等待遇；鼓励银行等金融机构和文化企业合作，为文化企业提供贷款等资金支持。在土地使用上，实行对文化建设用地优先安排的政策，适当降低文化产业园区建设用地的基准地价，用地出让金最低可按照全国标准的10%～50%执行。加强对外经贸往来，推动州内文化产品走出迪庆，走出国门，对出口文化产品和服务实行出口退税政策并提供专项补贴，为文化产业开拓国际市场提供便利。迪庆州提出鼓励文化创作政策，制定并出台《迪庆藏族自治州优秀文学艺术作品奖励（暂行）办法》，对迪庆文化发展有突出贡献的单位和个人、在全国和全省有重大影响的优秀文艺、影视作品，以及对文化建设有重大支持的人员，由州委、州政府给予表彰奖励。在招商引资方面，迪庆先后成立了招商引资领导小组、外来投资服务中心、外来投资投诉中心和便民服务中心等机构，相继出台了《迪庆藏族自治州人民政府关于进一步扩大对内对外开放的若干暂行规定》《迪庆州招商引资奖励暂行办法》《迪庆州重大招商引资项目州级领导

---

① 《甘南州立足藏区特色促进文化产业发展》，中国甘肃网，最后访问日期：2015年4月28日，http://gansu.gscn.com.cn/system/2015/04/28/011002860.shtml。

联系推进制》① 等一系列旨在推动迪庆州对外开放，吸引外资的政策。此外，迪庆州还借用"昆交会""珠洽会""西博会"等大型会展和网络平台进行项目招商、展会招商、网上招商，挖掘客户资源等。经过多年努力，迪庆招商引资政策取得了显著效果，外来投资企业和外籍就业人员数量大增。

（3）综合评价

甘南和迪庆两州在定位和政策扶持上基本类似，都是确定了文化产业在州经济发展中的重要地位，并制定了具体的详细的指导扶持政策。在战略制定时间上，迪庆于 2000 年提出"文化兴州"战略，甘南于 2012 年提出"文化撑州"战略，在文化产业发展定位上，迪庆远远早于甘南，文化产业的发展经验也相对成熟。

①迪庆战略部署和政策引导优势以及甘南当前存在的问题

首先，迪庆州在战略规划上，将生态文化保护与文化产业发展同等并重。在文化产业尤其是文化旅游业发展中，迪庆州坚持生态保护、环境保护原则，取得了良好效果。其次，在政策制定上，迪庆州严格遵循国家和云南省发布的文化产业政策，还结合具体州情制定适合迪庆州文化产业发展的政策，促进文化产业创新发展，政策涉及文化旅游、生态保护、招商引资等多个方面，详细具体。最后，迪庆招商引资制度健全。迪庆州在思想上强调对外开放的重要性，这也是迪庆进行招商引资的思想基础；在具体举措上，成立负责招商引资的专门机构，采取多种方式手段吸引外资；在配套机制上，强化对在迪庆扎根的文化企业的扶持，建立推行招商引资责任制、重点项目领导联系推进制、引资奖励制、政企对话制等，做好服务，为迪庆招商引资创建了良好声誉。

而甘南州由于生态环境十分脆弱，在发展文化产业时，首先需要着重发展作为绿色产业的文化产业。但是当前政府对当地产业结构缺乏清晰有力的政策引导，在招商引资的政策中也没有对以文化产业为代表的绿色产业的政策优惠倾向。其次，甘南州文化产业政策没有突出甘南文化产业发展的重点和特色。甘南文化产业发展具备民族地区的特色，但是在文化产业政策上没有体现出来。再次，政策缺乏协调性，执行上存在推诿扯皮现

---

① 王洛林主编《全球化与中国》，经济管理出版社，2010。

象。根据笔者在甘南的实地调研，发现不同文化管理部门和机构存在管理混乱、政出多门现象，彼此政策之间缺乏协调。

②甘南州未来的文化产业发展布局

甘南州未来的文化产业发展可从以下几方面调整其战略部署（见表5-4）。首先，甘南州发展文化产业较晚，在战略规划和政策制定上，应遵循科学发展原则，兼顾经济效益、社会效益和环境效益，可以借鉴迪庆州的做法，将经济发展与环境保护并重，避免经济发展带来对脆弱生态环境的破坏。其次，在文化产业政策制定上可以重点突出具有甘南州特色的文化产业，对特色文化产业加大扶持力度，避免文化产业发展过程中出现同质化问题，从而提高甘南文化产业发展的竞争力。最后，加强文化产业政策的协调，一是加强文化产业政策之间的协调，二是加强文化产业政策与其他产业政策之间的协调。

表5-4　甘南和迪庆两州文化产业发展情况对比分析

对比类别	甘南	迪庆	迪庆发展对甘南的借鉴
发展概况	1. 处于起步阶段，发展潜力较大 2. 小微文化企业多，家庭手工作坊式为主	1. 发展相对成熟，产业运作良好，市场体系健全 2. 小微文化企业众多，随旅游业的兴衰而兴衰	1. 健全市场体系，规范市场运行秩序 2. 着力发展小微企业，逐步扩大文化企业规模
文化旅游	1. 起步晚，发展快，基础设施建设和市场体系发展不完善 2. 有一定国内、国际知名度 3. 旅游受季节影响大，最佳旅游时间短暂，具有时限性	1. 起步早，发展稳定，基础设施建设和市场体系发展完备 2. 基本打开国内、国际市场 3. 受季节影响较小，最佳旅游时段长	1. 制定详细的文化旅游发展规划和相关配套政策 2. 继续加强对甘南文化的宣传，提高甘南在国内国际的知名度 3. 建设"大文化旅游圈"，与周边城市联合发展文化旅游业
民族演艺	1. 基本处于公共文化阶段，靠政府财政补贴，歌舞演艺市场化程度不高 2. 民间艺人资源丰富，目前尚未真正开始挖掘 3. 拍摄电影《卓尼土司》，但影响力较小	1. 编排大型特色歌舞（如《香巴拉印象》《走进香格里拉》等），进行市场化演出，取得良好经济效益 2. 采用当地民间艺人，保证歌舞演出原生态文化特征 3. 拍摄一系列影视剧，如电视剧《香格里拉》《最后的香格里拉》等，影响力不够	1. 挖掘、聘用优秀人才，编制精品剧目 2. 鼓励改制后的院团进行创新和市场化经营 3. 挖掘民间能人和民间艺人，发挥其能力

续表

对比类别	甘南	迪庆	迪庆发展对甘南的借鉴
品牌建设	1. 着力打造"九色香巴拉"品牌 2. 处于品牌建设初期，品牌形象、影响力、辐射范围仍有很大提升空间	1. "香格里拉"的品牌形象基本确定下来 2. 品牌吸引力强，辐射、带动作用明显，经济效益和社会效益显著	1. 品牌定位，明确甘南"九色香巴拉"品牌内涵 2. 利用多种方式进行品牌宣传 3. 发展"九色香巴拉"的延伸品牌
民族工艺品	1. 民族工艺品品类多 2. 很多工艺品如洮砚、唐卡、木雕等制作耗时长，对艺人技艺要求极高，产出量小，但是艺术价值和经济价值非常高 3. 艺人传承艰难，年轻后辈学习意愿不高	1. 民族工艺品品类多 2. 工艺品如银器、刺绣、刀具、黑陶等对艺人技艺要求高，制作周期相对较短，产量大，艺术价值和经济价值较高 3. 传承相对较好，从事民族工艺品制作人员较多，采取收徒传技、开办研习馆等方式进行人才培训	1. 建立民间工艺传承机制，推动民族工艺的传承 2. 推动工艺品产业链的完善 3. 传统手工艺和现代科技相结合
文化产业重大项目和产业园	1. 文化产业园建设融入甘南文化产业发展规划重点项目之中，产业园建设逐渐成型	1. 文化产业园建设是迪庆州文化产业发展规划的重点 2. 政府主导，尊重市场规律 3. 文化产业园创新发展	1. 政府主导、合理规划、市场化运作 2. 从产品、产业园形式等方面进行创新发展
战略政策	1. 文化撑州战略 2. 《关于加快推进文化产业发展的实施意见》和《甘南州推进华夏文明传承创新区建设实施意见》等，大力发展文化产业	1. 文化兴州战略 2. 《迪庆州文化兴州行动纲要》《迪庆藏族自治州优秀文学艺术作品奖励（暂行）办法》等，大力发展文化产业	1. 经济发展和生态保护相结合 2. 推动文化产业政策协调发展，避免推诿推责现象 3. 提高政策执行力，让文化产业政策落到实处

三　文化产业对甘肃民族地区经济发展的贡献分析

从国内外的现有研究来看，区位商分析方法的用途比较广泛，可以用来分析就业趋势、产业集群，进行优势产业判别和主导产业选择等。区位商分析是判断某一区域经济发展中的优势部门（产业）的行之有效的方法，本研究尝试通过此方法对甘肃各市州特别是民族地区文化产业的发展进行测量和分析。在计算区位商时将使用文化产业从业人数和地区城镇就业总人数的指标来测定区域文化产业的发展水平。

（一）理论模型

在区域经济学中，区位商（Location Quotient，LQ）通常用来作为衡量一个区域专业化水平的指标，因此又称区域产业专门化率，反映一个地区特定部门（产业）在当地所占的比重与同一部门（产业）在全国的比重之比值。以区位商作为量化指标，采用一个地区某产业的产值在该地区总产值中所占的比重与全国该产业值所占比重方面的比率，其表达式为：

$$LQ_{ij} = \frac{X_{ij} / \sum_j X_{IJ}}{\sum_i X_{ij} / \sum_i \sum_j X_{ij}}$$

其中，i 表示第 i 个地区，j 表示第 j 个行业，LQ_{ij} 表示 i 地区产业 j 的区位商，X_{ij} 表示地区 i 产业 j 的产值（或从业人数、增加值等），$\sum_j X_{ij}$ 表示地区 i 所有产业的总产值（或从业人数、增加值等），$\sum_i X_{ij}$ 表示全部地区（通常指全国）j 产业的产值（或从业人数、增加值等），$\sum_i \sum_j X_{ij}$ 表示全部地区（通常为全国）所有产业的总产值（或从业人数、增加值等）。[①] 区位商表明一个地区某部门同全国的同一部门相比所具有的优势，这种优势同时代表了该地区该行业的专门化程度。

一般说来，当区位商大于 1 时，意味着该部门（产业）在该区域的专业化程度超过全国，该部门（行业）具有比较优势，为产品输出部门，该部门（产业）从而被认定为地区经济基础且对地方整体经济有贡献，是区域产业发展的潜力方向；而当区位商小于 1 时，表明该部门（产业）的专业化水平低于全国，竞争力较弱，为产品输入部门，该部门（产业）被推定为在地型产业或非基础产业，是区域产业发展的调整方向。就经济发展目标而言，需将焦点集中于极值之上——大于 1.25 的（多为外销基础）及小于 0.75 的（有进口替代机会），而区位商介于 1.25 与 0.75 之间的部门则能够生产足以满足地方需求的财货与劳务。[②]

（二）甘肃各市州文化产业区位商

据国家统计局科研所统计，2013 年全球文化产业的从业人员占全社会

---

① 周锦、顾江：《基于区位商理论的区域文化产业发展分析》，《统计与决策》2013 年第 17 期，第 102～105 页。

② 马群杰：《台湾地区文化产业与文化营销》，科学出版社，2011。

从业人员总数的比重为 5.49%，约 3/4 的经济体在 4.0% ~ 7.0%。其中，菲律宾、墨西哥、美国、澳大利亚、马来西亚和俄罗斯等均超过 7%，2011年韩国和新加坡均达 6.2%，英国和加拿大为 5.6%，中国香港为 5.5%。[①]中国 2013 年城镇就业人口总数为 38240 万人[②]，文化产业从业人数为 2182万人[③]，文化产业从业人员占全国从业人员总数的比重为 5.71%。可见，我国文化产业的从业人员在全社会的就业占比已经超过了世界平均水平，但不可忽视的是地区间的差距悬殊，如甘肃省文化产业从业人员占全省城镇就业人口的比重仅为 3.45%[④]，而甘肃省内各市州也存在极度不均衡的状况。因此，国家和地方在发展文化产业的过程中，必须深入地方实际，因地制宜制定相关政策措施。

由于现有数据资料的局限，本研究选取 2013 年相关统计数据对甘肃省各市州文化产业就业状况做整体分析，进行文化产业区位商的计算和比较，以此判断文化产业在民族地区经济发展中是否具有比较优势，进而探讨其发展的趋势与方向。文中的数据来源于国家统计局网站、甘肃省统计局网站、华夏文明传承创新区建设协调推进领导小组办公室。本研究建立的文化产业区位商计算公式如下：

$$文化产业区位商 = \frac{某地区文化产业从业人数/该地区城镇就业总人数}{全国文化产业从业人数/全国城镇就业总人数}$$

其中，全国文化产业从业人数/全国城镇就业总人数，即 $\sum_i X_{ij} / \sum_i \sum_j X_{ij}$ 的数值为 5.71%。

用上述公式对甘肃省各州市文化产业进行区位商数分析，结果如表 5 - 5 所示。由此，按照各市州区位商值进行排序，我们将以上数据分为两个层

① "世界主要经济体文化产业发展现状研究"课题组：《世界主要经济体文化产业发展状况及特点》，《调研世界》2014 年第 10 期，第 3 ~ 6、49 页。
② 《中华人民共和国 2013 年国民经济和社会发展统计公报》，国家统计局官网，最后访问日期：2014 年 2 月 24 日，http://www.stats.gov.cn/tjsj/zxfb/201402/t20140224_514970.html。
③ 《第三次全国经济普查主要数据公报（第一号）》，国家统计局官网，最后访问日期：2015年 8 月 7 日，http://www.stats.gov.cn/tjsj/zxfb/201412/t20141216_653709.html。注：此处数据为文化产业法人单位、产业活动单位和个体经营户的从业人员加总得到的。
④ 《甘肃省 2013 年国民经济和社会发展统计公报》中国统计信息网，最后访问日期：2014 年10 月 5 日，http://www.tjcn.org/tjgb/28gs/27764_2.html。此处数据为本书作者加总计算得到的。

次，第一层次：LQ > 1，依次为庆阳、临夏、兰州、嘉峪关、武威、天水、定西7市州；第二层次：LQ < 1，依次为白银、甘南、陇南、酒泉、张掖、平凉、金昌7市州。

表5-5 甘肃省各市州文化产业区位商

市州	文化产业从业人数（万人）	城镇就业人口（万人）	文化产业区位商（LQ）
兰州	4.65	66.52	1.23
嘉峪关	0.43	6.17	1.22
金昌	0.36	12.78	0.49
白银	0.89	16.52	0.94
天水	1.42	22.53	1.10
武威	0.98	14.22	1.21
张掖	1.12	30.13	0.65
平凉	1.03	34.24	0.53
酒泉	1.00	25.67	0.68
庆阳	3.06	17.43	3.08
定西	0.94	16.19	1.02
陇南	0.65	16.39	0.70
临夏	0.90	12.30	1.28
甘南	0.30	7.15	0.74
合计	17.74	298.24	0.60

注：表中数值均取小数点后第二位，采取四舍五入法进位。

资料来源：国家统计局网站、甘肃省统计局网站、华夏文明传承创新区建设协调推进领导小组办公室文件，本课题组整理。

（三）结果分析

从计算结果来看，在2013年甘肃省所有14个市州的文化产业区位商数当中，LQ值大于1的兰州、嘉峪关、天水、武威、庆阳、定西、临夏等7市州，文化产业发展相对较好，产业优势明显，对当地经济贡献较大，其文化产业具备外销的条件，在发展中可重点进行品牌营销，扩大知名度，吸引外部消费；而LQ值小于1的金昌、白银、张掖、平凉、酒泉、陇南、甘南等7市州，其文化产业的专业化程度处于全国平均水平以下（即文化产业从业人数占城镇就业人口的比重低于5.71%），竞争能力较弱，但这些地区都有独特的文化特色，在资源储备上也具有一定的优势，同时，由于文化产业各细分门类之间具有高度的关联性，这些地区文化产业尚有进一步开发的潜力。

进一步分析可知，处于第一层次的地区都有相对完善的文化产业发展战略规划，并得到有效实施，如兰州市文化事业发展总公司、天水汉唐麦积山艺术陶瓷有限公司、环线皮影文化产业群、庆阳香包民俗文化产业群、兰州创意文化产业园有限公司等都是国家级文化产业示范园区，这些园区的建设无疑是推动当地文化产业结构优化升级，增加就业，创造经济和社会效益的发展平台。可见，一个地区文化产业的发展程度一方面得益于其优越的区位环境与产业基础，另一方面也需要国家和地方政府的引导与支持，政府针对文化产业发展所制定的地方性政策会对各产业的发展方向、规模和发展速度带来不同的影响。

就民族地区而言，同为少数民族地区且地理位置毗邻的临夏回族自治州和甘南藏族自治州，其文化产业的专门化程度却相差很大。从文化产业发展看，临夏州将文化旅游业作为支柱产业来发展和培育，把临夏定位成西北著名、国内外有较大影响的集民俗体验、休闲观光和探秘考察为一体的游览度假目的地，进一步打造"民俗风情、史前生物、黄河山水、森林生态、河州文化"品牌，重点开发了多条旅游精品线路和以远古动物为素材的系列旅游商品、以花儿为素材的民俗文化旅游产品及彩陶复制品、雕刻葫芦、砖雕手工艺品等一系列旅游纪念品；国家扶持的旅游重点建设项目有永靖县黄河三峡风景名胜区、和政县松鸣岩风景名胜区和康乐县莲花山自然保护区；建设了花儿、砖雕、保安腰刀、雕刻葫芦、民族刺绣和民族服饰、彩陶复制品、清真食品和民族特需用品、古动物化石复制品等八大产业基地，文化与旅游等相关产业当前处于深度融合发展阶段。

甘南州传统产业结构中农业和畜牧业占较大比重，近年来，随着产业结构的调整，第三产业的比重逐渐加大，到 2014 年已达到 52.9%。[1] 2018 年第三产业完成增加值 96.30 亿元，产业结构占比达 61.84%。[2] 甘南州文

---

① 《甘南州 2014 年国民经济和社会发展统计公报》，中国统计信息网，最后访问日期：2015 年 5 月 11 日，http://www.tjcn.org/tjgb/28gs/28372.html。

② 《甘南藏族自治州 2018 年国民经济和社会发展统计公报》，甘南藏族自治州统计局官网，最后访问日期：2018 年 4 月 10 日，http://www.gnzrmzf.gov.cn/2019/zfgb_0530/25126.html。

化资源极为丰富，是地理环境和民族文化的完美结合，这些丰富而独特的资源蕴含着巨大的产业价值，是甘南塑造全新形象的无穷宝藏和财富。但由于经济欠发达，文化投资和文化消费都没有良好的经济支撑，加之当地科技力量薄弱，高端复合型人才缺乏，致使其文化资源开发仅限于表浅的观光旅游业，在文化资源保护方面拘泥于传统的学术保护方式，没有充分认识到文化资源的经济价值。综上所述，对于如何整合当地文化资源优势，整合跨地区市场优势、技术优势，运用一切可利用资源，以现代管理方法和生产技术进行产业化运作，形成特色鲜明的保护开发模式，以及强有力的区域竞争力和文化竞争力，需要甘南州进行进一步的理论探索和实践摸索。

甘肃省民族地区文化产业的发展从总体来看仍处于较为初级的层次，其发展形态普遍是以民族文化旅游为平台，带动民族工艺品制造、民族餐饮、民族服饰、民族歌舞演艺、民俗展示、民族医药、民族印刷与出版等其他类型的民族文化产业发展。这与发展民族文化旅游入门门槛低，所需初步资金较少，管理较为容易，并且产业链长，低能耗，拉动经济效果明显等特点有关，也与民族文化与当地民族的生活地域密切相关等因素有关。人文旅游成为各地扶贫脱贫的重要支撑，东部地区的民族文化产业也始于此，但随着高科技技术和产品设计上先进理念与创意的大量应用，其产业结构在不断优化升级。

总之，甘肃省民族地区需要围绕文化产业发展中的文化、技术、商业模式等新兴要素，构建符合地方民族特色的文化产业创新体系，赋予文化资源以新的财富创造能力，并在文化产业发展集聚和扩散效应下，通过企业、政府、高等院校和研究机构、中介机构等创新主体和创新环境的共同努力，结合文化创新、技术创新、制度创新、市场创新，推动文化产业向可持续发展的内生增长方式转变。

四 民族地区文化产业发展 SWOT 分析

综合前文分析发现，甘肃民族地区文化产业发展面临的优势、劣势相对明显，机遇和威胁同时存在。本节按照 SWOT 分析模型对甘肃民族地区文化产业发展的优势、劣势、机遇和威胁进行系统分析与概括，并对甘肃民族地区文化产业发展进行初步的战略探讨，既承接上文，也为后面的分析做铺垫。

（一）甘肃民族地区文化产业发展的优势分析

甘肃民族地区具有发展文化产业的显著优势，主要体现在以下四个方面。

一是文化资源优势。甘肃民族地区文化资源不仅类型多样、特色鲜明，而且内涵丰富，具有资源丰富性好、集聚性强、异质性高和开发价值大的特点。丰富的、独特的、多样化的、原生态的民族文化构成了民族文化产业发展的核心资源禀赋；丰富的地质地貌形态以及自然美景为甘南州民族文化产业的发展提供了有利的环境基础；极富特色的文化资源推动了甘肃民族地区特色文化产业的发展，这是甘南、临夏区别于其他民族地区的显著竞争优势。

二是文化品牌优势。甘肃民族地区文化产业发展具有较好的文化品牌认知度，无论是宗教信仰、历史文化还是自然风光，甘南、临夏在国内、国际都有一定的影响力。甘南凭借优美壮丽的自然风景、肃穆静谧的宗教文化，被美国权威杂志评为"让生命感受自由的世界 50 个户外天堂之一"；临夏作为"东方小麦加"，是世界穆斯林心中的又一圣地。

三是区位优势。甘肃民族地区位于甘肃西南部，西与青海接壤，南与四川毗邻，北部紧接兰州，既是三条入藏通道之一，又是古丝绸之路的一部分，区位优势非常明显。作为我国西部的民族地区，甘南州和临夏州长期以来得到中央政府的鼎力扶持和政策倾斜，这是民族地区发展文化产业的独特优势。充足的对外开放空间与优化发展的产业布局为甘肃民族地区文化产业的发展提供了区位优势。此外，甘肃民族地区的群众有很强烈的文化自豪感和自信心，大批对本民族文化满怀感情的文化产业从业者、学者、民间艺人不断推动着本民族文化的传承和发扬。

四是后发优势。甘南州和临夏州正因为曾经经济落后、交通不便等而得以保持其民族文化与自然生态环境的原真性，从而形成了如今其发展民族文化产业的资源优势，并通过向云南、贵州等民族文化产业先发地区的及时有效的学习和模仿而获得了通过诱致性或强制性制度移植变迁形成的成本优势、时间优势、经验优势等制度性后发优势，避免了不断"试错"、走弯路而支付的高额成本。再加上充分利用技术性后发优势，有效提高了甘肃民族地区文化资源配置的效率，降低了交易费用和风险，从而有效地促进了民族地区文化产业的快速发展与优化升级。文化产业作为甘南州和临夏州的首位产业之一，如今已经展示出极大的后发优势，成为甘肃省经济稳定增长与结构优化升级的重要推动力。

（二）甘肃民族地区文化产业发展的劣势分析

甘肃民族地区文化产业虽然在近年来有较快的发展，但作为文化产业的后发地区，甘肃民族地区文化产业发展的劣势也非常明显。总体来看，仍然处于较低的发展水平。一是较为封闭的地理环境造成当地基础设施滞后，尤其文化产业配套设施不完善、交通条件不便等是困扰甘肃民族地区文化产业发展的严峻问题。二是政府文化治理机制有待进一步拓展。政府综合管理人才匮乏、文化事业和文化产业融合发展滞后、文化产业发展的法律法规缺位、文化产业政策有待完善、政府部门联动性差等问题制约了当地文化产业的发展。三是文化市场体系有待于进一步完善。从整体看，甘肃民族地区文化市场整体情况并不乐观，市场治理机制不健全，文化产品市场有待规范，市场竞争无序化，文化市场的信息集聚和扩散效应并没有真正发挥出来，市场资源配置的基础性作用有待进一步加强；从文化消费市场看，甘肃民族地区经济欠发达，当地民众对文化产品消费较少，本地文化市场没有真正发展起来；从资源开发方式看，尚以对文化资源的原始性开发为主，开发深度和广度都有待于进一步拓展，二次产品、文化服务产品较少，导致甘肃民族地区以外的消费者在当地消费不足。此外，产业投入不足，要素市场、产品市场都处于初级阶段，市场化理念不强，宣传不到位，家庭式经营的中小企业多，集约化程度低，经营管理水平较低，创新能力不足，人才缺乏，因此，在产业发展的过程中，同质化倾向较为明显，对民族文化资源的开发也比较低效，产品开发与设计的能力不足，附加值也较低。文化企业规模小、资金少，科技力量薄弱，市场意识不足，缺乏长远规划，缺乏文化企业孵化平台，自主创新能力不足，文化产品创新性不够等，这些方面在前文有详细的论述，这里不再赘述。另外，地区间文化产业发展不均衡，难以进行统筹发展等都是当地发展文化产业的劣势。

（三）甘肃民族地区文化产业发展的机遇分析

近年来，无论是国家层面、省级层面，还是民族地区层面都已经充分认识到文化产业发展的重要性，这是甘肃民族地区文化产业发展的重要机遇。首先，国家持续推进西部大开发战略，从政策倾斜、战略规划、产业布局等方面强化对西部尤其是西部民族地区的扶持。其次，西部不断推出促进文化产业发展的战略规划。华夏文明传承创新区建设、甘南州藏羌彝文化产业走廊建设、临夏州丝绸之路经济带黄金段"盛世伊园"建设等几个大的文化产业发展规划相继提出，为甘肃民族地区的文化产业提供了难得的发展契机。最后，"一带一路"倡议的实施，打开了通往中亚、西亚的广阔消费市场，搭建了一个高度开放的对外开放平台。中央和各地的援助推动甘肃民族地区公共基础设施不断完善，人民收入水平提高，文化消费能力逐渐增强。从全国范围看，经济发展和精神文明建设的推进以及互联网的宣传、推动作用，促进了社会文化需求的普遍提升，出现了"文化旅游热"。借此良机，甘肃省政府、甘南州政府和临夏州政府陆续出台了推动民族地区文化产业发展的政策规划和文化产业建设方案，着力发展招商引资，推动本地文化企业"走出去"。随着当地文化产业不断发展和与外界文化企业交往日益密切，文化企业在运营中积累了丰富经验，技术不断进步，扩大了外界消费市场。

（四）甘肃民族地区文化产业发展的威胁分析

甘肃省民族地区文化产业发展具有得天独厚的优势，但是因其产业性以及商业性，其发展机遇与挑战是并存的。

首先，将文化产业化后进行传播和发扬的过程中，因商业化的性质，其发展受经济利益的驱动，发展的初衷和理念很容易被扭曲，文化本身也很容易被破坏。在"一带一路"倡议下，更是需要与其他优秀文化进行交流和合作。如何让甘肃省在此机遇下不忘初衷，使其为了传承优秀文化而发展文化产业，而不是单纯地为了利益而发展？这不是仅通过行业规范的约束就可以解决的，这是"一带一路"背景下甘肃省文化产业发展面临的首要难题。

其次，文化本身具有开放性和包容性，借助"一带一路"倡议，使得甘肃省的文化在"走出去"的过程中，必然会与各国、各地区的文化进行交流和碰撞。如何以一种能够被其他国家、地区普遍接受的方式去表达是甘肃省面临的重要问题，而文化产业作为一种新型产业，甘肃省对其发展尚未有较成熟的经验。

此外，来自周边同类市场的竞争也对甘肃民族地区文化产业的发展构成了挑战。邻近四川、青海、西藏等民族地区既是甘肃民族地区文化产业发展的优势，但同时产生了替代作用，加剧了市场竞争的激烈程度。以文化旅游为例，周边省份严重分化了甘南和临夏文化旅游业的客源。根据甘南和临夏2014年国民经济和社会发展统计公报数据分析，甘南、临夏在文化旅游方面的海外游客比重仅仅占游客总数的2%左右，大多数游客来自国内，而且将甘南、临夏作为旅游线路的途经之地。

再次，甘肃省民族地区文化产业面临来自国内外强势文化的渗透和冲击。文化产业的竞争归根结底是经济实力的竞争，随着经济全球化和民族地区对外交流的日益密切，当地的文化产品、文化资源、文化消费和文化市场受到外界的冲击、影响越来越大，面临丧失本真性的威胁。随着甘肃省民族地区文化产业的快速发展，现代化市场必定会不断扩大，民族经济生产方式会逐渐转型，州内各民族之间以及州内与州外（包括国外）不同民族之间的交往与联系也会日益频繁。同时，先进的科学技术也会不断被引进，相关知识会越来越普及，这些都会造成多元文化观念的不断碰撞和相互侵蚀，而这种民族文化和现代文化以及他域文化相交融的过程，却恰恰会导致民族文化的变异和消失。

最后，甘肃省民族地区文化产业以旅游业为核心，优美的自然风景与环境是吸引游客的重要因素，但为了加速旅游产业的发展，扩大旅游消费市场，出现对资源的掠夺式开发和对生态环境的不合理利用现象。并且由于自然因素以及公众保护生态环境的观念落后，长期以来，滥垦滥牧、滥砍滥伐等破坏生态环境的行为与现象较为普遍。再加上粗放式的经济发展模式导致生态失衡，脆弱的生态环境也对当地文化产业的发展形成了一定威胁。此外，物价上涨、旅游成本增加影响了一部分消费者的选择。

（五）甘肃民族地区文化产业发展 SWOT 分析模型

通过分析发现，甘肃民族地区文化产业发展的优势主要是品牌、资源、区位，推动其发展的机遇则主要靠政府的战略推动。然而，在资金、技术、市场等文化产业发展根本要素方面却存在明显劣势，同时，在外部环境上面临着十分激烈的市场竞争，这些是导致甘肃民族地区"富饶型贫困"的原因。据此，得出如下分析模型（见表5-6）。

表 5-6　甘肃民族地区文化产业发展 SWOT 分析模型

	优势（S）	劣势（W）
	1. 文化品牌认知度高 2. 文化资源优势 3. 特色文化产业优势 4. 地理区位优势 5. 国际认知度较高 6. 历史传统深厚 7. 自然风光秀美 8. 媒体传播扩大影响力 9. 中央政府的政策倾斜 10. 文化自豪感强烈	1. 文化管理体制、机制不健全 2. 政府缺乏综合管理人才 3. 相关法律法规不完善 4. 文化产业政策不全面 5. 文化事业和文化产业融合滞后 6. 基础设施落后 7. 市场体系不健全 8. 市场意识滞后 9. 市场资源配置作用不明显 10. 文化消费水平低 11. 文化企业自身发展不足 12. 地区发展不均衡，难以统筹 13. 资源开发不足 14. 资金匮乏、技术落后 15. 文化产业起步晚 11. 文化服务较少 12. 自主创新能力不足 13. 产品创新性不够
机遇（O）	SO 战略	WO 战略
1. 国家西部文化产业开发规划布局 2. 当地政府鼎力扶持 3. 文化需求提升 4. 交通条件改善 5. "一带一路"倡议 6. 居民收入增加 7. 发展意识增强 8. 对外联系增强 9. 管理经验日渐丰富 10. 技术水平不断提升 11. 招商引资 12. 互联网的宣传、推动 13. 文化旅游热度提高	1. 充分开发利用文化资源，挖掘文化资源内涵，推动文化产业发展 2. 加强媒体宣传，发挥媒体作用，提高文化知名度 3. 发展文化创意产业，将创意融入民族文化资源之中，发展民族文化创意产业 4. 打造品牌效应，着力打造文化龙头企业，创建优秀文化企业品牌 5. 联合周边省市，打造大文化产业圈 6. 借"一带一路"契机，开拓国际市场 7. 推动文化与科技融合发展，发展文化旅游	1. 政府治理模式优化，推动政府"善治"的发展 2. 发挥政府主导作用，通过税收优惠、政策扶持等举措推动文化产业发展 3. 进行文化事业体制、机制改革，推动文化产业和文化事业融合发展 4. 改进技术、吸引人才，利用高薪、晋升机会等吸引高技术水平人才，发挥人才在产业发展中的作用 5. 培育本地文化消费群体，吸引外地消费者 6. 强化文化宣传，引领文化消费需求 7. 完善基础设施建设，加强文化产业配套设施 8. 发挥产业带动作用，拉动落后县域的经济发展 9. 拓展多渠道投融资机制和多元主体投资机制，拓宽文化产业发展资金来源渠道

威胁（T）	ST 战略	WT 战略
1. 自然生态脆弱 2. 文化遗产容易被破坏 3. 同类市场的竞争 4. 文化产品同质化 5. 旅游成本上升 6. 客源分化 7. 国内外强势文化冲击	1. 将开发利用文化资源和资源保护结合起来，兼顾经济效益和环境效益 2. 加强基础设施建设，改善交通、住宿条件 3. 健全市场体系，完善文化市场管理方式，推动文化市场规范化、有序化发展，为文化产业发展营造良好发展环境 4. 推动文化管理体制改革 5. 挖掘特色文化资源，推动文化与科技、金融等的融合发展，提升地区吸引力 6. 发展文化创意产业，打造特色文化产品 7. 提升民族文化自觉意识，保护本民族传统文化	1. 重点打造民族地区特色文化产业，提升文化产业竞争力 2. 对文化从业者进行培训，强化民族地区文化产业发展意识，提高企业经营管理能力 3. 加强和周边地区文化产业的合作发展，构建大文化产业圈 4. 推动文化产业项目建设，发挥产业集聚优势，打造文化产业龙头企业，带动小微文化企业发展 5. 向文化产业发展较好的国内外地区取经

第六章　国内外文化产业发展主要模式及经验借鉴

任何产业的发展都有其独特的规律和演化路径，综观文化产业发展成就斐然的国家和地区，大都因各自鲜明的产业模式而在全球或区域文创领域保有一席之地。因此，甘肃民族地区若想发挥文化产业后发优势，研究和借鉴国内外成熟的产业发展模式十分迫切和必要。

一　国家层面发展模式

（一）英国模式：产业集群

文化产业在英国称作"创意产业"，产业集群是其发展模式的集中体现，其中比较有影响的集群有伦敦西区的戏剧集群、曼彻斯特北部的音乐产业集群等。英国模式主要呈现以下三大特点：①产业集群的自发性。英国的创意产业集群是市场自由竞争的产物，政府并未刻意通过建设"产业园区"等做法来推动产业间的集聚，现实情况是，各大企业主体在产业集群的过程中扮演了积极主动的角色。②陈旧设施的再利用。英国的创意产业园区大都基于废弃的厂房或老建筑改造而成，这样做最大的好处就是节约租赁成本，从而能够吸引大批的文创团体到此集结创业。③产业主体以公司制形式存在。英国的创意产业大企业集团和中小企业集群都采用典型的公司制，这种存在形式可以让文化产业借助股票集资等方式实现投融资方式的多元化，从而丰富资金来源渠道。

尽管英国政府没有刻意推动本国文化创意产业的集群发展，却有针对性地采取了一系列保障举措。首先，通过深入调研来摸清文化产业发展实情，并基于一手材料进行详尽分析，以确保产业政策制定的科学性和针对性。其次，积极引导全员参与文化创意产业。通过教育培训激发公民的兴趣和需求，为创意产业培育后备力量和内部市场。再次，积极引进现代科学技术，尤其是数字化技术，大力促进文化和科技融合，增强创意产业的科技支撑力量。复次，强化国际间的交流合作，充分利用一切国际展销平台宣传自身，提高国际知名度。最后，政府主动为初创创意企业解决资金难题。为化解资金短缺这一创业瓶颈，英国政府于 1997 年成立了创意产业专职小组，采取为创意企业提供资金联络平台、为有新创意的个人提供发展资金等措施，帮助创意产业创业者筹集资金。①

（二）美国模式：市场主导

相较于英国，美国的文化产业市场化程度更高，完全可称得上"无为而治"的典范。但这种"无为"背后却有苛刻的大前提为基础，比如成熟的市场和创新体系、丰富的人力资源和强大的国际资本支撑，以及跨国公司的全球化运作等。正是有了这些大前提才使得美国在看似无为的表象下培育出像好莱坞、时代华纳等产业巨鳄。美国模式的主要特点是注重知识产权保护和发展创意经济。为保护产权，美国于 1790 年颁布实施了第一部《版权法》，并进行不断调整和完善。此外，美国还利用行政管理措施加强产权保护。

创意经济是美国知识经济的核心，奉行"创意 + 科技 + 资本"的经营理念，创意经济的典型就是版权业。相关报告显示，在 1977～2001 年的 24 年中，版权产业在美国 GDP 中一直保持稳定增长势头，其中"核心版权产业"的年增长率平均为 7.01%，是同期其他非版权类经济部门增长率（3.0%）和美国经济总增长率（3.2%）的两倍多。②

为加强版权保护，美国政府采取了以下举措：①建立健全行政管理体系，包括相关行政机构的设置和工作小组的成立。②完善保障体系，特别是法制建设。美国尤其注重法律对版权业的保障，不仅推出众多立法议案，而且有专门研究版权新情况的律师社团组织。③实施版权的数字化保护。为此，美国国会先后通过了《反电子盗版法》等法律，从而对网上作品著

---

① 马晓红：《国外创意产业发展及对我国启示》，《知识经济》2011 年第 22 期，第 103～104 页。
② 李雪玲、高长春：《国际创意产业发展经验解读及其对我国的启示》，《现代管理科学》2009 年第 8 期，第 83～85 页。

作权的保护提供了法律依据。④加强版权保护方面的国际合作。美国推进知识产权保护的国际化，推动建立与国际贸易相关的知识产权保护体系和机制，积极倡导国际合作。①

（三）韩国模式：政府主导

韩国与前述英、美国家的文化产业发展思路迥异，其鲜明的特点是政府"插手"痕迹较重。1998年亚洲金融危机后，韩国明确提出"设计韩国"战略，以"文化立国"作为国家方针，并通过相关法律法规予以确立。该战略实施多年后，以电视剧、电子竞技为代表的文化创意产业得以强劲发展，亚洲掀起的阵阵"韩流"形成了韩国文化产业同服饰、饮食、旅游等产业互动共赢的良好局面，极大推动了韩国经济的发展。②

韩国文化产业发展的主要特点为：①政府构设严密的顶层设计方案，明确战略布局和目标，将创意产业定位成国家战略性支柱产业。②成立文化产业局、游戏技术开发中心、文化产业振兴委员会、工艺文化振兴院等专职机构来专门扶持和管理文化创意产业的发展。③实行产业资金支持计划和人才培养计划，通过各种优惠政策为创意产业提供资金和人力支撑。④把握发展契机，发挥比较优势，通过实施大公司战略保护国内市场，开辟国际市场，推动产业链升级。

韩国文化产业成功的要素包括：①政府提供低廉的载体和设备支持，从而可大幅降低从业者的投资成本，利于快速形成竞争优势。②设立文化产业专项扶持基金，解决中小企业初创期的资金瓶颈制约。③完善法规制度，为文化产业发展提供法制保障。④设立产业振兴院，引导和鼓励文化产业可持续发展。

（四）日本模式：特色产业主导

日本以动漫强国著称于世，动漫是其创意产业的核心。20世纪90年代，日本曾经历过很长一段时间的经济停滞期，为实现发展突破，日本政府提出10年内把日本建成世界第一知识产权国的目标。相关数据显示，日

---

① 李俊江、范硕：《创意产业发展的国际比较及其对我国的启示》，《税务与经济》2008年第3期，第1～5页。
② 孙奎利：《文化创意产业发展理论与实践探索——以青岛为例》，硕士学位论文，青岛理工大学，2008。

本动漫目前已占全球市场份额的六成之多，成为该国第二大支柱产业。

日本动漫业的成功包含以下因素：①政府推动。与韩国类似，日本政府在本国文化产业发展中同样扮演了主导角色，通过设立战略会议、幕僚会议等形式有针对性地从资金和政策方面加强对文化产业的扶持。②完善文化产业法律法规。日本先后制定了三部重要法律，涵盖 IT 业、知识产权及文化艺术振兴等三个领域。③正视市场的地位和作用。尽管日本政府主导文化产业的发展，但同样注重市场化运作。日本各大报社都设有从事文化活动的部门和中心，经常举办讲座向普通百姓讲解服饰艺术、书法、音乐、摄影等多方面的文化知识。①

英国、美国、韩国、日本文化产业发展模式及特点见表 6-1。

表 6-1　英、美、韩、日文化产业发展模式及特点

国家	模式	特　点
英国	产业集群	1. 自发集群 2. 大企业带动 3. 产业载体实惠 4. 产业主体公司制 5. 政府多元化扶持
美国	市场主导	1. 注重知识产权保护 2. 发展创意经济（版权业） 3. 政府在法规制定及行政管理方面予以支持
韩国	政府主导	1. 政府制定顶层战略框架 2. 成立专职机构 3. 政策扶持 4. 大公司战略
日本	特色动漫业	1. 政府主导推动 2. 市场化运作 3. 法律法规保障

二　区域层面发展模式

有学者根据产业发展的动力来源——内需增长拉动和外需增长拉动②，

---

① 王洁：《发达国家创意产业集聚发展特点的研究》，《现代管理科学》2007 年第 9 期，第 58~59 页。

② 菲利普·阿吉翁、彼得·霍依特：《内生增长理论》，陶然等译，北京大学出版社，2004。

将文化产业发展模式分成两种：内生增长型和需求外溢型[①]。内生增长型模式是指本地市场容量较大，内需占主要部分，内生增长成为本地文化产业发展的主要动力的一种发展模式；需求外溢型模式是指本地市场容量较小，消费需求主要来自外部，靠外部需求来拉动本地文化产业增长的模式。除以上两种模式外，一些地区有关文化产业的做法颇具亮点，笔者将在下文以我国台湾地区为例，对其文化产业的特色发展模式加以探讨。

（一）需求外溢型发展模式代表：美国夏威夷、中国云南

夏威夷是全球著名的旅游胜地，尽管当地居民仅百万之余，但每年却能吸引数倍于当地人口数量的旅客到此观光游览，而且游客满意度极高，很显然，文化旅游业已成为当地支柱产业。云南虽然是我国西部经济发展较为滞后的地区，却是我国内陆地区文化产业发展较快的地区。因此，通过对美国夏威夷、中国云南文化产业发展的 SWOT 分析，深入探讨其文化产业发展的成功轨迹，系统分析其在文化产业发展中存在的优势、劣势、机遇和威胁，并对比夏威夷和云南文化产业发展战略，从中找出文化产业需求外溢型发展模式的影响因素及特点，无论是对当地产业进一步发展，还是为其他类似地区提供经验借鉴都大有裨益（见表 6 - 2 ~ 表 6 - 4）。

表 6 - 2 　美国夏威夷文化旅游产业 SWOT 分析

优　势	劣　势
1. 品牌认知度高	1. 地理位置隔绝
2. 气候条件优良	2. 基础设施匮乏
3. 文化和历史资源丰富	3. 游客与当地居民互动不足
4. 目的地吸引力强	4. 缺少"新"的体验
5. 游客满意度高	5. 缺乏利益相关者共识
6. 自然资源丰富	6. 商务旅行落后
7. 土著居民的风土民情具有特色	7. 游客的期望值高
8. 住宿条件具有多样性	8. 交通服务不佳
9. 安全且富于异域风情	9. 国际国内航班服务欠佳
10. 活动具有多样性、吸引力强	10. 专业指导匮乏
11. 地理区位好	11. 公共设施维护不佳

[①] 李晓亮：《西藏文化产业发展战略研究》，硕士学位论文，复旦大学，2009。

续表

机　会	威　胁
1. 商务旅行发展	1. 基础设施老化
2. 游览产业发展	2. 反旅游情绪
3. 人性化营销项目	3. 犯罪和毒品
4. 新市场的开发	4. 破坏性事件
5. 渡轮	5. 国家资金不足
6. 提高自然资源开发利用率	6. 国际竞争加剧
7. 改善基础设施	7. 国家安全
8. 增进利益相关者参与度	8. 空运能力不足
9. 开发体育旅游	9. 国内冲突不断
	10. 差异化认同感的丧失
	11. 夏威夷旅游的成本

资料来源："Hawaiyi Tourism Strategic Plan：2005 – 2015"，夏威夷旅游网，www. hawaiitourismau-thority. org。

表 6 – 3　云南文化产业发展 SWOT 分析

优　势	劣　势
1. 自然资源丰富	1. 地理位置偏僻
2. 气候宜人	2. 市场不成熟
3. 民族风情特色鲜明	3. 思想认识不充分
4. 民俗资源丰富	4. 文化体制不健全
5. 人文历史悠久	5. 法制建设待加强
6. 品牌认知度高	6. 高素质复合型人才不足
7. 人才众多	7. 产业主体规模小
8. 地理区位好	8. 投融资体系不完善
9. 良好的产业发展态势	9. 文化资源配置不够合理
	10. 技术和管理相对落后

机　会	威　胁
1. 国家战略定位	1. 发达国家文化产业实力较强
2. 文化需求市场逐步扩大	2. 国内相似地区间竞争
3. 人们生活方式转变	
4. "一带一路"规划	

资料来源：赵珂：《云南文化产业发展模式探析》，硕士学位论文，云南师范大学，2006；云南文产网，http：//www. ynci. cn/。

表 6 - 4 夏威夷和云南文化产业发展战略对比

地区	文化产业发展战略
夏威夷	（一）发展愿景 1. 尊重夏威夷土著人及其文化遗产 2. 重视夏威夷的自然和文化资源 3. 利益相关者相互尊重 4. 实现经济的可持续发展 5. 提供独一无二、永生难忘的旅游经历 （二）指导原则 1. 合作　2. 可持续发展　3. 责任感　4. 质量　5. 适应能力　6. 强调本土特色 （三）战略方向 1. 交通方面，改进交通、基础设施和服务 2. 交流方面，增进利益相关方的互动和理解 3. 文化建设上，尊重和保护夏威夷文化 4. 营销方面，制定有助于经济可持续发展的营销方案 5. 自然资源方面，发展和保护夏威夷文化 6. 研究和计划方面，通过详细的计划和调研来确定相关政策和项目 7. 安全方面，确保游客安全 8. 旅游产品的开发方面，开发富有夏威夷特色的旅游产品 9. 劳动力发展方面，保证足够的、高质量的劳动力，并且提供有意义的职业和发展机会
云南	（一）明确发展战略 1. 差异化战略 2. 品牌化战略 （二）构建文化产业发展重点体系 1. 民俗影视业 2. 民俗工艺业 3. 民俗歌舞业 4. 民俗饮食业 5. 民俗节日业 6. 民俗服饰业 （三）培养复合型高素质人才 （四）推进文化体制改革

资料来源：李晓亮：《西藏文化产业发展战略研究》，硕士学位论文，复旦大学，2009。

　　通过对比美国夏威夷和中国云南两地区文化产业发展的 SWOT 分析和战略规划，我们可以总结出需求外溢型发展模式的一些影响因素及特点。（1）地理位置是影响模式生成的重要因素。我们在两地区的 SWOT 分析中发现一个有趣的现象，即地理位置既是优势又是劣势。以夏威夷为例，经济资源匮乏加上偏离大陆的岛屿特性要求其只能以文化旅游业为首要备选项，很明显，这是空间限制因素使然，但地理区位的与世隔绝又恰恰是游客们心之所向，因此反而助推了其文化旅游业的发展。（2）本地文化资源丰富而且极富特色。从上文分析中可知，夏威夷和云南的文化资源禀赋上佳，而且土著和少数民族确保了异域风情的完美呈现。（3）政府和市场双头并进推动发展。市场的强劲需求无疑是最根本的推动力，而政府的作用则主要表现在战略规划和现实问题的解决上。有学者用"飞机式模型"[①] 来阐述影响夏威夷文化旅游业可持续发展的因素（见图6-1），由图可知，政府和市场扮演了极为重要的角色。

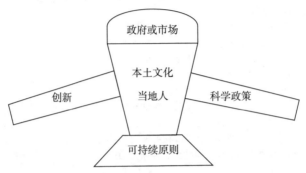

图6-1　文化旅游业可持续发展的"飞机式模型"

（二）内生增长型发展模式代表：英国伦敦

伦敦有"创意之都"的美誉，世界一流的时尚设计和改变人们生活方式的重大发明均起源于伦敦。可见，伦敦的文化产业的发展已经超越了依靠外需拉动的模式，具备了强劲的内源动力。关于伦敦文化创意产业的SWOT分析见表6-5。

表6-5　伦敦文化创意产业 SWOT 分析

优　势	劣　势
1. 经济发达，人均可支配收入高	1. 对中小企业资金扶持不足
2. 文化需求旺盛	2. 政府办事效率低
3. 人口众多	3. "福利国家"弊病
4. 历史悠久大都市	4. 人口老龄化

---

① 李燕琴、刘莉萍：《夏威夷对海南国际旅游岛可持续发展的启示》，《旅游学刊》2011年第3期，第16~24页。

续表

优　势	劣　势
5. 创意阶层 6. 城市的包容特性 7. 种族、宗教多元 8. 多元文化融合 9. 旅游胜地 10. 区位优势 11. 金融服务中心 12. 交通运输枢纽 13. 教育、文化和娱乐中心	
机　会	威　胁
1. 政府强力支持 2. 1998 年经济危机 3. 创意产业兴起	1. 同业竞争激烈 2. 外部模仿 3. 政府政策转变

　　资料来源：王立丽：《北京—伦敦文化创意产业发展模式比较研究》，硕士学位论文，北京服装学院，2012。

　　依据以上条件，英国政府在推动伦敦文化创意产业的发展中发挥了以下作用。①制定文化创意产业发展战略。布莱尔上台后便成立了创意产业小组，发布了《创意产业勘察报告》，将创意产业发展正式列为国家发展战略。据此，伦敦市政府提出"创意城市"理念，以吸引年轻创意人才。②确定创意产业区位。伦敦市政府根据创意产业发展实际确定创意空间及发展类型，并按其所需提供相应硬件和软件设施。目前形成的知名产业区有泰晤士河南岸创意产业集聚区、伦敦利物浦创意产业聚集区等。③支持创意人才培养。为培养创意人才，伦敦市政府采取了资金扶持、提供实习单位及鼓励高校设置创意类专业等一系列措施。

　　通过对英国伦敦的分析，我们发现，内生增长模式最大的特点是同时具备优越的"硬环境"和"软环境"。就创意产业而言，硬环境主要包括区位、人才、企业、资金、技术、园区、相关基础设施和设备等构成要素，而软环境则主要包括战略规划、政策、制度、文化等组成部分。硬环境是软环境的保障，软环境以硬环境为基础发挥作用，两种环境彼此作用。相较于需求外溢型发展模式，内生增长模式的显著优势表现在硬环境方面，因为很多硬性条件都是客观存在且难以复制的，而且一些条件的形成是长久历史积淀的结果。可见，地区硬环境状况可以作为区分和借鉴文化产业发展模式的重要标准和考量。需要强调的是，尽管硬环境是发展文化产业的基础影响因素，但通过科学发挥软环境的作用可以大幅度弥补硬环境的欠缺。

（三）社区营造型发展模式代表：中国台湾

由于历史、地理等原因，我国台湾地区文化产业的发展形成了自身鲜明的风格。台湾将文化产业称作文化创意产业，亚洲金融风暴后，为借力文化创意复苏其经济，台湾当局提出了"文化产业化，产业文化化"的观点。台湾文化产业的最大亮点是"社区总体营造"计划的提出和实施，其主要目标是把"建立社区文化、凝聚社区共识、建构社区生命共同体的概念，来作为一类文化行政的新思维与政策"。该计划奠定了台湾文化产业的发展格局。[1] 学者龙跃将台湾社区营造模式归纳为五类，即依托"政府 + 产业创意"的运作模式、依托"历史"的运作模式、依托"资源"的运作模式、依托"古迹建筑"的运作模式和依托"文化"的运作模式。[2] 无论依托何种模式，社区总体营造取得成功的关键都在于将社区角色的重点放予当地居民，致力于培养社区精英，尊重民众话语权。

此外，利用文化创意理念开发和保护历史文化遗存是台湾文化产业发展的又一大特色。这种做法利于将传统遗存打造成文化消费和产品加工基地，彰化县董坐石砚艺术馆和台北县木雕工艺坊的运作模式便是如此。[3] 台湾文化产业发展的重要因素主要包括两个方面：一是强化对少数民族文化和历史遗迹的保护和挖掘，为此，台湾采取各种措施打造独特的少数民族文化旅游区和历史文化观光旅游点，大大增强了民族文化和人文景观的吸引力；二是注重对宗教活动场所的修缮，发挥宗教文化特色，使宗教场所成为探视台湾本土文化艺术的重要平台。[4]

尽管甘肃民族地区与台湾的经济体制不同，但在面对当前环境破坏、民族文化遗失等一系列问题时，台湾社区总体营造可以说可借鉴之处颇多。甘肃民族地区要在提高硬性设施条件的同时，积极培养软性条件，提高当

---

① 《世界创意产业风生水起》，《时代经贸》2008年第7期，第9~18页。
② 龙跃：《台湾社区总体营造的运行模式探析》，《贵州大学学报》（社会科学版）2015年第3期，第128~132页。
③ 崔成泉：《台湾文化产业印象》，《中国文化报》2007年12月14日。
④ 沙雪斌：《中国县域文化产业发展战略研究》，博士学位论文，曲阜师范大学，2012。

地民众的思想觉悟，培养其自信心和自豪感；在硬性设施建设的基础上对民族建筑、文化、习俗等进行保护，而不是用汉族地区的观念来统一对其进行管理。在甘肃民族地区发展过程中遇到的一些瓶颈，比如传统产业技术的维持与继承、知识青年的流失、企业与环境的不协调等，皆可借鉴台湾社区总体营造模式进行规划解决。

三　对甘肃民族地区文化产业发展的经验借鉴

文化产业对国民经济和社会发展产生了巨大的影响，逐渐成为整个社会产业链条中越来越受重视的新兴产业。上文的分析和阐释表明，文化产业在很多国家和地区已经发展得比较完备，尽管各个国家和地区对其称谓不一，但都根据自身特点逐步形成了独特的产业模式，积累了发展文化产业的宝贵经验。这些探索成果可为甘肃省民族地区文化产业发展带来重要启示，具体包括以下六个方面。

（一）促进产业集聚，发挥规模效应

调研中发现，甘肃民族地区文化资源丰富而产业发展落后的一个重要原因是产业主体间联合度差，而各自为战背后的深层次原因是缺乏规模较大企业的带动和整合。因此，需要从以下几个方面强化产业集聚。

①确定产业区位。根据现实发展条件，有意识地规划文化产业园区，这种做法有别于英国自发性的产业集聚，因为市场本身具有盲目性，且民族地区的市场化程度较低。

②打造行业"领头羊"。积极扶持发展基础较好的文化企业，使其快速做大做强，从而吸引更多的文化企业参与到园区中，通过龙头企业的辐射和带动实现相关产业集聚。

③提供载体支持。可以模仿英国的做法，允许文化创业团体以低廉的价位改造利用陈旧房屋设施，这样不仅提高了资源利用率，而且为文化产业发展提供了集聚空间。

④打造服务平台，完善配套设施。优化园区环境，做好服务平台建设，从而吸引大量优秀文化企业入驻园区，形成企业、人才集聚效应，有效推动文化产业园区跨越式发展，带动区域经济发展。

（二）尊重市场规律，提高资源配置效率

甘肃民族地区所处空间相对闭塞，因而传统计划经济痕迹比较严重。

尽管目前实行美国的"市场主导模式"还不太现实，但民族地区可以采取有效措施为市场经济体系的建立做好前提保障，其中最为重要的是相关法规的制定。由上文可知，制定健全的法律法规是发达国家发展文化产业的通行做法，如美国为规范和保护版权市场颁布实施了《版权法》，日本也针对知识产权和 IT 行业制定了相关法律为本国的动漫业保驾护航。笔者在调研中发现，甘肃民族地区很多业主仍然保有精品"压箱底"的传统做法，究其原因，主要是怕被抄袭和模仿，用现代专业词汇形容就是害怕知识产权外泄，而产权问题只有法律才能给予最充分保障。

（三）强化政府引导，提高调控和服务质量

就国家政权制度而言，韩国和中国比较接近，都属于单一制国家，因此其文化产业发展模式具有相对较高的借鉴价值。韩国模式的鲜明特点是政府主导，且政府在文化产业发展的初期阶段甚至发挥了决定性引领作用。综观上文阐述的各类发展模式，尽管从表面看各具特色，但背后都能找到政府的身影。总结政府的作用，主要表现在以下几点。

①制定发展战略。在把握产业机遇和认真调研的基础上对文化产业宏观布局，并确定其在国民经济发展中的重要地位。

②设立专职机构。根据文化产业类别有针对性地成立相应机构，确保对文化产业的专业化管理。

③制定扶持性政策。从政策上对文化产业，尤其是中小型文化企业面临的如人才、资金等瓶颈问题提供支持。

④健全法律法规。文化产品和服务具有初期开发成本高昂而复制成本低廉的特点，因此必须从法律上保障初创者的合法权益，以便建立和维系健康的市场秩序。

⑤改革体制机制。长期以来，我国政府单纯注重文化的意识形态属性，对"文化产业化"的认识很不到位，因此文化管控严格并且古板。而民族地区出于维稳等因素的考量，文化监管更为严苛。所以，尽快革新现存的体制机制，释放文化市场活力是发展文化产业亟待解决的课题。

⑥切实解决产业主体面临的现实问题。我国民族地区的文化产业大都处于萌芽期，进一步发展壮大会遇到很多现实阻碍，如借贷难、土地审批难等问题，因此政府要以服务为本的姿态和科学务实的精神为民族地区文

化产业的发展排忧解难。

（四）突出发展特色，发挥比较优势

大卫·李嘉图的比较优势理论认为，国际贸易的基础是生产技术的相对差别（而非绝对差别），以及由此产生的相对成本的差别。某个国家和地区即使在所有的商品生产上相对于另一个国家和地区都处于劣势，但只要这些商品在同一优势或劣势国家和地区之间的优劣程度不同，那么他们彼此之间相较于另一方在某种商品的生产上就必然具有比较优势。因此，每个国家和地区都应根据"两利相权取其重，两弊相权取其轻"的原则，集中生产并出口其具有"比较优势"的产品，进口其具有"比较劣势"的产品。很显然，日本的动漫业成就是该理论的最佳阐释，极具日本风格的动漫产品将该国推上了"动漫王国"的宝座，赢得显著的经济和社会效益。这就告诉我们不同的国家和地区要进行专业化分工，大力生产具有最小劣势的商品，按照比较优势的原则去组织安排生产，才能更好地提高自身效益和竞争力，获取比较利益。

然而，鉴于民族地区的客观发展现实，高端创意产业是其"比较劣势"，短期内很难崭露头角，但民族地区可以依据自身独特的文化资源发展特色产业。甘肃民族地区积淀了丰富的民俗文化资源和独特的民族文化资源，受自然条件、地形地貌、历史发展等影响形成了独特的文化符号，有明显的文化资源优势。通过发掘这些比较优势，可由此形成民俗旅游、民俗工艺制造等特色产业，推动形成一批具有民族特色的知名品牌。例如，临夏砖雕充满传统的文化特色，以一门独立的艺术形式发展到现在。在临夏州文化产业发展过程中，可以突出这一特色，打造品牌活动，从而取得文化产业发展的比较优势。甘南则可依托黄河、洮河、大夏河等打造天下黄河第一弯旅游风情线、民族民俗旅游风情线、宗教文化旅游风情线，致力于唐卡、洮砚等非遗项目产业文化的开发。

总之，在甘肃民族文化产业发展过程中，对比较优势必须要进行有效的挖掘和利用，根据实际优势选择合适的策略，着力打造文化品牌，避免同质化现象，走特色化产业道路，真正带动甘肃民族地区文化产业的发展，提高竞争力。

（五）拓展外部需求，培育内生动力

就发展前提而言，甘肃民族地区的文化产业发展现实更接近夏威夷和云南，因此需求外溢型发展模式应是甘肃民族地区重点借鉴类型。我们通过认真比较后发现，甘肃民族地区最明显的文化产业发展劣势是缺乏"品牌认知"。夏威夷是举世公认的旅游胜地，其品牌知名度和认可度自可不必多言，而《云南映像》《丽水金沙》等精品剧目以及《士兵突击》等大热影视剧的拍摄也让云南文化在国内拥有较高知名度。反观甘肃民族地区，尽管文化资源富集，但至今没有开发出像《大梦敦煌》那样的知名作品。所以，加大宣传力度，打造知名品牌是甘肃民族地区实行外需拉动战略的首要选择。

尽管需求外溢型模式对民族地区文化产业的前期发展至关重要，但外需最大的缺点是稳定性不足，因此，从长远来看，培育自身核心竞争力才是根本之举。伦敦模式对民族地区最大的启示是："硬环境"和"软环境"要"两手抓，两手都要硬"。民族地区当下最重要的是做好以下三点。

①大力发展区域经济，增加居民人均可支配收入。文化的消费归根结底是人的精神消费，马斯洛的需求层次理论显示，人的需求具有层次性，且精神需求处于较高层级。因而，提高人们的收入水平是刺激人们文化需求的根本性支撑。

②积极培育和引进高端人才。其实，民族地区缺的不是"金子"，而是发现金子的眼光，高端人才团队能够创新管理模式和优化利用民族文化资源，为民族地区文化产业化提供智力支持。

③完善基础设施建设。基本公共服务设施短缺是民族地区发展文化产业的一大障碍，最明显的就是交通不便，直接影响文化旅游业和物流业的发展。所以，民族地区应该有针对性地解决关键基础设施问题。

（六）保护民族文化，确保持续发展

仔细对比台湾模式和夏威夷模式，可以发现两者都极为重视对民族文化的尊重和保护。尊重民族文化对民族地区而言具有特殊的意义，因为民族地区都有宗教信仰，而很多文化都是基于信仰的产物，所以，缺乏尊重很可能导致民族冲突。此外，有学者认为文化是可再生资源，但这种说法并不严谨，因为有些文化需要表达载体，如卓尼的洮砚，一旦洮砚石遭到非节制开采而消耗殆尽，洮砚文化就会因为载体的缺失而消逝。因此，强化民族文化的传承和保护是确保民族地区文化产业持续发展的重要一环。

第七章　甘肃民族地区文化产业
发展战略制定

文化产业战略制定要把握好四个基本点：第一，在掌握充分信息的基础上，必须要透过纷繁的现象把握本质，确保战略的重点和可行性；第二，完整准确地进行全局的把握，并注重其与结构的分解细化之间的平衡关系；第三，要把短期发展和长期发展结合起来，具有基于事物发展逻辑过程的前瞻性；第四，注重文化产业发展战略与价值观的相容性分析，使其符合主流价值观的发展，注重核心竞争力的培育。[①] 基于前文分析，并结合文化产业战略选择的原则，可以总结出以下几点：第一，甘肃民族地区本地市场容量较小，文化产业以外需为主，且需求规模呈增长趋势；第二，来自其他产业的支持较弱，达到完全依靠内生型增长的要求具有难度；第三，企业发展程度有限，政府主导作用明显；第四，有产业融合和传播效应的现实需求。综上所述，甘肃民族地区要围绕"外需为主，内生为辅"的总框架进行文化产业发展战略的选择。

一　甘肃民族地区文化产业发展的总体思路

就总体思路而言，甘肃民族地区文化产业发展首先要因时制宜，即把握住"一带一路"建设、华夏文明传承创新区建设和藏羌彝文化产业走廊建设带来的绝佳发展机遇，借此重要契机，将本地区的文化产业发展与国家顶层设计有机融合。其次，要因地制宜，除了要对文化产业的重要地位

---

① 朱建刚：《文化产业发展战略研究》，湖南教育出版社，2006。

在战略层面予以确立外,还要加大政策扶持力度,优化民族地区产业发展环境,建立健全文化市场体系,深挖民族文化资源内涵,重视文化品牌建设等,为文化产业的发展壮大培育肥沃土壤。最后,要因人制宜,这里主要包含三个层面:一是促使民众充分认识到文化产业的经济地位,形成正确理性的文化认知;二是采取有效措施培育和引进高层次文化产业管理人才,确保智力支持;三是在尊重民族地区少数民族风俗习惯和宗教信仰的基础上发展具有较强产业竞争力和鲜明民族区域特色的文化产业。

二 甘肃民族地区文化产业发展目标

甘肃民族地区文化产业发展目标的制定必须要立足当地实际,立足于民族地区的文化生态,长远布局,统筹协调。具体而言,目标可分为三个层级:首先,通过发展文化产业促进民族文化实现更好的保护传承。文化产业对民族文化资源进行开发利用是为了使其得到更好的传承和发展,通过经济支持和手段支撑可以促使其以更加科学的方式获得良性发展,这亦是文化产业实现经济效益和社会效益的双赢的前提。其次,通过文化产业发展推进民族地区产业结构优化升级。一是促进文化产业自身结构的更新换代,即由初级资源型开发向高级创意型经营转变;二是带动地区产业结构的转型升级,争取通过文化产业的发展促进第三产业成为地区主导业态,实现产业间均衡发展。最后,文化产业发展成果以与民族地区人们共享为出发点和落脚点。从产业发展未来趋势看,文化产业必将成为民族地区经济发展的重要支柱,而任何产业的发展都要有正确的方向引领和恰当的利益归宿,文化产业的发展应当为民族地区民众脱贫致富、缩小区域间贫富差距及维护民族团结做出积极贡献。

三 甘肃民族地区文化产业发展的指导原则

(一) 差异化开发原则

民族地区发展文化产业有得天独厚的资源优势,但由于我国民族聚居区众多且各具特色,因此,包括相似地区在内的各民族区域,其文化产业发展势必存在同质化竞争现象。与西藏、宁夏等民族地区相比,尽管以藏族文化和伊斯兰文化为主的甘肃民族地区具有自身独特的民族文化构成,但亦有较多的文化要素重合。这就要求甘肃民族地区在发展文化产业时要尽力突出当地文化资源特色，形成比较优势，避免生搬硬套，从而增强该地区文化产业的内生动力及核心竞争力。

（二）可持续发展原则

前文在论述文化产业发展模式的借鉴中曾提及，甘肃民族地区更适合需求外溢型发展模式，然而，该模式的最大缺点就是当前发展与长远发展之间存在矛盾。对民族地区而言，文化资源是其发展文化产业的基石和保障，尽管该类资源具有较强可再生性，但过度开发会对文化生态造成灾难性后果，尤其是非物质文化遗产，一旦受到破坏，就很难恢复。因此，在文化产业化时要认真考量当地环境的承载力，在保护的基础上进行适度开发，确保文化产业可持续发展。

甘肃民族地区文化产业的发展需要遵循可持续发展原则。文化产业的发展不是拼资源、拼财力所带来的高投入、低产出的粗放型经济增长，而是利用民族地区特色文化资源，发挥内生动力、打造特色品牌、提高产业附加值，在追求高效益的同时，也更加注重可持续。不以牺牲后代人的利益为代价，换取当代人的利益。追求一种速度与效率并重，当前发展与长远发展兼顾，经济和社会、生态环境协调发展的模式。它所依靠的是科技进步与教育振兴带来的经济繁荣，特别强调重视合理开发和永续利用国土资源和生态环境，实现经济与社会的协调发展与共同进步，经济发展、资源利用、环境保护的良性循环。

（三）立足当地原则

该原则包括两层含义，一是立足当地文化资源。二是注重对当地民众利益的维护。由前文可知，品牌是文化产业发展的支点，体现了区域文化的影响力和号召力，而甘肃民族地区之所以缺乏像美国夏威夷和云南迪庆那样的品牌认知度，很大程度上是因为其独特的地理文化环境优势没有得到充分发挥。此外，实证分析表明，民族地区群众有其独特的情感和利益考量，因此文化产业必须要在尊重、满足当地人们诉求的基础上发展。其实，要促进甘肃民族地区文化产业的发展就必须确立一个发展方向或突破口，其关键是立足当地实际，从丰富的文化资源中发掘符合时代精神的文化内涵，并服务于当地，使当地群众在文化产业发展中成为最大受益者。

（四）开放性发展原则

甘肃民族地区地广人稀，经济基础薄弱，人均可支配收入较少，文化消费水平不高，因而，发展文化产业不能仅仅依靠当地居民及外来游客的文化消费，而且需要把文化市场拓展到海外。"一带一路"倡议的提出和实施，为当地文化产业"走出去"提供了历史性机遇，甘肃民族地区可以依托"一带一路"倡议，通过实施精品化策略将其特色文化产品推向世界市场。

四 甘肃民族地区文化产业发展战略模式选择

战略管理一般分为三大步骤，即战略分析、战略选择与评价以及战略实施与控制（见图7-1），战略选择与评价是整个过程中较为重要的一环，因为它决定了战略实施的方向。通过实证分析得知，甘肃民族地区文化产业发展水平整体比较落后，仍处于产业周期的导入阶段。因此，着眼于地区发展实际，多种发展战略模式的综合运用更符合其长远发展需要。

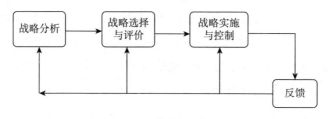

图7-1 战略管理框架

根据系统学的观点，机制是指系统各子系统、各要素之间的相互作用、相互联系、相互制约的形式及其运动原理和内在的、本质的工作方式。因此，治理机制就是通过建立一系列的制度安排，协调各利益相关者之间的关系和利益，形成科学的决策方式，并对各利益相关者进行合理的激励和监督，从而维持组织的运营和实现组织的目标。

治理理论强调由多主体参与，各主体之间相互影响、相互制约，并且将各利益相关者之间的关系协调看作其运转的核心，重视各个机制设立的科学性和可行性，追求其目标工作的长远发展，而这正与甘肃民族地区文化发展工作的需求相契合。具体体现在以下几个方面。

第一，民族地区文化产业的发展强调参与主体的多元化。随着经济全球化的快速发展，单一靠政府和单一靠市场来解决公共物品和公共服务的供给都被证实是无法实现的，政府和市场与生俱来的弊端导致政府失灵和市场失灵现象无法避免。特别是在公民社会的理论出现后，人们深刻地认识到，公众作为公共物品和公共服务的直接受益人，应该更多地参与到公共问题的探讨和监管之中，对于像文化产业这种兼具经济属性与社会属性的产业，其发展问题应该被多方重视，也必须要依靠政府、企业、非营利组织等多元化的主体来解决。

第二，民族地区文化产业的发展需要协调各主体的关系和利益。就文化产业的发展而言，不同的主体关注的主要利益各不相同，政府更多地注重通过文化产业的发展实现经济增长、刺激文化需求、调整产业结构、拉动文化消费，从而增强政府公信力；企业则将主要注意力集中在文化产业带来的经济效益，实现利益最大化；文化专业人士则想更多地挖掘和研究文化资源的深厚价值，通过文化产业的发展，开发具有精神价值的文化产品，推动文化的传承等。因此，民族地区的文化产业发展过程需要将治理机制运用其中，通过治理机制的建立，协调各主体的关系和利益，从而实现文化产业的良性可持续发展。

第三，民族地区文化产业的发展是一个全面动态持续的过程，涵盖主体确立、制度完善、资金来源和使用、人才保障，以及监督评价等多方面的内容，且各环节之间应该是相互联系、相互影响的，整个过程应该是动态持续的，而这恰恰符合治理机制的特征。通过治理机制的建设，可以促进各环节的有效互动，从而实现民族地区文化产业的持续优化。结合笔者对民族区域发展所做的 SWOT 分析及战略思考和对国内外发展模式的经验借鉴，本研究提出以下七种战略模式。

（一）政府治理与文化产业发展的调适培育战略模式

政府是文化产业政策法规的制定者。甘肃民族地区的特殊性使得政府在该地区文化产业发展中发挥主导作用，政策导向会在很大程度上影响到当地文化产业发展的方向和水平，地方政府在甘肃民族地区文化产业的发展中，起到了战略支持和主导推动的作用。另外，政府也是文化体制改革的支持者和推动者。长期以来，甘肃省民族地区的公益性文化事业和经营性文化产业混淆不分，应该由政府主导的公益性文化事业长期投入不足，应该由市场主导的经营性文化产业长期依赖政府，束缚了文化事业和文化产业发展。

因此，我们提出政府治理与文化产业发展的调适培育战略模式。该模式主要强调政府在文化产业发展中的重要作用，涉及政府自身文化治理模式优化和政府对文化产业的规划引导及政策倾斜两个方面。对政府作用的强调主要基于以下两点考量。①引导地区文化产业发展是政府宏观调控职能的重要组成部分。前文对甘肃民族地区产业构成现状的分析表明，文化产业在地区产值中的占比微乎其微，这种产业结构失衡现象很大程度上表明政府需要倾斜经济政策。因为就国情而言，我国大部分资源的支配权都掌握在政府手中，含有意识形态色彩的文化产业资源更是如此。另外，市场调节本身具有极端趋利导向等"失灵"表现，很可能为谋求经济利益最大化而牺牲社会利益。所以，只有政府从源头逐步解禁并加以引导，才能彻底释放民族地区文化产业发展活力。②文化产业发展初期的客观需要。国内外文化产业发达地区的经验表明，即便像美国这样市场主导的文化产业发展模式也离不开政府法制建设等的前期铺垫，而日韩等国家的文化产业成就更是证明了政府前期主导的重要性。而且文化产业属于高投入、高风险、高回报的"三高"业态，确保资金来源是产业发展的关键前提，资金积累现状及缺乏资金来源是民族地区文化产业主体难以壮大的首要瓶颈制约，而经济基础薄弱又是该类地区的现实写照。因此政府必须要在资金支持、合作平台搭建、重大项目引进、国家利好政策争取等领域肩负起应有责任。

就政府在文化产业发展中的作用和行为而言，不少学者都做过相关探究。[1] 结合甘肃民族地区发展实际，政府在推进民族地区文化产业发展方面应发挥以下作用：引导民众理性认知文化产业，为民族地区文化产业发展扫清理念障碍；科学制定战略规划，为地区文化产业发展提供顶层设计；建立健全政策扶持体系，确保文化产业规划落地、可行；强化宏观调控，

---

① 刘勤：《地方文化产业发展中的政府作用研究——以济南市文化产业发展为例》，硕士学位论文，山东大学，2008；史正东：《政府在文化产业发展中的作用研究——以绍兴市为例》，硕士学位论文，上海交通大学，2009；王锋：《民族地区文化产业可持续发展中的政府行为研究——以丽江市为例》，硕士学位论文，陕西师范大学，2013。

培育文化市场体系，根据文化产业的运行规律，规范文化产业经营主体的行为，实现文化产业资源的有效配置①；加快文化体制机制改革，为文化产业发展扫除制度性障碍；强化法规建设，为健全文化产业市场体系提供法制保障、明确行为底线；助力文化品牌建设，提高民族地区文化产业知名度和美誉度；构建全方位资金、人才服务体系，为民族地区文化产业发展提供智力和财力支撑等。这里需要说明的是，尽管政府在文化产业发展中扮演重要角色，但并不意味着其可以大包大揽、为所欲为，而是要在尊重民族地区发展特点和文化产业自身规律的基础上稳步推进。

总之，政府在甘肃民族地区文化产业发展过程中具有无可替代的重要作用，因而，政府的治理体系与管理模式是否科学、合理关系到文化产业能否健康持续发展。实证分析发现，甘肃民族地区文化产业起步较迟，尚属于新兴产业，政府在文化产业管理方面经验不足，现有机制体制不能满足文化产业发展需求。当前民族地区政府的文化治理水平需要在管理制度、管理思维、管理方式与手段等方面进一步提高。

（二）企业治理与文化产业发展的效率提升战略模式

该模式旨在强调文化企业这一最重要主体对民族地区文化产业的助推和催化作用。众所周知，文化企业是文化产业发展的重要引擎，其数量、规模和种类等直接决定了文化产业的效率和效益，但甘肃民族地区文化企业的现状却不容乐观。尽管临夏州的发展水平相对较高，但是整个地区的产业主体仍是以中小企业和小作坊为主，致使甘肃民族地区文化产业难以集聚化发展，缺乏规模效应。企业治理主要包含两个层面的含义，一是指较大规模企业自身的科学和规范化管理，为企业的进一步发展壮大夯实基础；二是指小微企业的转型升级，这种转型不单单意味着规模的扩大，更重要的是专业化和特色化运营。

甘肃民族地区文化企业的培育和壮大可从以下几个方面着手。①从企业整体结构布局和发展方向来看，该地区必须要在保证工艺品制造和文化旅游业快速发展的同时，谋求业态的多元化发展。为此，一方面可以有目的地引进技术含量较高的高端文化企业，借力带动民族地区文化产业多样

---

① 李向民、王晨、成乔明：《文化产业管理概论》，书海出版社，2006。

化发展；另一方面可以有重点地引导和扶持现有小型企业改造升级，以及打造企业孵化平台。②从文化产业的集群发展来看，甘肃省民族地区文化产业需要通过产业集群来实现规模效益，促进同类产品之间的互补合作。应当注重文化产业与其他产业之间的资源整合和融合发展，完善产业链上、下游企业，提高产业的服务水平，完善产业的服务功能。通过空间优化布局、业态规模化发展、相关产业整合来提高当地文化产业发展的全局性。因此，甘肃省民族地区文化产业未来发展中，应当以市场为导向，加大文化体验类、文化创意类和休闲度假类的业态集群和相关产品的组合开发力度，形成产业规模发展优势，从而优化产业结构，完善产业生产服务功能。③从文化企业自身的管理来讲，一是制定科学合理的企业发展战略，以甘肃华夏文明传承创新区建设为契机，着眼长远，主动谋求经营业务的转型升级。二是正确应对同业竞争，避免陷入同质化竞争陷阱。就甘南和临夏两州而言，尽管在文化资源方面存在差异，但现有的经营业态已经构成潜在的同质化竞争。因此，应打破行政和民族心理界限，通过组建企业联合会等形式加强地区文化企业的交流合作，共同促进甘肃民族地区文化产业的跨越发展。

（三）主体培育与文化产业体系化发展战略模式

本模式意在通过产业主体的多元化培育，实现文化产业的系统化发展。需要注意的是，产业主体培育的重点不是大型企业，其所面临的更多是治理问题，第二种模式已经述及。这里的主体培育主要包括三层含义：一是对现存小微文化企业、家庭作坊等产业组织的升级改造，促使其扩大规模、提升科学管理能力等；二是通过多种方式催生新型产业主体，主要包括文化产业链条中的运营及宣传销售类组织；三是激发当地民众参与文化产业建设，为产业发展提供人力资本支持和智力支持。前文实证分析表明，甘肃民族地区文化企业数目少、规模小、类型单一，文化产业主体仍以中小微企业和家庭作坊为主，而且普通民众的参与意愿并不强烈。因此，培育文化产业主体势在必行。

具体而言，文化产业主体培育与文化产业的系统化可从以下几方面着手：以"文化集市"为突破口，利用非物质文化遗产、民族民间民俗工艺，开发产品，组织成立文化产品协会，发展劳动密集型文化产业；利用互联网技术发展文化产品电子商务网店，形成"网店＋协会＋农户"的模式，既可培育文化经营个体商户，又可促进文化产业营销组织的多元化发展；依托供联社农村营销网点等实体，构建农村文化产品商贸流通网络，形成"公司＋基地＋农户"的商业运营模式，促进文化产业链的形成；采取优惠措施鼓励民众积极投身文化产业建设，使文化资源与人力资源实现良性循环，促进劳动密集型文化产业发展。

同时，甘肃民族地区文化产业未来的发展过程中，需要推进构建全方位的产业生产主体，促进多元主体的有效协作，形成政府、企业、社会组织、居民等共同参与管理建设的网格化管理模式。甘肃民族地区文化产业作为一个集多元主体、多重功能于一体的发展空间，其可持续发展需要更多的主体参与，通过各主体间的有效协作，形成文化产业发展的合力。首先，应明确政府、企业、民众作为发展主体存在的意识定位，特别是要注意尊重和认可民众在文化产业发展中的主体地位，从而强化民众的参与意识。其次，应根据文化产业发展的实际，突破现有意识下的产业主体范围，让社会组织、民间团体等更多的力量参与到当地的产业发展和建设中来。再次，应加强多元主体的有效合作，通过政府政策引导、企业管理创新、社会组织政社互动、居民参与共建来形成发展合力。在民族文化产业的未来发展中，当地政府和企业应当注重民族文化的保护和营销开发，通过文化产业服务知识培训、民族文化讲座，提高社区居民的参与积极性和文化自觉意识。最后，应加强对现有商会、协会等社会组织的引导，通过建立企业、协会和居民的有效合作机制，促进社会组织和当地民众积极参与。

（四）科技、旅游与文化产业发展的新型业态打造战略模式

该模式意在为民族地区文化产业发展引进"文化＋"的新兴理念，促进民族特色文化与其他产业间的多元融合发展。所谓"文化＋"，就是要坚持以文为主、加强整合融合。对于文化产业来讲，重点要"＋创意""＋内容"，缺乏创意的文化难以抓住人们的"注意力"。一个好的创意很容易形成一个好的文化产品，甚至能够带动一条产业链的发展，产生巨大的经济和社会效益；一个注入文化创意的设计作品作用于相关产业和产品，才能塑造其形象、提升其附加值。我国的文化创意产业方兴未艾，随着大众创业、万众创新的深入发展，文化产业也必将借助创意获得质的提升，并对

经济社会发展带来深刻影响。所谓"＋文化",就是要注入文化内涵、提升
文化价值。早在 2012 年,党的十八大报告曾提出"促进文化和科技融合,
发展新型文化业态,提高文化产业规模化、集约化、专业化水平"的要求。
这就意味着我们要以文化为基因,以创意为翅膀,加上各种创新发展的元
素,融合互联网、新媒体、高科技等手段,实现从传统的单一文化产品到
多元、现代、高科技的文化产业的转型升级,既拓宽了文化产业的覆盖面
与内涵深度,又增加了产业附加值与竞争力。在信息技术革命、经济"新
常态"、假日旅游经济以及"大众创业、万众创新"等多重背景下,"文化
＋"理念为民族区域经济发展带来新的契机,是继"互联网＋"思维提出
并深度影响了多个行业后的又一次思想革新,必将为全社会的创造力和生
产力的提升带来新的动力。"文化＋"是以文化为主体或核心元素的一种跨
业态融合,代表的是一种新的文化经济形态,即充分发挥文化的作用,将
文化创新创意成果深度融合于经济社会各领域,形成以文化为内生驱动力
的产业发展新模式与新形态,其实质是要实现内容、市场、资本和技术等
关键要素在文化产业发展中的聚集、互动、融合和创新。[1]

　　就甘肃民族地区而言,科技和旅游应作为实行"文化＋"理念的重要
抓手。由于缺乏文化与科技的融合,民族地区没有形成科技带动文化建设
的模式,许多具有鲜明民族特色的文化产品依然停留在技术含量低、生产
规模小的家庭小作坊式的生产状态,陷入产品层次低、传播渠道窄、文化
服务质量差的窘境。[2] 如果运用现代高新技术改造传统文化产业,培育新兴
数字文化业态,同时结合当地特色文化资源优势进行深度整合,势必能够
提升文化产业的竞争力。甘肃民族地区的旅游资源可谓得天独厚,自然景
观、宗教建筑、民俗风情、特色美食、民族节庆等都蕴含巨大的开发潜力,
文化产业的发展可以从打造具有代表性的民族元素入手,提高相关文化产
品的附加价值,引导建立该地区的相关产业链,打造具有民族区域特色的
文化产品和服务。同时,将自享性的民族艺术等融入旅游业态,能够提升
旅游产品的文化附加值,提升旅游产业的品位和吸引力,优化旅游产业结

<hr>

[1]　王京生:《"文化＋":新形势下文化产业发展的战略选择》,《中国文化报》2015 年 8 月 15 日。
[2]　张瑾燕:《民族地区文化产业的科技创新提升路径研究》,《大连民族学院学报》2013 年第
　　4 期,第 337～341 页。

构,推进旅游事业可持续发展,对当地经济发展和民族文化保护与开发发挥巨大作用[1],从而实现文化产业的跨越式前进。针对甘肃省广大的民族地区,在推动"文化+"概念深入文化产业的发展过程的时候要兼顾经济效益和社会效益。在充分调动各方面的积极性,令各种因素参与到文化的发展中以促进文化经济产业规模扩大、效益提高的同时,还应关注文化产业的社会效益是否在社会主义核心价值观的大方向下满足了人民日益增长的对文化生活的需求。

(五)公共文化事业与文化产业发展的协调推进战略模式

该模式意在强调公益性文化事业与经营性文化产业之间的协调互动发展,破解"两张皮"的现象,并通过文化事业单位改革促进文化产业的转型发展。尽管公益性文化事业和文化产业在性质、职能、管理机制、目的等方面不尽相同,却又互为关联、相互依赖,属于文化发展的一体两翼。

首先,文化产业的发展需要以公共文化服务水平的提质升级为条件。实践证明,物质生活水平的提高并不必然会带来精神文化水平的同步提高,精神文化水平的提高需要有正确的价值引导和足够的资源投入。普惠性的公共文化服务在满足公民基本文化需求、保障基本文化权益的同时,为文化产业发展提供了丰富的文化资源与创作源泉,不仅培养了文化创作人才队伍,还培育了潜在消费主体。文化事业繁荣发展有利于提高社会的整体科学文化素养和文化消费意愿,提升社会文化创新水平,为文化产业的发展提供良好的文化生态环境,尤其是随着公众个性化、高层次文化需求的快速提升,文化事业的繁荣发展为文化产业的发展提供了巨大的消费市场,确保了文化产业的动力来源,从而促进了甘肃民族地区文化产业的快速健康发展。[2]

其次,在文化产业发展的牵引下,文化事业也将不断增强自身的造血功能,运用市场机制提升自我创新能力,即文化产业的发展可以丰富公益性文化事业的供给内容与方式。例如,将文化创意融入公共文化产品或服

---

[1] 尹贻梅、鲁明勇:《民族地区旅游业与创意产业耦合发展研究——以张家界为例》,《旅游学刊》2009 年第 3 期,第 42 ~ 48 页。

[2] 许立勇、王瑞雪:《公共文化服务与文化产业匹配分析——基于北京城市功能拓展区的研究》,《国际文化管理》2014 年第 12 期,第 132 ~ 140 页。

务的设计宣传中，能够让大众更加清晰地了解文化产品所要体现的文化内涵，进而提升公共文化产品的影响力。

最后，公共文化和文化产业各自的秉性具有发展的互补性。虽然公共性是公共文化的首要属性，但是发展公共文化也必须坚持市场导向，要注重服务效能，需积极借鉴文化产业的发展理念；营利性是文化产业的重要属性，但是发展文化产业仍然必须将社会效益和公共精神放在首位。只有始终坚持融合发展，才能实现公共文化与文化产业的协调发展和整体提高。

因此，我们必须注重公益性文化事业与经营性文化产业的协调发展。如果只发展文化产业，追求产业利润和产业升级，忽视公共文化服务体系对市场的开拓作用，那么文化产业可能会因自身对消费者消费能力的耗费而缩小规模或是在经济社会发展的情况下仅仅做有限的扩张。相反，如果只重视和强调公共文化服务体系建设与完善，那么这种发展将仅仅是输血式发展而非造血性发展，一旦国家或社会输血能力有限或下降，公共文化服务体系的发展就存在问题。只有公共文化服务体系与文化产业协调发展，才能实现文化事业全面繁荣和文化产业快速发展。但是目前，甘肃省民族地区的文化事业与文化产业客观上依然存在着"两张皮"现象，这不仅削弱了文化建设的内在动力，导致公共文化服务的效能难以提升，而且使得文化产业的转型升级面临隐形掣肘。基于这一现象，必须通过深化文化体制改革予以破解。

在社会主义市场经济条件下，政府文化管理的重点在于保障文化活动和文化产业开展所需的要素和环境，并对其进行公共服务和监督协调。① 党的十六大以来，政府始终把建立与市场经济体制相适应的文化管理体制作为改革方向，而文化事业单位的改革是文化体制改革的一个重要内容。通过政策倾斜、财政支持等逐步推动非公益性文化事业单位的转企改制，使其成长为自主经营、自负盈亏、自我发展的市场主体，可由此释放文化市场的空间和活力，提升文化产业发展的动力；还可通过兼并、重组的方式组建文化产业集团，聚集优质资源和好的项目，开辟新的增长点。只有真正破除文化事业的体制化障碍，文化产业才能实现基础层面的转型，获得

---

① 常莉：《共同治理视阈下公共文化管理运行基础和路径研究》，《西安交通大学学报》（社会科学版）2015 年第 1 期，第 74~78 页。

健康发展。

　　同时，甘肃民族地区政府要结合本地区发展的实际，将文化体制改革的方针政策落实到位，切实突破文化事业与文化产业"两张皮"的体制机制障碍；着力补齐保障公共文化与文化产业协调发展的资源要素"短板"；精准把握地区文化消费的新特点、新趋势，从而构建基于需求导向的文化生产机制和基于公平竞争的文化供给机制，进一步推进文化事业与文化产业的协同发展。在公共文化事业与文化产业融合发展的过程中，还应巩固政府、社会和市场多元主体参与的格局。在现代文化市场体系下，只有多元主体平等竞争才能促使文化生产和供给效益的提高，一大批能有效参与文化生产和供给的主体的存在，是实现公共文化与文化产业协调发展的前提条件。无论是发展文化产业还是繁荣公共文化都要树立开放包容的理念，积极引导社会力量和民间资本参与文化建设，形成多元主体投入文化改革发展的格局。政府应该不断完善政府购买、财政补贴、贷款贴息机制，引导社会力量参与文化改革发展并不断提升专业化水平。

　　最后，在当前的文化改革发展中，要充分地利用科学技术的支撑，从而促进公共文化事业与文化产业的融合协调发展。一是可以进行文化资源的挖掘和开发。各级博物馆、图书馆和文化馆等公共文化机构具有丰厚的文化资源，在科技深度影响生活的背景下，由于科技手段利用不足，这些文化资源大多处于"沉睡"状态，要利用现代科技手段创新这些文化资源的表现形式，从而放大资源的价值效应，推进公共文化和文化产业融合发展。二是注重文化需求的表达和回应。对文化需求的掌握和引领是繁荣公共文化和发展文化产业的基本前提，大数据、云计算、物联网、移动互联网等现代科技手段为文化需求的精准掌握和有效回应提供了可能。要加大文化科技融合的投入力度，以公共数字文化服务建设为途径，构建公共文化服务云平台，打造线上线下联动的文化服务和消费机制，准确把握文化消费的现状和趋势，为公共文化与文化产业融合发展提供数据支持。三是构建文化科技创新公共平台。文化科技创新具有一定的风险性，政府应该加大文化科技支撑平台建设力度，承担公共技术的开发责任，为公共文化和文化产业的协同发展提供技术支持，最终促进甘肃民族地区文化产业的良性发展。

（六）特色文化消费外溢与文化产业发展重点突破战略模式

　　该模式本质是"以特制胜"和外需拉动的有机结合，以此寻求民族地区文化产业的突破口。前文已述及，各民族地区存在潜在的同质化竞争，因为基本上都能达到"人有我有"的状态，所以，只有尽力做到"人有我特"才能获得比较竞争优势。文化产业发展主要经历 7 个环节：资源（生产资料）→投资（生产投入）→企业（生产主体）→产品（生产成果）→服务（生产增值）→营销（生产推广）→消费（生产结果）[①]。结合甘肃民族地区的发展实际，若想实现上述战略，就必须紧盯资源、产品和营销三个关键环节。

一是从资源上找特色。SWOT 分析显示，文化资源被认为是民族地区发展文化产业的最大优势，工艺品和旅游资源禀赋上佳，可以作为开发重点。二是将资源打造成精品。由前文扎根分析和与迪庆的对比分析中可知，产品自身的品质是影响品牌认知和市场需求的重要因素，尽管资源的特色很重要，但"只特不精"亦不能有效地吸引消费者。另外，精品不仅指内容精美，还包括形式新颖，是二者的有机结合。三是加大营销力度。所谓"酒香也怕巷子深"，而这在某种程度上恰恰是民族地区文化产业的现实写照，因此，要强化营销意识，采取一切有效措施让外部潜在消费群体感知、了解，进而进行消费。

甘肃省民族地区可利用的独特的文化资源比比皆是。甘肃临夏地区的特色回坊文化——"八坊文化"蕴含着众多的文化元素。第一是历史文化元素和信息，中国的古老的"坊"在城市化和现代化过程中被改造殆尽，在八坊人们可以感受到过去人们的生活影像。第二是"坊"的内部规划、街区布局以及坊内建筑。在八坊这块不足一平方公里的地方，街巷密布、纵横交错，道道相通，巷巷相连，曲折迂回。八坊内部没有高楼大厦，只是错落有致地排列着一座座民居院落，以传统的四合院居多，既有中国古典建筑的庄重，也有当代建筑的气魄。八坊内部的街区布局从它形成之后就少有变化，一直保存到现在。第三是八坊是中国清真寺最密集的地区，是清真寺文化的大观园。几乎每条巷道中，甚至在百米之内都有巍峨的清真寺，每座清真寺的建筑风格各异。第四是在八坊能够感受最浓郁的回族民俗。

---

① 葛红兵、谢尚发：《文化消费：文化产业振兴的根本问题——兼评 2009 年上海文化消费状况》，《科学发展》2009 年第 12 期，第 84～94 页。

　　结合地方特色发展文化产业的一个成功案例就是"花儿"，"花儿"发源于临夏回族自治州，这里素有"花儿"的"故乡"和"胜地"之美称。2004年10月19日，中国民间文艺家协会授予临夏回族自治州"中国花儿之乡"的称号。同时，临夏的康乐县、和政县分别被命名为"中国花儿保护基地""中国花儿传承基地"，积石山保安族东乡族撒拉族自治县、永靖县被联合国教科文组织确定为"民歌考察采录地"。2006年5月20日，"花儿"被批准列入中华人民共和国首批非物质文化遗产名录。2008年"花儿"经文化部审批，已正式向设立在法国巴黎的联合国教科文组织提交了相关申报资料，冲刺"世界级"非物质文化遗产。围绕"花儿"，首先，可以整合各种资源，做大做强一年一度的松鸣岩、莲花山"花儿会"；其次，发展"花儿"音像市场，创出"花儿"的品牌；最后，进行艺术革新和发展，搞活一些"花儿"方面商业性的文化艺术演出，作为旅游的配套产品，进行推介。所以，"花儿"是临夏州最丰富的文化产业资源之一，"花儿"文化产业大有可为。

　　临夏州是古动物化石蕴藏丰富的地区，出土古动物化石数量之丰富，种类之繁多，保存之完好，在中国十分罕见。和政古动物化石博物馆是我国唯一一座古脊椎动物化石博物馆，是继四川自贡恐龙化石博物馆、西安半坡氏族社会遗址之后兴建的全国为数不多的中国国家级专业博物馆之一，该馆的建成使用为科学、长期、妥善保护这一具有垄断性的珍贵资源，为形成自贡—和政—西安这样一条地球演化、生物进化、人类出现的专题旅游热线，举办风格独特的科学展览，接纳国内外专业研究人员进行国际文化交流和青少年及游客科普修学，提供了便利，也为临夏州相关的文化产业发展奠定了坚实的基础。

　　中国人所熟知、所公认的"彩陶王"的出土地是临夏州的积石山保安族东乡族撒拉族自治县的三坪遗址。"彩陶王"是全世界史前陶器中的"钻石"，"彩陶王"和它所处的遗址的价值和地位是独一无二的。所以，出土"彩陶王"的三坪遗址是临夏州具有的品质极高的、能够打响国内外旅游市场的特有品牌。除此之外，临夏的广河、东乡等地还拥有大量的马家窑文化遗址和文物，这些也为临夏打造彩陶产业文化提供了独一无二的资源。

（七）特色、创意与文化产业核心竞争力培育战略模式

　　该模式意在通过立足当地特色、培育自主创新能力来增强民族地区文

化产业核心竞争力，从而促使其朝内生增长驱动转变。这里需要注意三个方面：第一，这里的"特色"强调的是文化产业开发要立足本地富于民族地域特色的文化资源，这与第六个战略模式强调特色文化消费截然不同；第二，强调"创意"与培育核心竞争力的时间段有关，因为民族地区在短期内只能依靠自身特色发掘比较优势，但长远来看只有依靠文化创意才能形成强劲持久的核心竞争力；第三，特色和创意共同作用于核心竞争力的培植，共同促进民族地区文化产业实现内生增长。立足当地特色对文化产业发展至关重要，盲目的模仿只会丧失自我，最终陷入同质化竞争的旋涡。此外，我国已经进入创意经济时代，传统的文化产业发展模式逐渐不能适应激烈的市场竞争。作为后发地区，甘肃民族地区文化创意产业发展明显不足，虽然甘南州、临夏州也有文化产品生产和输出，但是有产品不一定有产业，有产业不一定有内容，有内容不一定有品牌①，每一步转化都需要创意支撑。

文化产业开发要做到立足当地，除了依靠自身独特资源生产特色产品和服务外，还要保护、传承民族地区独有的文化生态环境，不能一味迎合外部多样需求而随便模仿或搞破坏性开发，确保以当地特色作为文化产业发展的根本。当然，立足本地并不代表墨守成规，因为创新是发展的灵魂，而且前文对国外的借鉴也表明，创意是文化产业发展的持续动力，且文化创意业是文化产业的高级发展方向。因此，民族地区应以文化创意人才引进、培养为抓手，以创意企业的培育为带动，以政策扶持为保障，以现代技术为支撑，长远规划，融特色与创意于一体，积极培育文化产业发展的核心竞争力。

五 甘肃民族地区文化产业发展战略实施

就最终的战略效果而言，战略实施所起作用最为关键。事实上，甘南、临夏都有自己的文化产业发展战略，如甘南的"文化撑州"战略和临夏的项目推动战略等，但两州文化产业的成效却不尽如人意，从前文的统计数据可知，两州文化产业增加值几乎"稳居"全省末位。究其原因，除了客

---

① 王伟伟：《加快中国文化创意产业发展研究》，博士学位论文，辽宁大学，2012。

观条件限制及战略制定模糊空泛外，更为重要的是战略构想难以落地。笔者将针对前文战略框架勾勒可行的实施策略。

（一）理顺政府职能，加强府际合作

1. 策略目标

①通过政府职能的明细化调整，有针对性地强化对民族地区文化产业发展的引导和扶持。

②通过加强民族自治区域政府间的交流合作，共同制定促进文化产业发展的策略规划，谋求地区间经济一体化长远发展。

2. 实施基础

①民族地区文化产业发展意愿强烈，各政府部门积极响应上级政府号召并达成重要共识，为各职能部门通力合作、协调一致创造良好条件。

②甘南和临夏已具备相应的文化产业发展基础，且两地政府均已制定相关战略规划，这为加强府际合作，共商发展大计奠定良好基础。

3. 具体建议

①民族地区文化部门的条块区隔现状严重影响文化产业的健全发展，因此应建立由民族地区政府一把手负责的文化产业领导小组，该小组承担起对文化产业管理相关部门的整合、联动作用，作为理顺文化产业发展职能的过渡。

②在第一步的基础上，根据民族地区实际重新界定文化产业职能范围，并根据其职责要求对现有文化部门进行调整重组，最好建立文化产业专门性机构。

③建立甘肃民族地区政府一把手之间或各自文化产业主要负责人之间的定期交流机制，为民族地区文化产业的统筹协调发展共同谋划。

④除甘肃民族地区外，川甘宁交界的各民族地区以及具有相同信仰的其他民族地区政府间可以建立沟通协调机制，以便共享发展经验，取长补短。

（二）培育文化龙头企业，优化文化产业结构

1. 策略目标

通过大型、优质企业的培育和带动，实现甘肃民族地区文化产业部门结构与文化产业空间结构的优化升级。

2. 实施基础

①甘南和临夏已经具有发展基础较好的企业存在，如甘南州羚城藏族文化科技开发有限责任公司及临夏市能成古典建筑装饰工程有限责任公司等。

②当地政府重点扶持，政策和行动上都给予足够重视，如争取项目资金补助及规划文化产业园区等。

③民族地区已对文化产业发展模式及结构调整进行了有益探索。

3. 具体建议

①打造文化产业孵化器，实现产业集聚。孵化器的形式可以是基于某大型企业的园区建设，也可以由政府相关部门根据地区文化产业发展实际规划专门的产业园区或基地。事实上，甘南和临夏都有相关的设想和行动，当前面临的最大困境是资金短缺。鉴于此，进行资源整合便成为当务之需。从企业自身来讲，除金融借贷外，可以尝试到新三板上市融资，也可以通过企业间兼并或联合实现资金积累。从政府角度讲，除了在土地、贷款等方面提供便利外，还可以通过牵线搭桥的方式谋求本地企业与外地企业的联合，从而开拓资金来源新渠道。

②深挖文化资源，形成文化产业多元发展格局。由统计资料可知，目前甘南和临夏的知名实力企业主要以工艺品及旅游相关产品的制造和销售为主，尽管产品极富地域特色，但就国内市场竞争而言，该民族地区竞争优势并不明显。因为易形成同质化竞争，而且，在生产方式既定的前提下，其产值极为有限。因此，拓展文化产业新领域是甘肃民族地区的必要发展方向。为此，政府可通过制定优惠政策大力引导社会资本投资文化旅游、演艺、节庆会展、文化创意等行业，充分发掘民族地区文化资源潜力。

③重点扶持基础较好的文化企业，发挥企业带动作用。龙头企业对产业链的打造及产业结构的升级具有极大的引领和催化作用，因此，政府应对发展好、有前景的公司进行重点培育，在税收、土地、审批、借贷等方面提供便利和优惠。

（三）开发文化精品，打造民族文化品牌

1. 策略目标

通过精心打造和专业运营高品质文化项目和产品，吸引域内外潜在消费者，让其在消费体验中感知、认可并自动扩散口碑，形成民族文化品牌认知，使甘肃民族文化精粹享誉国内，闻名全球。

2. 实施基础

①甘南、临夏拥有独具特色的民族文化资源，且进行了本土化的开发探索。

②民族地区各级政府部门对文化产业大力扶持。

③民族地区已有一定的品牌基础，如甘南的"九色香巴拉"。

④民众生活质量提升及对精神消费有潜在需求。

3. 具体建议

①打造精品旅游项目。首先，甘南、临夏两地政府应借助比邻的区位优势和高原生态特色，在文化旅游线路的规划上打破行政界线，共建高原生态旅游区等，让游客可以根据既定线路最大限度领略截然不同的民族风情。其次，借力科技力量，实现民族地区"智慧旅游"，让自驾游爱好者可以根据导航系统"心随我动"。最后，完善基础和配套实施，尤其是景区便捷化道路联通和多元化便民住宿，争取让游客"进得来"，也"留得住"。

②创作精品实景演出剧目。可以学习借鉴云南的《印象·丽江》等实景演出经验，排练出如《印象·黄河》《甘南锅庄》《东方小麦加》等能够充分反映当地特色情调的大型实景节目。

③制作精良电视剧目。甘南目前已经摄制《甘南情歌》《青稞熟了》《云中的郎木寺》《拉卜楞人家》《迭部恋歌》《圣诞玫瑰》等影视作品，而且我们在调研中了解到，甘南还拍摄出了反映红色文化的电影《卓尼土司》，但电影的受众毕竟有限，因此可以在此基础上拍摄反映杨土司革命情怀的电视剧——《红色杨土司》，而临夏可以在已有电影《情定河州》的基础上制作一部反映其古代历史地位的影视剧——"河湟雄镇"。

④打造特色美食节。甘南州、临夏州每年都会有大型的节庆活动，如香巴拉节和莲花山花儿节等，在节庆期间，举办具有当地民族特色的美食节，展现出藏族、回族、保安族等少数民族的饮食文化，还可以刺激消费。

（四）践行"文化＋"发展理念，助力文化产业转型升级

1. 策略目标

通过文化产业与旅游、科技、金融、创意、制造等的有机联姻，实现相关产业间的互动融合发展，助力文化产业内容和形式不断升级，满足消费者对文化的多元消费需求。

2. 实施基础

①民族地区目前已经具备一定的文化产业融合发展基础，如甘南旅游产业布局较早，农家乐等文化体验旅游日渐兴起；临夏的古文化仿制和民族传统工艺品制造相对突出。

②随着经济的发展，甘肃民族地区的科技、贸易、金融等行业取得了不同程度的进步。

3. 具体建议

①开发民族风情体验式旅游项目。甘南州目前所倡导的旅游产业仍是以传统的自然观光或历史文化参观等游览形式为主，游客除了拍照留念外，很难有强烈心理感应，但临夏的民族风情一条街等特色商业旅游街区的建设思路却值得借鉴，因为体验式旅游更能够给游客带来美好回忆及再次光顾的憧憬。我国台湾的做法也很值得甘肃民族地区借鉴，即游客从当地工艺坊中购买工艺原料，然后在当地艺人的指导下编制具有台湾地域特色的工艺品，编制的成品可以让游客带走，也可以标记序号后作为非卖品永久保留在工艺坊中，若该游客再次光顾依然可以凭身份和序号找到该工艺品。这种将民族文化与游客身心深度交融的文化旅游方式能够升华旅游的内涵，进而增进文化产业效益。

②借力信息技术，实现文化产业发展升级。随着电脑、手机等信息终端的逐步普及，文化产业的发展也迎来新的契机。概括而言，信息技术对民族地区文化产业的作用主要包括两个方面：产品营销和文化宣传。对于前者，文化产业主体可以通过自建网上商城、微信营销公众号或借助淘宝、京东等平台扩展销售渠道，也可以以低廉的价格在网络上植入产品宣传广告；对于后者，政府或企业可以制作民族文化纪录片，然后借助知名视频网站或微博、微信等平台进行免费口碑宣传。

③建立健全投融资体系，解决文化产业发展的资金瓶颈。一是为银行等金融机构落户本地提供土地、租金等政策优惠；二是鼓励本地社会资本投资文化产业，实行限期投资免税制；三是鼓励当地企业到新三板上市融资；四是采取专利入股的方式与外资合作；五是加大招商融资力度。

④利用新媒体、"互联网＋"等媒介促进现代文化产业链形成。民族地区文化产业的发展，需要一个完整的文化产业链来支撑，这样才能使文化产业规模化，从而促进民族地区的经济发展，更有利于文化的保护和传承。具体来说，就是将文化遗产数字化、海量化，让其在新媒体中得到更广泛的传播，同时向消费者普及消费信息及大规模推广文化产品，并将文化流行元素运用到传统文化产业中，使其焕发新的生命力。构建民族地区文化产业现代化产业链，是时代的要求，更是发展自身民族文化的要求。传播和交流是文化的双重属性，文化的传播必须要借助媒介，而新媒体这个新时代的弄潮儿，能够很好地将文化的传承与进步进程通过适当的媒介有力地传播出来，是开拓文化市场的主力军。

我们在发展少数民族文化产业时，要重视新媒体对文化传播的影响，合理利用新媒体，促进现代文化产业链的形成。应在政府的正确路线指导下，着力围绕少数民族地区特色文化产业发展做进一步的策划及宣传，反映新动态，宣传新产品，集聚强大正能量。将少数民族文化特色和文化遗产数字化，并形成"互联网＋"少数民族文化产业的模式，在此过程中，将原有的历史文化融入其中，使其更加生动形象，以达到吸引民族广泛关注及传播的效果，树立起良好的文化品牌形象，为少数民族文化产业发展提供产业链支撑，使少数民族文化产业规模化，为少数民族地区保护、传承和发扬民族文化添砖铺路。

⑤加大专利保护力度，改变"压箱底"等传统做法，促进文化与贸易融合。

⑥文化企业与媒体联合起来，利用知名杂志、报刊、网络媒介、自媒体等宣传当地的文化资源、文化产品以及文化企业自身，通过品牌营销战略，提升民族地区文化产业知名度。

（五）推进文化体制改革，促进文化事业与文化产业互动融合

1. 策略目标

通过文化事业体制机制改革，打破文化事业和文化产业的鲜明界限，实现两者一体化融合发展。

2. 实施基础

①民族地区已经进行过文化事业转企改制的改革尝试。

②改革僵化的文化事业体制是大势所趋，而且随着文化产业的快速发展，客观上要求两者互动发展。

3. 具体建议

①成立由多部门组成的专门委员会，统筹文化事业改革事宜，做到科学决策、专业指导。

②民族地区的发展现实决定了其必须稳步推进文化事业单位转企改制，禁止"一刀切"式的武断做法，确保被改制单位的市场存活率。

③剥离出文化事业中可产业化生产的功能，以外包的形式转交给市场运作。

④政府要通过采购、财税扶持等方式对被改制单位进行变相扶持，确保其度过市场适应期。

⑤鼓励被改制单位间的联合重组，通过优势互补增强自身实力。

⑥构建文化事业和文化产业交流合作平台，为两者互动融合提供便利服务。

（六）借力重大战略规划契机，力推民族文化"走出去"

1. 策略目标

以"一带一路"倡议和甘肃华夏文明传承创新区建设为依托，以民族地区特色产品和服务为载体，以政府和企业的形象推介为牵引，力促甘肃民族文化走出省域，迈出国门。

2. 实施基础

①国家对民族地区发展的重视和全方位扶持。

②"一带一路"建设稳步推进并赢得沿线国家和地区的积极响应，为民族文化"走出去"带来契机。

③甘肃华夏文明传承创新区建设和"文化大省"战略定位。

④全社会及民族地区整体发展水平的提升，为民族文化"走出去"和"被发现"带来更多手段支撑和机会。

⑤民族地区文化产品和服务具有一定比较优势。

3. 具体建议

①实现民族特需品的国际认证，使民族特色产品获得国际认可，进而利于产品出口。

②国家对民族文化产品和服务的出口给予特殊照顾，如出口配额和退税等方面。

③民族区域旅游与国际旅游相接轨，打造跨国黄金线路。一是依据华夏文明创新区的规划来综合设计旅游线路；二是在基础设施和配套设施的建设上要兼顾国际友人的需求。

④宣传方式上注重"以我为主＋入乡随俗"。以包装为例，既要突出民族特色，也要照顾到国外消费者的审美情趣及宗教禁忌等。

⑤促进民间交流，强化心理认同。民族地区的特定宗教信仰对吸引具有相似信仰的特定消费群体具有天然优势，如甘南州和临夏州分别对藏传佛教民众和伊斯兰民众具有吸引力。但民族地区也会在某种程度上排斥信仰相异的群体，因此，只有通过强化沟通交流，以开放的心态彼此包容和理解，才能打破心理防线，最终拓宽民族文化的受众范围。

（七）培育核心竞争力，推动文化产业内生型发展

1. 策略目标

通过生产民族特色文化产品、谋求发展文化创意业态、提高文化辨识度等方式，使民族地区形成特有的文化产业核心优势，在激烈的市场竞争中脱颖而出，实现民族地区文化产业内生驱动发展。

2. 实施基础

①民族地区文化资源独特，发展特色文化产业潜力巨大，而且特色文化产品和服务也有了一定的产业基础。

②民族地区目前已经具有一批能够开展创意产品研发的人才，如木雕大师安玛尼、唐卡大师希热布及雕刻葫芦大师马耀良等，都堪称创意大师。

③民族地区经济的发展、科技的进步以及发展文化产业的长期积淀，为创意文化产业的发展奠定了基础。

3. 具体建议

①发展民族特色文化产业，提升文化产品和服务辨识度。充分发掘民族特色文化元素，进行产业化开发，如藏式木雕、清真食品、民族服饰等。具体步骤为：进行市场细分，确定有开发价值的目标市场→导入相应的民族文化基本要素→对地方传统文化产品进行特色增值开发→立足于传统产品的地方特色文化创意产品和服务的生产与提供。

②强化创意技术的运用，推动传统文化产业升级改造。逐步将数字技术、网络技术及多媒体技术等融入民族文化产业发展过程，从内容和形式上提升文化产品和服务的层次。以网络音乐为例，当前在各大网络音乐库中能够搜索到的甘南、临夏民族歌曲，基本都是少数成名歌手的作品，数量非常少。因而可以将互联网技术与当地音像出版业相结合，打造民族特色网络音乐，除通过在线点播盈利外，还能产生扩散效应。

③强化知识产权保护，营造文化创意氛围。文化创意作品具有开发成本高、容易被模仿的特点，因此加强知识产权保护意义重大。除主观上提高产权保护意识外，还要通过法律手段对侵权者予以严厉打击，切实维护知识产权所有人的合法权益。

④加大创意人才的引进和培养力度，为创意产业提供智力支持。具体措施有：结合文化产业发展实际，在民族地区院校增设文化创意设计课程；政府和大型企业联合制定优惠政策，吸引高端创意人才；为民族地区文化大师培养接班人创造良好条件等。

⑤打造文化创意网络交易、展示平台。由民族地区各文化企业合作打造一个能够实现文化创意线上展示和交易的网络平台，通过网络平台建设，集聚国内外文化创意。

（八）开发与保护相结合，实现文化产业可持续发展

1. 策略目标

在对民族文化资源开发的基础上，注重民族文化生态的传承与保护，以长远的眼光及合理的手段来保障文化产业永续发展。

2. 实施基础

①以旅游开发和工艺品制造为主的文化产品业态客观上要求对文化载体进行合理保护。

②以民族工艺为代表的历史文化遗存面临消亡风险，需要加大传承保护力度。

③政府支持和科技、经济等的发展为文化资源的传承保护提供重要支撑。

④文化产业发展需要照顾民族地区民众的情感和利益诉求。

3. 具体建议

①强化对历史文化遗存的保护。可以效仿台湾地区的做法，利用文化

创意的理念，保护和开发传统的历史文化遗存项目，将其培植成文化消费和文化产品加工基地[1]；可以采用数字保护手段，以影像的方式对民族工艺予以记录，进而建立工艺数据库；对工艺载体的开发要循序渐进，切忌竭泽而渔。

②加大对少数民族文化保护力度。政府可以有意识地设立少数民族聚集居住区，挖掘和发扬少数民族特有的耕作方式、饮食、服饰、建筑风格、歌舞形式，并鼓励少数民族居住区向游客开放，打造独特的少数民族文化旅游区[2]，如临夏可以模仿西安回坊的做法。

③强化生态环境保护。一方面，甘南和临夏都位于西部内陆地区，生态环境比较脆弱，如果不注重环保，以文化旅游为代表的文化产业兴起极易引起环境超载，因此，应当根据环境承载量来限制游客数量。另一方面，对文化资源开发时要进行环境测评，坚持生态与开发守恒，避免对民族地区环境造成不可逆转的灾难性影响。

---

① 崔成泉：《台湾文化产业印象》，《中国文化报》2007 年 12 月 14 日。
② 沙雪斌：《中国县域文化产业发展战略研究》，博士学位论文，曲阜师范大学，2012。

第八章　发展甘肃民族地区文化
产业的政策建议

　　甘肃近几年的民族地区文化产业的发展虽然取得了很大的收益，但是其产业规模还较小，市场竞争力较弱，急需政策的扶持来实现突破。通过对甘肃民族地区文化产业发展的实证分析和 SWOT 分析，笔者发现甘肃民族地区文化产业发展滞后，主要问题有地方性法规建设不健全、产业整体水平低、文化企业投融资能力不足、人才匮乏、基本公共文化服务体系不完善等，这些问题决定了甘肃民族地区文化产业的发展需要政府政策的扶持和引导。

一　加强法规建设，保障文化产业市场运行

　　法律手段是国家推动、扶持文化产业发展，规范文化产业市场，优化文化产业结构的重要方式，法律手段的普遍约束力和强制执行力使其在推动文化产业规范化发展中具有重要作用。健全的法律体系是文化产业发展所必不可少的，文化市场秩序的维持、文化产业政策的贯彻落实、文化知识产权的保护都需要法律法规加以保障。当前，甘肃民族地区文化产业发展的相关法律法规还不健全。完善地方性法规建设，规范文化产业市场行为，保护文化创意和知识产权是地方性法规建设的重心。建构完善的文化产业发展法规，不仅能够为文化产业的发展营造良好的市场环境，也是招商引资，吸引外地文化企业入驻的重要举措。

（一）地方性法规完善化

　　现行的与文化产业发展有关的法律法规，大多是在文化体制改革和经

济体制改革过程中制定和形成的，很大程度上带有旧有体制和转型中的体制痕迹，主要侧重于强化市场管理，规范经营行为，规定政府文化管理行政权，而引导和促进文化产业发展方面的内容则较为缺乏。[1]

因此，甘肃当地政府部门应依照《中华人民共和国文化产业促进法》尽快完善建设文化产业基础设施，制定符合当地发展实际的相关配套细则和措施，民族地区的文化立法应当受到甘肃省政府和相关部门的重视，为少数民族地区制定出既能实现经济效益又体现社会效益的文化产业法律法规，在规范文化市场主体的行为，肃清一切扰乱市场秩序因素的同时，能够遵循市场自身规律而不过多干预其发展。政策法规体系中还需要有全面的监督机制来保障相关政策措施的落实与贯彻，保证文化市场主体严格规范自身行为，做到令行禁止，使政策和法规的功能作用得到有效发挥。

在制定关于文化产业发展的地方性法规时，需要完善相关内容，通过法规形式将一些发展文化产业的举措明确下来，促进文化产业的发展，健全文化产业发展的法规体系。在规范影视业、文娱业、文化旅游业、广播电视业、音像出版业、工艺美术业等多行业的生产经营行为，以及制定地方性法规时，要注意法规的科学性和一般性，要保护知识产权，强化产权意识，明确发展文化产业的法律手段和经济手段，保护中小文化企业及其权益等。

通过完善地方性法律法规，对文化产业进行有效规制，结合甘肃省民族地区的文化、经济特点，有针对性地制定相关的法律法规，强化法制意识与法制环境，可以促进文化产业的发展，形成市场主导、政府支持、法律保障的原则和方针，在良好的法制环境的保障下促进甘肃省民族地区文化产业的发展，为文化产业各领域的发展提供系统而完善的制度和法制保障。

（二）经济管理法制化

文化产业的法规建设需要规定文化产业、文化事业的规范化活动和运行，将一些符合行业发展规律、符合市场运行规律、符合文化产业发展要求的经济手段以法律的形式固定下来。具体而言，在文化资源保护、文化市场准入、产业发展基金、知识产权、高新技术研发及利用、打破区域限制和行业垄断、政府采购、市场违约、行业协会发展、产业中介组织等方

---

[1]　杨吉华：《文化产业政策研究》，博士学位论文，中共中央党校，2007。

方面面都需要有完善的法律法规体系来规范其发展和运行，明确公共效益和经济效益的统一、权利和义务的一致。

通过相关政策和法规的制定，能够更有效地实现企业与高校、研究所等专业机构之间的合作，使专业机构为企业提供智力支持，双方共同发掘具有发展潜力的文化资源，创造出兼具个性化和实用性的文化产品和文化服务，并对文化创意进行一定的奖励，鼓励文化创新，丰富文化市场。同时，从政策角度促进文化企业间的跨行业、跨地域合作，实现文化行业中的强强联合和强弱互补，形成完整的文化产业链，增强文化企业在文化市场的竞争实力。最后，对暂时没有进入市场的文化产品，特别是独具特色的民族文化产品，可以简化其进入市场的审批程序和手续，在文化交流或文化产品展览等活动中也适度地对其降低准入门槛，帮助其对新产品进行宣传，为其创造进入市场的条件。

（三）市场管理规范化

文化市场是文化资源配置的基本方式，依据市场机制对文化资源进行配置，可以把有限的人力、物力和财力等优先投向最有效益的生产项目和文化产品上去，能够实现文化资源的高效利用，可以更好地满足公众的文化需求。通过立法手段建构现代化的文化市场机制的方式主要包括：首先，健全文化市场主体法，即通过建立完备的法律法规来明确各主体的责任和义务；其次，完善文化市场竞争法，根据市场经济规律和文化自身特性制定出统一的交易规则，保证各类主体间的公平交易，抑制任何形式的不正当竞争，维护文化市场竞争的公正性和合理性，形成规范公平、竞争有序、充满活力的文化市场氛围；再次，严肃对文化发展方向的监管，通过制定明确的法律法规严肃要求文化观念的自由表述不能损害国家、民族、地区、宗教等的利益，不能损害社会稳定和发展，防止文化产品和服务粗制滥造、格调低下；最后，建构文化市场管理法，通过制定科学合理的市场管理法规，宏观控制文化产业的发展方向，使一切管理活动透明、公正，培育完善的文化市场管理体系。[①]

文化市场的管理是一项社会系统工程，涉及诸多政府管理部门，诸如

---

① 董晓倩：《我国文化产业制度研究》，硕士学位论文，首都经济贸易大学，2012。

文旅、公安、工商、税务、城建、城管、卫生、街道等，多部门管理需要部门间较好地沟通和协调合作，以及文化组织协会、文化企业、文化从业者等协同参与。然而当前文化市场存在"管办不分、政企不分"等管理混乱现象，这就需要通过地方性法规建设来调整部门管理权限，明确管理权责，避免推诿扯皮现象。第一，合并一些文化行业的管理权限，将管理权整合到一个部门，方便政府管理职能的发挥。第二，清晰划分相关部门的执法权力，加强部门间的联动性，避免越权执法，消除执法真空地带。第三，加强对文化产业从业人员的普法教育，提高其合法经营意识。

二 多元主体共建共治，形成推动文化产业发展的合力

甘肃省民族地区文化产业作为一个集多元主体、多重功能于一体的新兴产业，其可持续发展需要更多的主体参与，通过各主体间的有效协作，形成产业发展合力。甘肃省民族地区文化产业发展过程中，应注重从以政府为主体的单中心、碎片化管理模式向政府、企业、社会组织、居民等共同参与管理建设的网格化管理模式转变。通过政府有计划地向市场和社会赋权，企业有针对性地布局多元主体共同开发建设的空间领域，社会组织借助其协商性质为居民提供参与的平台，以及居民加强思想建设并积极提高维护自身合法权益的意识，从而构建文化产业发展中多主体共同协商、合作的关系，强化多主体参与建设的决策、管理和监督职能，同时提升民众的参与意识和主体地位。

（一）健全文化产业管理体制，提高政府管理能力

目前，甘肃民族地区文化资源的保护和利用体现为政府主导型的模式，这种模式具有可以综合调动各项资源、实现高效率发展的优势，符合现阶段甘肃民族地区文化资源保护和利用的要求，但与此同时，政府职能越位、错位的问题也不断凸显，要实现文化资源的可持续发展，政府必须更新观念，转变职能，建立健全管理体制并提高文化管理能力。

甘肃民族地区政府需针对当前文化产业管理体制存在的缺陷进行改革，推进管理体制创新。重点对文化体制进行改革，实现政府与企业的有效分离，解决制约文化产业发展的问题，实现文化产业管理体制与市场运作的有效对接，加快文化资源开发管理，实现社会共享，让市场文化体制更加

健全。因此，政府需要进一步厘清各文化职能部门的责任，理顺各机构间关系，加快推动机构改革，实现管理资源的有效整合，有效解决部门分立、各自为政的问题。在管理上，要逐步弱化微观管理，强化宏观调控，加快地方经营性文化事业单位的转企改制步伐，增强转制企业的活力和市场竞争力。甘肃民族地区政府在推动文化产业领域的职能整合过程中应积极培育互联网思维模式，探索"大文化产业"发展战略，可考虑在省内成立"民族地区文化产业发展改革委员会"，在临夏、甘南二州分别成立"文化发展改革领导小组"，要充分理顺其管理职能并加强组织领导，形成部门合力，从宏观上整体把握文化产业的发展。

首先，政府的观念应该从"负责办"转向"负责管"，从"准入管理"转向"市场管理"，从直接干预文化事业单位和文化企业的微观活动转向对文化资源保护和利用的宏观把握调控，从运用行政指令进行管理为主转向运用经济和法律手段进行管理为主，进一步加大简政放权力度，加快"放管服"改革，简化便利工作审批流程、事项，优化文化企业发展环境，扶持文化企业发展。将文化产业发展纳入市州年度考核评价体系，提高文化产业重视程度，落实各级党委政府工作职能；其次，政府应该通过制定法规等手段尽快改变对文化资源保护与利用的政出多门、多头管理、条块分割的管理局面，实现对文化资源保护与利用的法制化、科学化、系统化管理；再次，政府应该逐步切断国有文化企业与其的依附关系，实现政企、政资分离，政事、管办分开，将文化企业推向市场，引入竞争机制，坚持优胜劣汰的原则，从而让文化产业的产品质量不断提升，提高文化产业的市场竞争力；最后，加快文化产业的基础设施建设，优化传统的文化管理体制，更新文化管理机构，提高其管理效率，充分发挥其资源配置的作用。

与此同时，要努力提高政府文化治理能力。首先，明确政府在文化市场中的功能和定位，充分发挥政府部门在文化产业结构调整和产业布局优化方面的作用，厘清政府部门和各文化单位之间的关系。其次，政府对扰乱文化市场秩序的行为应进行强有力的监督和制约。政府作为当地文化产业监管的主要责任人，要从以下两个方面做好监管工作：一方面，强化市场监管。政府必须不断完善民族文化市场法规体系，让文化市场监管有法可依；不断加强文化市场联合执法建设，依靠民众群体、行业协会等多种组织对娱乐服务场所、广播电视节目、文化出版物进行监督管理，确保甘肃民族文化产业发展的正确导向；建立严格的文化行业准入标准，通过规范审批程序加强准入资格审查；开通文化市场监督热线，采取群众检举、告发等方式严厉打击扰乱文化市场秩序、损害文化消费者权益的违法犯罪活动。另一方面，抓好行政监管。文化行政监管部门对民族地区文化产业发展具有行政监督职能。政府要在遵循市场规律的前提下，注重行政监管工作的高效性。其一，要提高执法人员的执法意识和依法行政水平，进一步完善行政执法监督队伍建设。其二，要明确监督部门的各项职责，建立责任制管理体制，规避政府部门相互推卸责任的行为。其三，要确保民族地区文化产业的意识引导功能符合社会主义社会发展方向。政府文化部门要在监督新闻媒体做好舆论导向工作的同时，及时反映广大群众的文化利益诉求。其四，政府要监督文化企业依法纳税、合法经营，维护有序的文化市场秩序。只有加强政府文化监管部门之间的合作，才能对民族地区文化产业发展进行有效的监管，从而使得甘肃民族文化产业良性健康发展。

（二）提高企业创新技术与管理能力

甘肃民族地区文化产业虽然在近年来有较快的发展，但总体来看，仍然处于较低的发展水平，产业投入不足，要素市场、产品市场都处于初级阶段。相关企业市场化理念不强，品牌意识缺乏，宣传不到位，家庭式经营的中小企业多，集约化程度低，经营管理水平较低，创新能力不足，人才缺乏。因此，相关企业在发展的过程中，同质化倾向较为明显，对民族文化资源的开发也比较低效，产品开发与设计的能力不足，附加值也较低，存在为了追求短期经济利益而对民族文化资源进行破坏性开发和滥用的情况，从而对民族文化产业的发展造成不利影响，导致该产业缺乏后劲，无法实现其可持续发展。为此，企业必须增强自身的运营能力和综合管理能力，树立创新意识和品牌意识，提高自己的核心竞争力。

企业应当在明确甘肃省民族地区文化产业发展总体定位的基础上，根据自身项目发展的优势资源，确定自身发展的定位，然后根据定位进行有序整合和合理布局。在发展过程中，注重点状开发与片区开发相结合。点状开发专注某个点的开发，比如某个文化产品品牌，发挥其带头效应；片区开发专注某个片区的开发，能够产生集群效应。无论哪种开发方式，都不能进行独立发展，而是要相互促进、协调发展。因此，企业需要根据自身情况做好规划布局，通过产业集群方式来实现规模效益，从而加强同类产品之间的互补合作。此外，企业未来发展中应当以市场为导向，加大业态集群和相关产品的组合开发，在一条产业链上的相关企业，要提高产业的服务水平，完善产业的服务功能。通过空间优化布局、业态规模化发展、相关产业整合来提高发展的全局性，从而形成产业规模发展优势。

在企业的发展过程中，企业应当注重对高级管理人才的引进，从而构建立体化的人才体系，从整体上提高发展水平；加大同高新技术产业的合作力度，从而不断提高自身的创新技术。同时，要更多地发挥民族文化创意型产品的优势，提供差异化、特色化的民族文化产品，通过文化创新驱动，更加高效地激活民族文化的创造活力。此外，还要融合并融入产业发展的新思维，促进民族文化产业的业态创新和模式机制创新。而当前正处在"互联网＋"重塑经济社会发展模式的全新时期，企业要抓住机遇，在这个过程中，企业形成自己的独特品牌是至关重要的。因为品牌是核心竞争力，不断开创打造属于自己的高水准的文化品牌，进行民族文化产品和服务的联合营销推广，才能扩大自身知名度和竞争力。同时，企业在进行民族文化产业的开发建设和运营管理时，应通过对产业发展中所涉及的各要素的统筹管理，结合民族地区文化产业发展情况，对战略制定、产品开发、基础设施和服务设施的建设、产业融合发展、营销服务推广等运营相关问题进行管理，从而实现自身产业的优化升级和经营服务范围的扩大，提高产业发展的全局性、持续性和兼容性。

在这一过程中，企业还要注重同科学技术的融合，创造新的产品形态、新的服务平台、新的交易方式、新的市场空间和新的用户群体等，打造出具有特色和吸引力的产品和服务，塑造核心竞争力。文化企业要加大创新力度和科技的投入，并且善于将文化产业市场化、商品化，保持文化企业在文化与科学技术融合体系中的主体地位。文化企业应该根据本地区特色民族文化的实际情况，及时地获得文化市场的需求和变化情况，并及时反馈文化市场的信息，企业根据市场文化的需求，大力地发展新型文化业态，使文化更好地与现代科技实现有机的融合。同时，现代的文化企业还应该提升文化服务的能力，改进并提升文化产品和服务的质量，加快文化科技成果转化的速度和周期，增加文化产品和服务的附加值，从而推动本地区文化产业的发展。

（三）强化公众的参与意识与主体地位

公众在民族地区文化产业发展的过程中是一个重要的主体，文化产业的建设发展要求广泛的公众参与。随着物质条件的日益改善，公众对精神文化的需求越来越大，为文化产业的发展、繁荣提供了条件。公众作为重要主体参与到文化产业的发展过程中来，对促进文化产业的健康发展和提供公众迫切需要的文化产品和服务具有重要作用。现阶段，甘肃民族地区文化产业化发展的公众参与缺失问题需要政府相关部门进一步加强重视，通过对当地文化资源开发和保护的宣传，提高公众对文化产业化政策的认识。与此同时，政府在对特色文化资源进行开发利用的过程中，往往会忽视当地居民的发展意愿，忽视当地居民对当地社会文化的依赖。政府只有本着为公众服务的姿态，切实地从当地民众的真实意愿出发，鼓励公众表达公共利益诉求，接受公众监督，才能充分调动当地群众参与文化产业建设发展的积极性。

因此，在甘肃民族地区文化产业发展的过程中，首先，需要注意尊重和认可公众在文化产业发展中的主体地位，强化公众的参与意识；其次，政府部门在制定和实施文化开发规划的过程中，要积极鼓励社会各界加入文化资源保护、开发和利用的队伍中，从制度保障、信息提供等方面为社会力量参与现代公共文化服务体系建设给予扶持帮助，提高公众、社会团体等社会力量的参与比例，共同构建文化资源开发和保护模式；再次，应当根据当地文化产业发展的实际，突破现有意识下的产业主体范围，让社会组织、民间团体等更多的力量参与到文化产业各方面的发展和建设中来。在民族地区文化产业的未来发展中，可以通过文化产业服务知识培训、文化讲座，提高社区居民的参与积极性和文化自觉意识。最后，应加强对现有商会、协会等社会组织的引导，通过建立企业、协会和居民的有效合作机制，促进社会组织和当地居民积极参加到甘肃省民族地区文化产业未来的发展建设中，形成发展的合力，推动当地文化产业持续繁荣发展。

三　增加财税支持，缓解文化产业资金难题

资本是产业发展的基本要素，甘南州、临夏州的文化产业在发展之初

就受到资本不足的制约。甘肃省民族地区文化产业尚不发达，许多文化企业还都处于初创期，自身积累不足，自有资金薄弱，又缺乏抵押品，很难取得金融机构融资。因此，在现行经济体制下，激发资本在文化产业领域的活力，需要政府在一定程度上予以政策指引。当然，政府对文化产业的扶持要以尊重市场规律为前提，以市场调节为主，政府调控为辅。同时，文化产业的发展，需要加强与税务、金融、土地、社会保障等行业主管部门的联系，协同发力，制定文化产业发展优惠政策。

（一）政府财政拨款

政府直接拨款支持相关文化产业的发展是比较常见的方式，在一些文化产业发展较好的国家，政府每年都会对文化产业进行大额度政府财政拨款，以扶持其发展。韩国游戏业非常发达，政府每年对新游戏项目和人才培育的财政拨款高达 5 亿元人民币。直接的财政拨款可以帮助企业解决基础设施建设问题，还可以通过有选择性的引导使特有民族文化产业成为主流发展产业。甘肃省文化资源优势显著与文化经济产业效果薄弱的现状决定了甘肃省的文化产业发展需要依靠政府的资金支持。因此，甘肃民族地区政府需要持续加大对文化产业的投入，在国家政策和法律法规允许的范围内，尽可能地加大支持文化产业发展的资金扶持力度，积极争取利用国家支持文化产业发展的政策资金，分类使用省级文化产业专项资金，降低部分专项资金申报门槛。在民族地区文化产业发展中，一是要加大文化产业财政拨款的力度，强化对当地特色文化产业和龙头文化产业的扶持；二是要对财政拨款进行追踪，确保财政拨款能落到实处；三是要发挥财政拨款的激励作用，鼓励创新。同时，政府对文化产业的资金支持要有严格规范的标准，避免造成市场不公平现象出现；资金支持方向也需要适当调整，对文化产业薄弱环节给予重点扶持和适当倾斜。应积极争取省政府给予民族地区文化产业专项资金投入，临夏州与甘南州应加强府际合作，投资当地文化产业建设。

（二）加强税收减免

税收政策是经济调节中常用的调控手段，税收减免政策产生的乘数效应能够迅速带动产业的发展，也是政府扶持文化产业发展中非常迅速而有效的政策之一。当前财政部和甘肃省都提出了针对小微企业的税收减免政策，根据《关于实施小微企业普惠性税收减免政策的通知》，小微企业年应纳税所得额不超过100万元的部分，减按25%计入应纳税所得额，按20%的税率缴纳企业所得税。对于小微文化企业，减免纳税确实能够起到一定作用，能够鼓励和扶持甘肃省民族地区特色的文化产业的发展，而在税收政策方面最重要的是如何将减免政策真正落实下去。甘肃民族地区政府可积极争取适当的税收倾斜，对致力于非遗传承、文化创新的文化企业实行差别税收优惠、税种减免政策，充分调动文化企业的积极性与活力，促进文化产业发展。

（三）支持私人文创事业

为调动私人投身文化产业的积极性和参与热情，可以对文化产业从业者推行一定的税收优惠政策。对诸如画家、作者、编剧等文化产业从业者在其文化创作方面所得报酬收入，适当减免个人所得税，在知识产权转让时，减免相应的营业税和个人所得税，或者参考国外对艺术从业者的税收政策，平均艺术家几年收入的纳税方法（欧美国家一般为五年）、特定费用扣除的方法。[1] 若私人投资文化产业，尤其是文化基础设施，可以根据投资额度，按照一定比例减免税收。此外，对文化产业创业人员，可以从贷款支持、提供创业基金等方面进行鼓励，为创业者提供初始创业启动资金。同时，政府还可以通过设立专项资金吸引社会资本投入，建立共同合作基金支持文化产业发展，例如建立文化产业政府担保机构，用政府资金间接引导公众资金和金融机构资金流入文化产业，促进文化产业发展，一定程度上解决其私人文创事业融资窘境，使其更好地发展。

（四）建立政府信贷

甘肃民族地区小微文化企业众多，小微企业贷款艰难，虽然当前民族地区政府对文化产业发展提出了低息贷款、贴息贷款等政策优惠，但是小微企业想要获得这些贷款还是比较困难，因而可以将这类贷款政策以地方性法规形式予以制度化、法制化，对符合申请条件的小微企业采取扶持政策，鼓励文化小微企业发展。从政策层面对文化项目的资金借贷予以优惠，对于以文化项目为投资对象的资金借贷，金融机构应适度降低审核门槛，

---

① 王二双：《新时期繁荣文化产业的税收优惠政策研究》，硕士学位论文，中南民族大学，2013。

简化审批程序，同时应成立文化项目融资担保基金，开发更为灵活的抵押担保业务，降低借贷主体的投资风险，减轻投资主体筹集资金的压力。政府可以将一部分财政资金通过贷款机构进行市场化运作，设立文化企业发展专项贷款资金，直接向小微企业提供贷款；在政府中成立专门的机构，以政府部分财政资金为依托，进行政府投资，并进行地区文化企业的投融资管理，以扶持发展前景好的文化企业。

四　鼓励社会资本进入，构建文化产业多元投融资体系

PPP（Public-Private-Partnership）是指政府与社会资本合作的一种公私合营模式。PPP 模式下将政府资本和公众资本共同注入企业，这种多元融资的模式优点在于不仅可以提高文化企业自身的融资效率，还可以在一定程度上降低政府的财政负担，在此基础上解决了文化产业基础设施的建设资金困难，还能够增强文化产业资金运用效率。

健全文化产业投融资体系，能够保障文化企业特别是中小微文化企业发展，激发社会资本活力。甘肃民族地区文化产业规模小，产业发展资金不足，当地政府在不断加大对文化产业的财政投入的同时，需要广泛吸引、鼓励社会资本进入，推动文化产业多元投融资体系的建构。制定完善的投融资体制、采用多元的投融资方式，是吸引社会资本注入，推动文化产业发展的有效措施。当地政府应积极鼓励社会资本投资文化项目开发，放宽投资限制，逐步消除社会资本进入文化产业领域的体制性障碍，避免政府因片面追求绩效独自投资开发文化项目，忽视多元主体的参与和自由市场的培育。大力开拓文化产业投融资渠道、放宽社会资本投资准入，不仅可以创新和丰富文化产业开发项目，而且有利于盘活社会资本，为民族地区文化产业发展提供充足的资金。

（一）创新金融机构投融资机制

当前社会大部分资金存放于银行及民间信贷等金融机构中，这些金融机构是文化企业寻求发展资金的主要渠道。但是很多文化企业缺乏固定资产，在申请银行贷款时往往处于不利地位。因此，金融机构可以通过业务的创新以及金融渠道的创新来为文化产业的发展提供金融服务。

金融机构应当深入了解文化企业融资特征以及无形资产运营状况，针

对文化企业的发展特点，设立专为鼓励文化产业发展的信贷项目，推动完善银行等金融机构对文化产业无形资产的评估机制，设计适合无形资产的贷款产品。将文化企业现有固定资产和无形资产进行打包评估，放松抵押的限制，文化企业可用其固定资产和专利技术进行抵押，金融机构提供适合文化产业融资特征的信贷模式，探索使用信用贷款、联保贷款等新型贷款方式，协调和引导银行业等金融机构加大对文化企业及文化项目的信贷支持力度，大力开发适合民族文化产业特点尤其是适应小微文化企业发展的信贷产品。对具有示范性和正向影响的文化产业项目，如民族特色工艺品博览会，可通过政策性信贷资金为其提供优惠条件。此外，现有的商业银行主要服务于传统产业，对文化产业认识不足，应成立专门服务于文化产业的银行或鼓励部分商业银行设立专门服务文化产业的分支机构，促进银行与文化产业间的沟通。①

随着金融市场的创新以及互联网的发展，以互联网金融为代表的新兴融资渠道发挥着越来越重要的作用。无论是商业银行拓展互联网金融渠道，还是电子商务公司跨界金融行业，都为文化企业的融资带来了机遇。众筹平台作为互联网金融的主要模式，应该发挥其"互联网＋"和普惠金融的优势，开展文化创意企业的众筹融资活动。一个针对文化产业发展的功能健全的众筹平台，还可集融资、创作、推广、销售为一体，除了提供融资功能外，众筹平台还能够提供一系列的专业服务和资源渠道，帮助创作者将创意变成项目落地实施。但是，由于互联网金融存在较大的风险，投资人也会有所顾虑。众筹融资的风险主要来自两个方面，一是平台携投资人资金跑路的情况；二是文化企业在获得众筹资金后，因企业能力受限，无法按照与投资人和众筹平台事先的约定提供文化产品或服务，会出现违约情况。对于众筹平台的风险，可以使用资金第三方托管的形式解决；对于文化企业的风险，需要众筹平台从调查项目发起人的资信能力、加强基金管理、信息披露和隐私保护等方面增加社会公众对平台的信任感和忠诚度。

（二）建立权利质押模式

甘肃民族地区文化产业实物资产不足，文化企业难以筹集到满足企业

---

① 李华成：《欧美文化产业投融资制度及其对我国的启示》，《科技进步与对策》2012 年第 7 期，第 107 ~ 112 页。

运行和发展的资金，可以采用权利质押的模式来抵押借贷。知识产权质押已然成为企业贷款融资和扶持文化企业发展的新的重要途径，这对扩大企业融资渠道，促进经济发展有重要的意义。这种模式下文化企业将未来的收益及其知识产权进行质押来融通资金。[1] 这是一种目前国外使用广泛并且运作成熟的质押融资模式，采取这种模式需要政府、银行、企业、风险公司等多方设立项目收益产品或信托产品，银行或相关机构需要在贷款前、贷款中、贷款后对文化企业的发展进行监督和评估，并通过建立健全科学、规范的价值评估体系，加强对价值评估机构的规范管理和评估人员的培养，从而减少风险。总而言之，通过知识产权质押的方式进行融资，要兼顾安全价值和效率价值的发挥，这样才能使银行等金融机构或者其他质权人更放心、更积极地参与到权利质押中来，企业也能拓宽融资渠道，最终促进甘肃民族地区文化产业的发展。

（三）鼓励银企合作

当前甘肃民族地区文化产业发展的一个难题是贷款难，发展较好的文化企业尚且难以获得贷款，更不用说小微文化企业。要推动银企合作，鼓励银行和企业的合作。贷款难的原因主要是银行害怕企业难以按期偿还贷款，因而，在推动银企合作过程中，可采取政府从中当担保人的模式，企业贷款，政府担保，这种方式既能激励文化企业的发展又能减轻政府财政压力。银行和企业双方在建立合作关系之后，会不断地有贷款交易、融资活动，接洽的事务增多，在这种长时间的相互联系中，双方的沟通交流会越来越充分，对对方信息的掌握就会越来越深入、全面、准确，可以有效避免信息不对称的问题。在这种信息透明的情况下，由于要促进合作共赢，双方都会努力改善自身不利于合作的问题。这样，银行会向企业提供更多的信贷额度，中小企业获得信贷融资就容易很多，自身发展也能跟上，可以按时偿还贷款，银行就会放心给企业提供贷款，形成良性循环，中小企业也能源源不断地获得发展所需的资金。长期、密切、稳定的银企关系使企业贷款成本降低，更容易获得银行信贷。

在实施上，要适当参考发达地区和国家在这方面的做法。一是要推动

---

[1] 袁家菊：《少数民族地区文化产业投融资困境与对策研究》，《贵州民族研究》2014 年第 6 期，第 89 ~ 92 页。

银行和文化企业之间的协作，当前甘肃地方性银行，例如甘肃银行等都有信贷政策向小微企业倾斜的战略，可由政府担保，银行设立专门的文化产业发展基金，专门向小微文化企业贷款。二是要延长对中小文化企业贷款担保的期限，目前我国政府的贷款担保期限是三个月至一年，可以在这个基础上适当延长，给予文化企业发展时间。三是要完善担保风险控制机制，民族地区文化企业处于发展起步阶段，发展不稳定，担保风险较大。要对文化企业和企业项目进行全面评估，并对项目进展情况进行跟踪审查，根据审查结果采取有效措施，完善担保流程，从而规避风险。银企合作模式有助于企业获得长期的资金来源，从而实现自身的发展。企业与关系银行合作的时间越长，企业获得用于发展的资金就会越多，越有利于企业发展。

从银企双方的关系来看，一方面，小微文化企业要想破解融资困难的问题，首先得从自身做起，注重自身经营形象和信用形象的塑造，要建立严格规范的财务管理制度，提高财务信息透明度，为银行信贷提供准确的决策信息，消除银行对小微文化企业贷款风险的担忧，让银行敢于、乐于给小微文化企业放贷。同时，小微文化企业管理人员应努力学习银行信贷方面的知识，了解相关动态和产品，寻找适合自身经营发展的信贷产品，用银行信贷杠杆加速自身发展，实现经营壮大。另一方面，银行应加强对小微文化企业进行调查了解，掌握小微文化企业经营实际困难。同时，根据小微文化企业实际需要，加快信贷产品的创新研发，推出适合小微文化企业经营方式和特点的信贷产品。此外，要加强小微文化企业信贷经营机制的建设，推出能够有效防范信贷经营风险的科学信贷管理体系，不断提高对小微文化企业的信贷决策水平和能力，破除小微文化企业信贷机制障碍，彻底打通小微文化企业融资渠道。

（四）加快建立无形资产评估机制

银行贷款是融资模式中最为普遍也是最为传统的方式，但审核程序复杂，要求严格，要想取得银行贷款，需要企业有固定资产或者可被估值的其他抵押物。虽然银行业的支持使得文化产业的信贷规模近年来增长迅速，但是在整个信贷规模中的占比仍然较小，投入与文化产业的需求不匹配。究其原因，信用担保体系不健全以及第三方评估机构的缺失是最大障碍，这需要社会各界、政府部门、金融机构共同破题。① 由于文化产业本身大多拥有的是无形资产，难以评估抵押，且甘肃省文化企业大多处于初创期，固定资产规模小，缺乏银行所要求的抵押物。资产评估尤其是无形资产评估机制不健全，直接影响了文化企业融资能力和融资渠道。

因此，针对这一问题，可以从金融机构和政府两个主体入手进行创新。从金融机构角度出发，加快制定和完善版权等无形资产的评估规范，培育流转市场，为文化产业投资人进行文化产业产权和资产的转让、租赁、退出提供渠道，降低处置成本。② 从政府层面来讲，需要各级政府为设立文化产业投资基金和贷款补偿金安排一定的财政预算，对符合政策导向的文化产业贷款给予贴息支持，对银行贷款损失给予一定的补偿，引导信贷资金向文化产业倾斜。此外，利用中央财政和地方财政的资金保障，建立担保再担保机构，开发文化产业融资担保业务，建立完善的担保机制和信用评级机制以弥补文化产业缺乏抵押的劣势。政府可以通过运用一部分专项资金，吸引文化企业和社会公众资金，成立文化产业融资担保机构，由政府、文化企业共同承担风险，成员企业缴纳文化产业融资担保准备金，当一家企业无力偿还时，担保机构可以共同出资偿还全部或部分款项，实现风险分散，从而为文化企业的融资创造便利条件。

五　合理布局文化产业，提高土地资源利用效率

民族地区发展文化产业需要根据各区域的文化资源、文化市场、科技、金融、人才等要素进行布局，具有高度的系统性。如果能够打破区域以及产业类型限制，实现跨区域资源共享，提高文化产业规模化、集约化、专业化水平，推动文化产业与其他产业的融合，建立"文化+创意""文化+科技""文化+金融""文化+旅游""文化+信息"等融合发展模式，促进产业联动发展，开辟出文化产业创新发展的新思路，甘肃民族地区实现跨越式赶超的目标无疑将是轻而易举的。

---

① 《文化产业融资难题待解》，新浪财经网，最后访问日期：2016 年 6 月 16 日，http://finance. sina. com. cn/roll/20111025/072510 682230. shtml。
② 《文化产业融资难题待解》，新浪财经网，最后访问日期：2016 年 6 月 16 日，http://finance. sina. com. cn/roll/20111025/072510 682230. shtml。

提高土地资源的利用效率需要对土地资源进行科学规划和管理。以科学规划意识为指导因地制宜合理策划，通过城市总体规划和文化产业布局规划，合理统筹规划建设用地，切实利用土地总体规划和专项规划、村庄和集镇规划，科学布局农用地和建设用地结构和分配，提升土地价值，促进生态旅游及文化产业走向新阶段。要牢固树立节约集约用地理念，以节约集约利用土地为核心，特别是建设用地，切实转变粗放用地方式，有效控制建设用地总量和新增假设用地增长的规模和速度，科学合理有序地利用可以充分利用的土地，推动用地保障跨越式发展。

（一）建设文化产业集聚区

产业集聚是指产业在一定时间或空间内产生的集聚现象。产业会在一定时间空间内产生集聚效应，并呈现集群式发展趋势，进而在空间上形成产业集聚。文化产业集聚区指众多的文化企业在一个特定的空间范围内产生的集聚效应，由相关产业和支撑机构成，其单位土地面积上的产出远远高于非产业区，吸引大量相关的文化企业进驻和发展，也吸引大量的资金流入，产生较强的协同效应，使企业得以快速发展。

文化产业集聚区的自身发展与其他产业集聚区有明显的不同。文化产业集聚区自身特点有：从功能结构上看，表现为生产性与服务性；从内涵展现上看，表现为多彩性与丰富性；从空间分布上看，表现为特殊性与分散性；从产业关键上看，表现为联合性与竞争性；从周期变化上看，表现为发展性与调整性。

自然要素禀赋优势的发挥和产业集群实现的程度都会受到距离成本的限制和影响。[1] 对于地形复杂、交通不便的甘肃民族地区来说，文化产业的规划布局应当通过合理的数量扩张、结构转换和产业升级等形态实现。结合自身文化特性，遵循产业建设发展规律，对产业体系进行调整和优化。进一步利用文化资源与文化特点，逐步健全文化产业集聚区内容，明确其发展内容，掌握发展思路，不断完善集聚区建设的整体规划。同时，依据各文化产业集聚区实际发展，建立自身体系，从而建立起完善、优质的产业发展体系。

---

[1]　胡惠林：《区域文化产业战略与空间布局原则》，《云南大学学报》（社会科学版）2005年第5期，第43～56、95页。

通过建设文化产业聚集区，甘肃民族地区文化产业能够得到有效的发展。第一，以产业集群为基础的企业，往往是同一个产业链中的相关环节，企业间存在着各式各样的交流与非正式的合作契约关系，使整个企业群的生产和经营始终保持信息优势。第二，经济外部性是形成产业集群的产业区所具有的明显特点，聚集区往往成为内部企业的一张名片和无形资产，有利于它们接近客户，集聚区行业内的公共产品和区域品牌也容易得到共享。第三，产业集群能够使产业区内的文化企业始终紧跟先进技术，提高生产效率。同一地域内的文化企业有模仿先进的能力，好技术、好产品及好制度能够尽快在园区内传播扩散，促使优秀企业不断进步，也促使园区产业集群拥有较强的竞争力。第四，产业集群形成的专业化分工与协作特点决定了产业园区具有较强的协同效应。第五，基于产业集群的产业区，能形成强大的影响力，带动甘肃民族地区文化产业快速发展，是提高区域文化产业竞争力的重要途径。

国家发布的关于文化产业发展的指导文件中明确提出要发挥重大项目带动作用，并在土地使用方面给予援助。具体而言，如临夏州正在进行的国家级民俗文化产业园区建设，着力打造占地 1000 亩的核心区工程，将伊斯兰文化体验区、古动物化石体验区、黄河山水文化体验区、花儿、保安腰刀、雕刻葫芦、民族服饰等文化资源集聚于该工程区内，既集聚民族资源优势，又节约土地资源，创造产业规模化、集约化的产业集聚效应。

（二） 合理利用空间文化资源

城市是以空间与环境资源利用为基础，以社会发展与进步为目标的空间地域系统。城市是集人口、科学文化与经济为一体的区域体系。从城市的发展来看，城市肩负着社会发展的重要职责，是实现社会分工与联系的推动性力量，如果没有城市，各项活动难以深入开展。城市空间的利用情况会直接影响城市经济的发展，加强对城市空间资源的相关研究，是实现城市发展的重要影响因素。

城市空间资源的开发与探索，具体指的是根据城市综合发展中的地面、高空与地下三个部分内容，对城市进行全方位的调整，提升城市的整体容量，合理挖掘城市中的空间资源，提升城市交通整体水平，改善城市环境；合理挖掘布局古城、古镇等空间文化资源，产生新的文化产业经济增长点。

国外很多国家和地区提倡"旧城复兴",将旧城看作不可复制的价值很高的文化资源,通过对旧城重新进行艺术设计,这些老旧建筑重新焕发了生命,还创造了拥有高附加值的文化创意产品。通过对传统建筑进行适当的改造,文化产业园区能够与城市旧区实现有机结合,使历史资源转化为城市发展的财富[①],从而实现城市文脉的代代相传。例如伯明翰、温哥华等地,都通过这种"旧城复兴"的方式,让古老的城市重新焕发出勃勃生机。

城市发展需要大量的土地及资源,城市建设用地问题限制城市的进一步发展。但是作为一种知识密集型产业,文化产业零污染,消耗极少的物质资源,可以产生巨大的经济效益及社会效益。在旧城的改造过程中,政府能够通过吸引更多的社会资金投入,从而开发出具有民族特色、区域特色的产业,例如旅游业及文化创意产业等,还将各种旧城的资源改造为可以经营运用的资源,从而带动整个旧城的发展,也为文化产业的发展提供了城市用地。甘肃民族地区有很多具有历史风味的古城,例如临夏的广河古城、河口古镇,甘南的百年藏寨等,都是非常好的文化资源。对这些古城、古镇、古寨进行文化挖掘、形象宣传,发展文化体验游,不仅发展了文化产业,还实现了城市空间资源的优化。

合理利用空间文化资源,需要在明确各项思维方法的基础上,通过各种方式与原则,明确空间资源探索的价值,关注文化活力。文化活力主要表现在民族地区的建设过程中,彰显出民族地区的多元性、丰富性与创造性特点,同时也能够展现出丰富性、深入性特点。加强对空间文化资源的探索,有助于构建良好的文化产业模式,展现更多的文化活力,促进民族地区文化产业的可持续发展,构建完整而清晰的文化产业格局。

(三)推进土地使用政策

对文化产业实行土地使用优惠政策。按照民族地区文化产业发展实施意见,鼓励文化产业用地利用荒地、荒坡、垃圾场、废弃矿山等土地资源,以节约土地,提高土地利用效率。对这些土地资源的利用也要纳入城市整体发展规划之中,借助相应的规划政策,使文化产业用地和公共文化用地以及社会群众生活连接起来,合理规划文化产业发展的空间布局。还要合

---

① 高宏存、李荣菊:《文化产业发展的土地政策研究》,《福建论坛》(人文社会科学版) 2013 年第 4 期,第 60~65 页。

理利用土地税收政策的调解杠杆,合理制定、适当减免文化产业领域的土地取得税、土地保有税和土地转移税,使土地资源资本化,有发展前景、暂时发展困难的文化企业可以申请减免土地使用税和房产税等。

六　加强人才队伍建设,提供人力资源保障

人才是文化产业的核心要素之一,文化人力资源的获取对促成地区文化产业的创新与创意生成至关重要。受自然环境、民族风俗、资源分布等条件影响,不同地区的文化消费市场、文化产业结构与文化发展程度不同,其产业重点不同,从而对文化产业的人才要求也不一样。甘肃民族地区文化产业发展问题之一是缺乏一支专业的从事民族地区特色文化产业研究、开发、管理、运营的大规模高素质人才队伍,尤其是缺乏既熟谙民族文化又懂得文化产业策划经营和规范管理的复合型人才,通过教育、培训等手段提升人才素质来满足当前需要是文化产业发展的当务之急,因此,甘肃民族地区更需要在人才建设上下功夫。

(一)提高文化产业人才队伍素质

上文提到,目前甘肃民族地区文化产业发展问题之一是缺乏一支规模较大的从事民族文化产业研究、开发、经营和管理的高素质人才队伍,尤其是缺乏既熟谙民族文化又懂策划经营、管理的复合型人才。现有一些民族文化研究者、开发者、经营者和管理者不适应文化产业化的要求,这主要与其自身的素质、思维和能力等有关。因此甘肃民族地区应该通过教育、培训等手段提升人才素质,这样才能够满足当前文化产业发展的需要。

(二)推动民族文化产业传承人培养

制定和实施针对人才生存环境的相关政策和措施是完善文化产业人才培养体系的重要内容。一方面,需要加大对民族民间人才培养的经费投入,拓宽文化传承人的视野,培养具有一定市场经验和创新观念的文化传承人,使传统文化能够在变迁的现代社会中继续传承;对目前散居的民间艺人建立专门档案,并通过非物质文化遗产传承人认定工程、"民间艺术大师"评选活动和建立"民间艺人人才库"等多种方法,鼓励传承与创新传统文化;集中有限的资金为从事民族文化工作的专业人才提供必要的经费,创造必要的工作、生活条件。另一方面,可考虑让民族文化进课堂,加大基础教

育投入，为进一步发展文化产业准备后备人才；在民族地区的中学和大专院校开设民族传统文化课程，如唐卡、木雕等，系统地培训民族文化专业人才，扩大专业人才队伍；鼓励高等院校和科研机构在文化产业发展的实践中逐步培养民族文化的开发者、经营者、管理者以及文化产业研究人才；对文化管理部门干部进行系统培训，培育一批熟悉现代市场和文化产业的管理干部，进而推动公益性文化事业与经营性文化产业协调发展。

在培养本土民族文化产业传承人的过程中，可以采用讲座、座谈会、集中培训、报告会、学术交流等方式进行教育培训，做到现有文化人才队伍培训的常规化、专业化和规模化。特别是对于掌握传统技艺的民间艺人，还要为其相应的表演、展览和宣传等活动提供充足的帮助，并从物质和精神上鼓励这些民间艺人不断发展学徒，认真且全面地将所掌握的传统技艺传授给学徒，实现这些传统文化的传承发展。除此之外，对文化人才的培养还要充分利用省内的教育资源，可以在省内的普通高校、高职高专院校、职业技术学院等设立与文化工作相关的专业学科，根据实际的工作需要培养相应的专业人才，然后为相关专业的毕业生提供更多的就业岗位，吸引和留住这些毕业生为甘肃的文化发展效力，提高本土人才利用率。

（三）完善人才引进政策

人才培养是个长线过程，不可能一蹴而就，应结合当地的人才现状，对民族传统文化人才战略的实施制定一个整体规划。在当前文化研究、开发和经营人才匮乏的情况下，当地政府在进行人才培育的同时，聘请一些相关人才也不失为良策。因此，当地政府应当具备长远眼光，制定一系列优惠政策吸引文化创意人才，通过建设具有良好生态环境、发展前景可观，同时有利于文化创意人才发挥专业优势和创新思维的文化艺术家园区、文化社区等手段，以好的环境吸引外地乃至国际文化创意人才的进入。

要吸引优秀文化人才来甘肃工作发展，为甘肃的民族文化产业发展贡献力量，首要解决的问题就是如何处理待遇引才和事业引才的关系。优厚的物质待遇是吸引人才的必要因素，但事实证明，仅仅提高了物质待遇，而不提供广阔的事业发展空间，即使能吸引来人才，也留不住人才。根据马斯洛的需求层次理论，衣、食、住、行等生理需求仅仅处于需求层次的最低端，而人最高层的需求是自我实现，即人们要从事与自己能力相称的工作，最大限度地施展自身的才能，实现自己的人生目标。因此，在适当提高文化人才物质待遇的同时，还要注重通过提高事业待遇引进优秀人才。

实现事业、待遇引才，首先，要为优秀人才创造出一个尊重知识、尊重技能、鼓励创新的工作环境。其次，要合理配置人才，引进人才的工作岗位要根据其所学专业、掌握技能和工作特长决定，确保引进人才能够在合适的工作岗位上各尽其才，才尽其用，不断实现自我的价值。再次，在引进人才的管理上要突出"以人为本"的管理理念，在为引进人才提供良好的工作环境和远大的发展前景的同时，还要关心引进人才的家庭生活，对于其本人或亲属在生活中遇到的困境，要及时地表示关心和问候，并尽可能地帮助解决，要用关爱来打动优秀人才，用真情留住优秀人才。最后，在人才引进过程中，还必须注重按需引才，要根据人才队伍的知识、能力、学历、年龄等结构合理引才，要有计划、有重点地开展引才工作，避免造成人才浪费。

（四）强化人才激励制度

完善用人制度，强化人才激励是发挥文化人才效能的快捷路径，只有为文化人才创造一个有利于成长发展的组织环境，才能更好地吸进、聚集和稳定人才，从而使文化人才充满工作动力，不断为甘肃民族文化产业的发展贡献力量。具体而言，应该主要从物质激励和精神激励两个方面进行强化。

就物质激励方面而言，要将文化相关部门及其工作人员的薪金与工作绩效相挂钩，实行按劳分配和按生产要素分配相结合的分配方式，推行人才签约制度和绩效分配制度，根据人才的实际工作完成情况，在一定范围内调整其所得的薪金水平，奖罚分明。此外，设立文化人才专项资助基金也是一项必要的激励手段，政府、企业及其他与文化工作相关的社会组织均可设立文化人才专项资助基金，其主要用途是对文化人才特别是顶尖人才的引进和培训予以资助；对重点文化资源实行保护或利用项目予以支持；对文化产品或文化服务创新予以鼓励；对文化科研项目或文化作品创作予以补贴，以及对为文化发展做出重大贡献的领军人才予以奖励。人才专项基金还要特别关注扎根基层的乡土文化能人、民族民间文化传承人特别是非物质文化遗产项目代表性传承人，为基层涌现的各类文化人才雪中送炭，促进他们健康成长，发挥作用。①

就精神激励方面而言，主要包括选拔升迁、岗位轮换、流动配置和培训进修等激励手段。一是文化相关单位的人员升迁要结合实际情况逐步实行公开竞聘制度，形成"能者上、平者让、庸者下"的内部竞争机制，激励文化人才不断提高学习进取心和工作积极性。二是在文化人才的任用中要实行适当的轮岗制度，通过岗位轮换，文化人才不仅可以更准确地发现自己的专长，而且能更广泛地了解其他文化工作，开阔自己的视野，进而实现一专多能。三是要为文化人才提供更充分更高质量的培训进修机会，帮助文化人才提升自身的工作能力和素质修养，实现自我价值的升华。四是在具体的激励方式的选择上，还要遵循因人而异的原则，根据文化人才关注的不同重点采用多渠道的激励方式，以期实现事半功倍的效果。

七　完善公共文化服务体系，加快文化发展的基础建设

公共文化服务体系建设的目标是在满足人民群众公共文化需求的过程中实现"意识形态"的"柔性渗透"，要遵循一种基于文化内容的价值引导原则。② 而在实践中，公共文化服务体系是基于市场经济结构之上的制度架构③，因而，民族地区公共文化服务体系的建设需要在符合国家主流文化价值观的前提下，同时尊重和保护民族文化和大众文化，为实现文化多样性发展和满足人民群众文化需求提供条件，从而为文化产业发展营造社会文化氛围和培育文化消费群体。

（一）提升文化自觉意识

文化自觉是一个共同体的所有成员对属于自己的共同体所拥有文化状况的高度认同、乐于分享和积极传播的一种心理状况和行为积极性，同时也对外域文化持积极扬弃、努力包容其积极因素的文化态度和价值倾向。④

---

① 欧阳友权：《文化产业人才建设：问题与思路》，《福建论坛》（人文社会科学版）2012 年第 2 期。

② 傅才武：《公共文化服务体系建设在国家文化战略中的价值定位》，《华中人文论丛》2010 年第 1 期，第 179 页。

③ 傅才武：《国家公共文化服务体系建设的价值评估及政策定位》，《江汉大学学报》（人文科学版）2010 年第 6 期，第 18 页。

④ 邱柏生：《论文化自觉、文化自信需要对待的若干问题》，《思想理论教育》2012 年第 1 期，第 14～19 页。

尤其是在经济全球化发展，民族文化极易受到主流文化冲击的大背景下，提升文化的认同意识对于保护民族文化，发展民族地区文化产业具有重要历史意义。而提升文化认同意识，最重要的是保护民族传统文化。民族传统文化是公共文化的根基和源泉，公共文化也只有建基于民族传统文化的土壤才能获得持久深入的回应和精神共鸣。然而，面对外界强势文化的冲击和渗透，民族文化的本真性、原初性越来越难以保持，需要从公共文化角度，通过政策引导，推动民族传统文化在广大社会群众之间的普及和流行。首先，推动民族传统文化和公共文化的互动融合。民族传统文化需要借助公共文化服务平台导入公共文化的价值理念以实现文化转换与创新①，以民族传统歌舞为例，藏族的锅庄舞和临夏花儿都是甘肃民族地区的传统文化，将锅庄舞、花儿与当前最广泛的公共文化形式——广场舞结合起来，既能推动公共文化建设，又保护和传扬了民族传统文化。其次，支持民族传统文化与高雅艺术结合发展。民族传统文化一般具有在民族地区普及性高、流传度广的优势，而高雅艺术既是公共文化的一部分，也是发展文化产业的资源支撑。将民族传统文化和高雅艺术结合起来，不仅是对传统文化的深邃内涵的继承，还是对其的创新发展，同时又保证了发展文化产业的稳定消费群体，可谓一举多得。因此，甘肃民族地区要不断创新和提高文化产品的质量，将民族地区特色融入各类文化产品、文化活动之中，提升其文化内涵，给予消费者更好的消费体验。文化市场的培育要突出特色效应，一方面能够刺激当地文化消费，另一方面有利于发展外部潜在市场，有效拉动甘肃民族地区文化产业的发展。

（二）强化文化价值建设

当前，民族地区公共文化中最常见的是公共文化基础设施建设，如公共图书馆、群艺馆、文化馆、农（藏）家书屋等"硬件设施"的建设，相应的文化价值层面的"软件设施"比较少见。公共文化建设在本质上应该发挥春风化雨、潜移默化的作用，而在实践中，过于重视有形文化设施的建设而忽视了无形的精神文化价值的培育。因而，在公共文化服务体系中，更应该注重文化价值的塑造。首先是对民族语言的保护。语言是文化最重

---

① 李少惠：《互动与整合：甘南藏区农村公共文化服务发展研究》，中国社会科学出版社，2014。

要的载体，语言的弱化本质上是文化的消逝。无论是甘南的藏族，还是临夏的回族都有自己的民族语言，然而在发展中，民族语言在逐渐弱化，很多年青一代已经无法如老一辈人那样将民族语言运用自如。其次是对民族文化典籍的保护和传扬。文化典籍是民族传统文化的忠实记录者，如藏族的《大藏经》、回族的《古兰经》都是其民族文化价值的集中体现，对这些优秀民族典籍的推广和传承，在某种程度上也推动了民族文化价值的弘扬和保护。此外，通过对民族语言、民族典籍等能够代表精神文化内涵的民族文化进行保护也有利于达成社会共识。

（三）培育文化消费主体

文化产业所生产的产品和服务最终是要面向市场、面向大众的，稳定的市场和消费群体是拉动文化产业持续发展的主要力量。文化消费具有内在的精神性、知识性、娱乐性、传承性、符号性、差异性、公共空间性等特点。[①] 甘肃民族地区文化产业的发展水平主要是由文化消费水平决定的。近年来，随着我国经济水平的发展、居民收入的增加，文化消费呈现上升趋势，并且带动了相关产业的发展。然而，作为经济欠发达地区，甘南州、临夏州的文化消费水平较低，文化消费的增加很大程度上需要政策引导和政府参与。政府通过组织旅游节、文化艺术节以及电影节等集中地展览文化成果的形式来帮助消费者更好地了解文化产品，激发消费主体的消费欲望，从而进一步推动文化产品生产，促进文化产业的发展。另外，政府需要明确消费主体具有层次化的特点，即不同的消费主体会有不同的消费行为。一般地，青年人大都喜欢演唱会以及梦幻剧等的表演形式，而老年人则比较喜欢戏曲曲艺类的表演，儿童多会在家长的陪同下看马戏表演和杂技。所以政府在提供公益文化演出时，应当有针对性，根据消费者的不同偏好培育不同层次的文化消费主体。甘肃民族地区要不断丰富文化产品和服务的种类，发掘民族特色文化消费品，创造更多个性化、多元化的文化产品和服务来满足不同文化层次、年龄层次以及收入层次的消费者的需求。

在甘肃省民族地区文化产业的发展过程中，要根据消费者的需求爱好来对文化产品进行设计，以此来满足人们的文化需求。另外，与物质消费

---

① 葛红兵、谢尚发：《文化消费：文化产业振兴的根本问题——兼评 2009 年上海文化消费状况》，《科学发展》2009 年第 12 期，第 83 ~ 94 页。

不同，许多人在购买文化产品时，往往并不了解这种文化产品的真正含义，只是出于表面或表层的理解。因此，在文化产品的供给过程中，需要通过深入的分析或者创意来激发消费者的需求，提供高质量的精神文化产品和服务。

文化产业发展的原动力在于激发人们对于精神文化产品及服务的消费需求。因此，一方面，需要创新商业模式，根据市场需求提供相应的个性化的文化产品和服务，从而使这些产品和服务能满足消费者多样化、多层次、多方位的精神文化需求，并注重提高产品质量，注重产品内核。将消费者的体验放在首位，才能保障当地文化产业的不断发展。另一方面，要提高人们的文化消费水平，增加居民收入，着力改善民生，持续加大民生投入，提高居民的生活水平，从而加大居民的非物质消费。政府和企业也要加强引导，不断改善民众的消费习惯，转变消费理念，增加民众对文化产品的消费需求。同时，在文化产业发展的过程中，需要积极地开发文化产品和建设场所，使更多的主体参与进来，从而形成积极的文化消费氛围。

（四）营造文化创新氛围

文化产业必须依靠创新、创意才能获得快速和长期稳定的发展。[①] 制约甘肃民族地区文化产业发展的瓶颈之一就是创新创意的匮乏，因此需要通过公共文化服务体系的健全来推动当地科技创新。甘肃民族地区文化产业的发展必须在文化产业科技发展政策环境和支撑条件上有所突破，要提供科技投入的增长和保障机制、配套的基础条件、政策措施等，确保科技创新规划任务的顺利实施。科技主管部门要制定政策法规，促进科技成果向文化产业转化，对科技含量高的文化产业实行优惠政策和奖励，把文化产业科技支撑研究纳入民族地区的重点研究课题。通过制定政策引导高新技术进入文化领域，不断实现科技创新。在文化产业发展的各个环节都应尽力提高科技含量，在研发手段、生产环节、传播渠道、接受方式、文化产品的保护方面，都要借助科技的力量予以创新，特别是要掌握文化产业发展的核心技术，尽量拥有具备自主知识产权的技术及产品，走跨越式道路。设立专门用于科技创新的风险投资基金，以推动文化产业向高新技术方向

---

① 徐俊、丁烈云：《依靠科技创新促进文化产业发展》，《中国科技论坛》2006年第3期，第17～21页。

转型。另外，需要普及公共文化，为文化产业发展储备创意人才。创意能力可以通过公共文化、文化教育等方面的推进提升，因而，在实践中，要完善我国院校教育体系，通过推行个性教育，因材施教，引导和培养学生求新求异的创新意识和思考能力，特别要注重人文艺术素质的实用性培养和教育。此外，还要学习英国创意人才培养的先进经验，制定全民创意教育行动方案，实施"全过程"公民教育，从小培养公民创意才能，发挥个性化的创意，定期为儿童和年轻人举办文化教育活动。

参考文献

（一）国内专著

[1] 吴军、特里·N. 克拉克等：《文化动力——一种城市发展新思维》，人民出版社，2016。

[2] 李少惠：《互动与整合：甘南藏区农村公共文化服务发展研究》，中国社会科学出版社，2014。

[3] 马廷旭、戚晓萍：《甘肃文化发展分析与预测（2018）》，社会科学文献出版社，2018。

[4] 刘进军、周小华：《甘肃蓝皮书：甘肃文化发展分析与预测》，社会科学文献出版社，2013。

[5] 彭岚嘉：《甘肃文化产业发展研究》，民族出版社，2013。

[6] 李炎、王佳等：《空间、布局与特色：云南文化产业现状与对策》，云南大学出版社，2011。

[7] 马群杰：《台湾地区文化产业与文化营销》，科学出版社，2011。

[8] 范周：《中国文化产业新思考》，光明日报出版社，2010。

[9] 王洛林：《全球化与中国》，经济管理出版社，2010。

[10] A·L. 克罗伯、K·科拉克洪：《文化：一个概念定义的考评》，中国大百科全书出版社，2009。

[11] 董树军等：《内蒙古的文化大区建设应该如何界定》，内蒙古教育出版社，2008。

[12] 胡惠林：《文化产业学——现代文化产业理论与政策》，上海文艺出版社，2006。

[13] 李向民、王晨、成乔明：《文化产业管理概论》，书海出版社，2006。

[14] 朱建纲:《文化产业发展战略研究》,湖南教育出版社,2006。

[15] 马正亮:《甘肃少数民族人口》,甘肃科学技术出版社,2004。

[16] 马克斯·霍克海默、西奥多·阿道尔诺:《启蒙辩证法:哲学断片》,渠敬东、曹卫东译,上海人民出版社,2003。

[17] 爱德华·泰勒:《原始文化》,连树声译,上海文艺出版社,1992。

[18] 关连吉、赵颂尧、吴晓军:《西部大开发与甘肃民族区域经济研究》,甘肃人民出版社,2003。

[19] 何效祖:《走进甘南:寻梦香巴拉》,甘肃人民出版社,2005。

[20] 菲利普·阿吉翁、彼得·霍依特:《内生增长理论》,陶然等译,北京大学出版社,2004。

[21] 马志勇:《临夏回族自治州史话》,甘肃文化出版社,2004。

[22] 迈克尔·波特:《国家竞争优势》,李明轩、邱如美译,华夏出版社,2002。

[23] 迈克尔·波特:《竞争战略》,陈小悦译,华夏出版社,1997。

(二) 国外专著

[1] A. Strauss, J. Corbin, *Basics of Qualitative Research: Grounded Theory Procedures and Techniques*, Newbury Park: Sage, 1990.

[2] B. Glaser, A. Strauss, *Time for Dying*, Chicago: Aldine, 1968.

[3] G. Hofstede, *Cultures and organizations: Software of the mind*, Madenhead: McGraw-Hill Books, 1991.

(三) 国内学位论文

[1] 厉建梅:《文旅融合下文化遗产与旅游品牌建设研究》,博士学位论文,山东大学,2016。

[2] 崔庆江:《文旅融合助推资源型城市转型发展模式研究》,硕士学位论文,云南师范大学,2016。

[3] 李欣:《河北省旅游产业与文化产业融合发展研究》,硕士学位论文,河北经贸大学,2016。

[4] 亓鹏:《旅游文化创意产业园区发展的协同机制研究》,硕士学位论文,

云南财经大学，2014。

［5］张宇博：《甘肃省甘南藏族自治州文化产业发展研究》，硕士学位论文，西北民族大学，2014。

［6］王锋：《民族地区文化产业可持续发展中的政府行为研究——以丽江市为例》，硕士学位论文，陕西师范大学，2013。

［7］范志杰：《发展文化事业促进文化产业政策研究》，博士学位论文，财政部财政科学研究所，2013。

［8］王二双：《新时期繁荣文化产业的税收优惠政策研究》，硕士学位论文，中南民族大学，2013。

［9］王立丽：《北京—伦敦文化创意产业发展模式比较研究》，硕士学位论文，北京服装学院，2012。

［10］沙雪斌：《中国县域文化产业发展战略研究》，博士学位论文，曲阜师范大学，2012。

［11］王伟伟：《加快中国文化创意产业发展研究》，博士学位论文，辽宁大学，2012。

［12］孟鑫：《中国西部地区文化产业发展研究》，博士学位论文，中央民族大学，2011。

［13］李晓亮：《西藏文化产业发展战略研究》，硕士学位论文，复旦大学，2009。

［14］史正东：《政府在文化产业发展中的作用研究——以绍兴市为例》，硕士学位论文，上海交通大学，2009。

［15］刘勤：《地方文化产业发展中的政府作用研究——以济南市文化产业发展为例》，硕士学位论文，山东大学，2008。

［16］叶丽君：《中国文化产业竞争力的地区差异研究》，硕士学位论文，湖南大学，2008。

［17］孙奎利：《文化创意产业发展理论与实践探索——以青岛为例》，硕士学位论文，青岛理工大学，2008。

［18］杨吉华：《文化产业政策研究》，博士学位论文，中共中央党校，2007。

［19］王妍：《民族文化产业与民族地区经济增长关系研究》，硕士学位论文，中央民族大学，2007。

［20］汪永萍：《甘南藏族民俗旅游开发研究》，硕士学位论文，兰州大学，2007。

［21］赵珂：《云南文化产业发展模式探析》，硕士学位论文，云南师范大学，2006。

［22］唐秀丽：《上海市民旅游消费文化研究》，硕士学位论文，华东师范大学，2006。

（四）国内期刊

［1］傅才武、申念衢：《新时代文化和旅游融合的内涵建构与模式创新——以甘肃河西走廊为中心的考察》，《福建论坛》（人文社会科学版）2019年第8期。

［2］贾一诺：《文旅融合背景下的节庆旅游发展》，《人民论坛·学术前沿》2019年第18期。

［3］范周：《文旅融合的理论与实践》，《人民论坛·学术前沿》2019年第11期。

［4］张赞：《"文创+"时代文旅新场景如何助力乡村振兴》，《人民论坛》2019年第26期。

［5］王世伟：《关于公共图书馆文旅深度融合的思考》，《图书馆》2019年第2期。

［6］李少惠、赵军义：《民族文化产业"富饶型贫困"的生成及其突破——基于定性比较分析的解释》，《广西民族大学学报》（哲学社会科学版）2019年第5期。

［7］李少惠、成广星：《民族地区文化产业发展影响因素及政策分析——基于甘南藏族自治州的探讨》，《西南民族大学学报》（人文社会科学版）2018年第4期。

［8］郭元源、葛江宁、程聪、段姗：《基于清晰集定性比较分析方法的科技创新政策组合供给模式研究》，《软科学》2019年第1期。

［9］熊正贤：《乡村振兴背景下特色小镇的空间重构与镇村联动——以贵州朱砂古镇和千户苗寨为例》，《中南民族大学学报》（人文社会科学版）2019年第2期。

[10] 朱应雨：《少数民族文化产业向创意产业的转型研究》，《贵州民族研究》2017年第2期。

[11] 毕曼：《少数民族文化产业转化的矛盾张力研究——以恩施土家族"女儿会"文化为研究中心》，《湖北大学学报》（哲学社会科学版）2018年第3期。

[12] 梁琳、冉玉嘉：《产业链视角下民族文化产业市场营销思考》，《贵州民族研究》2016年第11期。

[13] 石少梅：《文化产业发展浅谈——以甘南州文化产业发展为原型》，《大众文艺》2015年第24期。

[14] 麻书豪：《我国民族文化产业发展与政府管理探讨》，《管理世界》2017年第2期。

[15] 叶文辉：《文化产业发展中的政府管理创新研究》，《管理世界》2016年第2期。

[16] 李炎：《现代性驱动：文化与旅游融合的根本逻辑》，《人民论坛·学术前沿》2019年第11期。

[17] 桂拉旦、唐唯：《文旅融合型乡村旅游精准扶贫模式研究——以广东林寨古村落为例》，《西北人口》2016年第2期。

[18] 厉建梅：《文旅融合趋势下旅游景区的品牌提升战略——以山东天上王城景区为例》，《中国文化产业评论》2016年第1期。

[19] 黄晓慧、邹开敏：《"一带一路"战略背景下的粤港澳大湾区文商旅融合发展》，《华南师范大学学报》（社会科学版）2016年第4期。

[20] 田真：《"文旅融合"视角下的山东省文化创意产业园发展策略》，《人力资源管理》2017年第11期。

[21] 孟霏、付金路：《产业融合视角下的民族地区文旅产业互动发展研究——以湘西土家族苗族自治州为例》，《遵义师范学院学报》2017年第3期。

[22] 付莉萍：《云南特色小镇发展与民族文化传承互动关系研究——基于丽江市民族文化特色小镇发展的实证》，《四川民族学院学报》2017年第4期。

[23] 邢启顺：《西南民族文化产业与旅游融合发展模式及其社会文化影响》，

《云南民族大学学报》（哲学社会科学版）2016 年第 4 期。

［24］翁钢民、李凌雁：《中国旅游与文化产业融合发展的耦合协调度及空间相关分析》，《经济地理》2016 年第 1 期。

［25］梁学成：《产城融合视域下文化产业园区与城市建设互动发展影响因素研究》，《中国软科学》2017 年第 1 期。

［26］陈少峰、李源：《文化产业的产业变动与商业模式创新》，《北京联合大学学报》（人文社会科学版）2017 年第 2 期。

［27］李凤亮、宇文曼倩：《"一带一路"对文化产业发展的影响及对策》，《同济大学学报》（社会科学版）2016 年第 5 期。

［28］蔡尚伟、车南林：《"一带一路"上的文化产业挑战及对中国文化产业发展的建议》，《西南民族大学学报》（人文社科版）2016 年第 4 期。

［29］李孝敏：《"一带一路"背景下我国文化产业拓展探析》，《求实》2016 年第 7 期。

［30］向勇：《转型期我国文化产业发展模式研究》，《东岳论丛》2016 年第 2 期。

［31］高云虹、李学慧：《西部地区文化产业效率研究》，《财经科学》2017 年第 2 期。

［32］南宇、孙建飞、张萍：《丝绸之路背景下甘南藏族自治州旅游产业与文化产业融合问题研究》，《干旱区资源与环境》2017 年第 3 期。

［33］王凤荣、夏红玉、李雪：《中国文化产业政策变迁及其有效性实证研究——基于转型经济中的政府竞争视角》，《山东大学学报》（哲学社会科学版）2016 年第 3 期。

［34］赵娟、郑铭磊：《从文化生态论看民间文化艺术的发展》，《大舞台》2015 年第 4 期。

［35］J. H. 斯图尔德、玉文华：《文化生态学的概念和方法》，《世界民族》1988 年第 6 期。

［36］毛海莹：《文化生态学视角下的海洋民俗传承与保护——以浙江宁波象山县石浦渔港为例》，《文化遗产》2011 年第 2 期。

［37］蔡尚伟、何鹏程：《回眸与展望：中国文化产业政策的创新演化》，《成都大学学报》（社会科学版）2010 年第 2 期。

[38] 陈慧仙、李芳：《民族地区文化产业政策执行实践分析》，《楚雄师范学院学报》2012 年第 4 期。

[39] 王雅霖、贾登勋：《论民族文化产业的生态化发展及其制度保障》，《兰州大学学报》（社会科学版）2014 年第 3 期。

[40] 夏小莉：《民族文化创意旅游产业发展机理与发展模式》，《经济研究导刊》2010 年第 31 期。

[41] 蒋高军：《卓尼县木雕艺术刍议》，《美术教育研究》2011 年第 9 期。

[42] 帕林达：《临夏的伊斯兰教与清真寺文化》，《宗教与民族》2007 年第 1 期。

[43] 王国安：《历史文化资源与现实文化资源的融合研究——以宁波北仑为例》，《中共宁波市委党校学报》2009 年第 5 期。

[44] 马少虎、景丽、李娟：《民族文化与民族地区发展研究——以甘肃民族地区为例》，《甘肃高师学报》2009 年第 4 期。

[45] 白长虹、刘春华：《基于扎根理论的海尔、华为公司国际化战略案例相似性对比研究》，《科研管理》2014 年第 3 期。

[46] 倪荣华、曹力生：《香格里拉旅游文化产业初探》，《创造》2003 年第 1 期。

[47] 全永康：《实施文化撑州战略 推进文化甘南建设》，《发展》2012 年第 12 期。

[48] 周锦、顾江：《基于区位商理论的区域文化产业发展分析》，《统计与决策》2013 年第 17 期。

[49] "世界主要经济体文化产业发展现状研究" 课题组：《世界主要经济体文化产业发展状况及特点》，《调研世界》2014 年第 10 期。

[50] 马晓红：《国外创意产业发展及对我国启示》，《知识经济》2011 年第 22 期。

[51] 李雪玲、高长春：《国际创意产业发展经验解读及其对我国的启示》，《现代管理科学》2009 年第 8 期。

[52] 李俊江、范硕：《创意产业发展的国际比较及其对我国的启示》，《税务与经济》2008 年第 3 期。

[53] 王洁：《发达国家创意产业集聚发展特点的研究》，《现代管理科学》

2007 年第 9 期。

[54] 李燕琴、刘莉萍：《夏威夷对海南国际旅游岛可持续发展的启示》，《旅游学刊》2011 年第 3 期。

[55] 张瑾燕：《民族地区文化产业的科技创新提升路径研究》，《大连民族学院学报》2013 年第 4 期。

[56] 尹贻梅、鲁明勇：《民族地区旅游业与创意产业耦合发展研究——以张家界为例》，《旅游学刊》2009 年第 3 期。

[57] 葛红兵、谢尚发：《文化消费：文化产业振兴的根本问题——兼评 2009 年上海文化消费状况》，《科学发展》2009 年第 12 期。

[58] 张剑锋：《文化消费质量论略》，《北方论丛》2008 年第 3 期。

[59] 李华成：《欧美文化产业投融资制度及其对我国的启示》，《科技进步与对策》2012 年第 7 期。

[60] 袁家菊：《少数民族地区文化产业投融资困境与对策研究》，《贵州民族研究》2014 年第 6 期。

[61] 胡惠林：《区域文化产业战略与空间布局原则》，《云南大学学报》（社会科学版）2005 年第 5 期。

[62] 高宏存、李荣菊：《文化产业发展的土地政策研究》，《福建论坛》（人文社会科学版）2013 年第 4 期。

[63] 马东平：《少数民族地区文化产业发展中的思考——以甘肃临夏回族自治州民族文化产业为例》，《开发研究》2009 年第 3 期。

[64] 朱应雨：《少数民族文化产业向创意产业的转型研究》，《贵州民族研究》2017 年第 2 期。

[65] 范建华：《带状发展："十三五"中国文化产业发展新趋势》，《云南师范大学学报》（哲学社会科学版）2015 年第 3 期。

[66] 傅才武：《公共文化服务体系建设在国家文化战略中的价值定位》，《华中人文论丛》2010 年第 1 期。

[67] 傅才武：《国家公共文化服务体系建设的价值评估及政策定位》，《江汉大学学报》（人文科学版）2010 年第 6 期。

[68] 邱柏生：《论文化自觉、文化自信需要对待的若干问题》，《思想理论教育》2012 年第 1 期。

[69] 齐骥:《理论与实践:中国文化产业十年总揽(上)》,《学术探索》2012 年第 2 期。

[70] 覃萍、梁培林:《突破人才瓶颈:西部民族文化产业发展的关键》,《经济与社会发展》2006 年第 10 期。

[71] 徐俊、丁烈云:《依靠科技创新促进文化产业发展》,《中国科技论坛》2006 年第 3 期。

(五)国内报纸

[1] 李少惠、李世勇:《"一带一路"中心是经济合作与经贸交流》,《参考消息》2015 年 6 月 9 日。

[2] 崔成泉:《台湾文化产业印象》,《中国文化报》2007 年 12 月 14 日。

[3] 辛向阳:《准确把握文化事业与文化产业的辩证关系》,《中国青年报》2012 年 1 月 4 日。

[4] 马秀梅:《我州古动物化石赴上海展出》,《民族日报》2006 年 7 月28 日。

[5]《中共中央关于制定国民经济和社会发展第十个五年计划的建议》,《人民日报》2000 年 10 月 19 日。

[6]《迪庆用心呵护世界级旅游品牌香格里拉》,《云南日报》2015 年 11 月14 日。

[7] 和茂文:《迪庆州文化产业总值连续 9 年保持增长》,《云南经济日报》2016 年 4 月 20 日。

(六)研究报告

[1]"甘肃民俗文化产业再开发前景与文化生态关系研究"课题组:《甘肃民俗文化产业开发综合考察报告》,2009。

[2] 李虎:《文化产业发展》,《甘肃年鉴(2013)》。

(七)网页文献

[1]《甘肃省概况》,国家统计局官网,最后访问日期:2010 年 11 月 1 日,http://www.stats.gov.cn/ztjc/zdtjgz/zgrkpc/dlcrkpc/dlcrkpczl/。

［2］《中共中央关于制定国民经济和社会发展第十三个五年规划的建议》，新华网，最后访问日期：2015 年 11 月 3 日，http://news. xinhuanet. com/fortune/2015 – 11/03/c_1117027676_4. htm。

［3］《"十三五"规划建议中文化建设的 6 大要点》，光明网，最后访问日期：2015 年 11 月 21 日，http://tech. gmw. cn/newspaper/2015 – 11/21/content_109930712. htm。

［4］中国旅游研究院（文化和旅游部数据中心）：《"2018 旅游经济运行盘点"系列报告（一）：旅游消费》，中国旅游研究院官网，最后访问日期：2019 年 1 月 8 日，http://www. ctaweb. org/html/2019 – 1/2019 – 1 – 3 – 16 – 32 – 94384. html。

［5］《中华人民共和国 2018 年国民经济和社会发展统计公报》，国家统计局官网，最后访问日期：2019 年 2 月 28 日，http://www. gov. cn/xinwen/2019 – 02/28/content_5369270. htm。

［6］《中华人民共和国 2017 年国民经济和社会发展统计公报》，国家统计局官网，最后访问日期：2018 年 2 月 28 日，http://www. stats. gov. cn/tjsj/zxfb/201802/t20180228_1585631. html。

［7］《中华人民共和国 2016 年国民经济和社会发展统计公报》，国家统计局官网，最后访问日期：2017 年 2 月 28 日，http://www. stats. gov. cn/tjsj/zxfb/201702/t20170228_1467424. html。

［8］《中华人民共和国 2015 年国民经济和社会发展统计公报》，国家统计局官网，最后访问日期：2016 年 2 月 29 日，http://www. stats. gov. cn/tjsj/zxfb/201602/t20160229_1323991. html。

［9］《中华人民共和国 2014 年国民经济和社会发展统计公报》，国家统计局官网，最后访问日期：2015 年 2 月 26 日，http://www. stats. gov. cn/tjsj/zxfb/201502/t20150226_685799. html。

［10］《中华人民共和国 2013 年国民经济和社会发展统计公报》，国家统计局官网，最后访问日期：2014 年 2 月 24 日，http://www. stats. gov. cn/tjsj/zxfb/201402/t20140224_514970. html。

［11］《中华人民共和国 2012 年国民经济和社会发展统计公报》，国家统计局官网，最后访问日期：2013 年 2 月 22 日，http://www. stats. gov. cn/

tjsj/tjgb/ndtjgb/qgndtjgb/201302/t20130221_30027. html。

[12] 《2018 甘肃省国民经济和社会发展统计公报》，甘肃省统计局官网，最后访问日期：2019 年 3 月 28 日，http://tjj. gansu. gov. cn/HdApp/HdBas/HdClsContentDisp. asp? Id = 15177。

[13] 《2017 年甘肃省国民经济和社会发展统计公报》，甘肃省统计局官网，最后访问日期：2018 年 4 月 18 日，http://www. gstj. gov. cn/HdApp/HdBas/HdClsContentDisp. asp? Id = 12846。

[14] 《2016 年甘肃省国民经济和社会发展统计公报》，甘肃省统计局官网，最后访问日期：2017 年 4 月 5 日，http://www. gstj. gov. cn/HdApp/Hd-Bas/HdClsContentDisp. asp? Id = 6739。

[15] 《2015 年甘肃省国民经济和社会发展统计公报》，甘肃省统计局官网，最后访问日期：2016 年 2 月 25 日，http://www. gstj. gov. cn/HdApp/HdBas/HdClsContentDisp. asp? Id = 6730。

[16] 《2014 年甘肃省国民经济和社会发展统计公报》，甘肃省统计局官网，最后访问日期：2015 年 3 月 16 日，http://gansu. gscn. com. cn/system/2015/03/23/010958884. shtml。

[17] 《2013 年甘肃省国民经济和社会发展统计公报》，甘肃省统计局官网，最后访问日期：2014 年 3 月 8 日，https://wenku. baidu. com/view/e-d34105488eb172ded630b1c59eef8c75fbf95e3. html。

[18] 《2012 年甘肃省国民经济和社会发展统计公报》，甘肃省统计局官网，最后访问日期：2013 月 3 月 1 日，http://district. ce. cn/zt/zlk/bg/2013 03/12/t20130312_24192069. shtml。

[19] 《甘南藏族自治州 2018 年国民经济和社会发展统计公报》，甘南藏族自治州统计局官网，最后访问日期：2018 年 4 月 10 日，http://www. gnzrmzf. gov. cn/2019/zfgb_0530/25126. html。

[20] 《甘南藏族自治州 2017 年国民经济和社会发展统计公报》，甘南藏族自治州统计局官网，最后访问日期：2018 年 3 月 28 日，http://www. gnztj. gov. cn/htm/20184/22_4755. htm。

[21] 《甘南藏族自治州 2016 年国民经济和社会发展统计公报》，甘南藏族自治州统计局官网，最后访问日期：2017 年 4 月 10 日，http://www.

gnztj. gov. cn/htm/20174/22_3916. htm。

[22]《甘南藏族自治州 2015 年国民经济和社会发展统计公报》，甘南藏族
自治州统计局官网，最后访问日期：2016 年 4 月 1 日，http：//www.
gnztj. gov. cn/htm/20164/22_2972. htm。

[23]《甘南藏族自治州 2014 年国民经济和社会发展统计公报》，甘南藏族
自治州统计局官网，最后访问日期：2015 年 3 月 30 日，http：//www.
gnztj. gov. cn/htm/20154/22_2458. htm。

[24]《甘南藏族自治州 2013 年国民经济和社会发展统计公报》，甘南藏族
自治州统计局官网，最后访问日期：2014 年 11 月 27 日，http：//tjj.
gnzrmzf. gov. cn/htm/201411/22_1889. htm。

[25]《甘南藏族自治州 2012 年国民经济和社会发展统计公报》，甘南藏族
自治州统计局官网，最后访问日期：2013 年 4 月 3 日，http：//www.
gnztj. gov. cn/htm/201411/22_1888. htm。

[26]《临夏回族自治州 2018 年国民经济和社会发展统计公报》，临夏回族
自治州统计局官网，最后访问日期：2019 年 7 月 4 日，http：//www.
tjcn. org/tjgb/28gs/36090. html。

[27]《临夏回族自治州 2017 年国民经济和社会发展统计公报》，临夏回族
自治州统计局官网，最后访问日期：2018 年 7 月 10 日，http：//
www. linxia. gov. cn/Article/Content？ItemID = 59d169f7 - c606 - 4cca -
880b - 993732f0be9f。

[28]《临夏回族自治州 2016 年国民经济和社会发展统计公报》，临夏回族
自治州统计局官网，最后访问日期：2017 年 4 月 20 日，http：//lx.
gszwfw. gov. cn/art/2017/4/20/art_49349_13405. html。

[29]《临夏回族自治州 2015 年国民经济和社会发展统计公报》，临夏回族
自治州统计局官网，最后访问日期：2016 年 3 月 18 日，http：//zwfw.
linxia. gov. cn/art/2017/9/13/art_49349_13408. html。

[30]《临夏回族自治州 2014 年国民经济和社会发展统计公报》，临夏回族
自治州统计局官网，最后访问日期：2015 年 3 月 27 日，http：//www.
tjcn. org/tjgb/28gs/28371. html。

[31]《临夏回族自治州 2012 年国民经济和社会发展统计公报》，临夏回族

自治州统计局官网，最后访问日期：2013 年 3 月 13 日，http://www.
tjcn. org/tjgb/28gs/26645. html。

[32]《迪庆藏族自治州 2018 年国民经济和社会发展统计公报》，迪庆州统
计局官网，最后访问日期：2019 年 7 月 4 日，http://www. tjcn. org/
tjgb/25yn/36089_4. html。

[33]《迪庆藏族自治州 2017 年国民经济和社会发展统计公报》，迪庆州统
计局官网，最后访问日期：2018 年 4 月 23 日，http://www. tjcn. org/
tjgb/25yn/35491. html。

[34]《迪庆藏族自治州 2014 年国民经济和社会发展统计公报》，迪庆州统
计局官网，最后访问日期：2015 年 3 月 11 日，http://www. stats. yn. gov.
cn/Z_M_012/Info_Detail. aspx? DocumentKeyID =9A01652A0CB140F58476C6
ADA1A0DBA0。

[35]《迪庆藏族自治州文化兴州行动纲要》，香格里拉网，最后访问日期：
2011 年 5 月 4 日，http://www. xgll. com. cn/wh/2011 - 05/04/content_
48964_4. htm。

[36]《甘南州加快文化产业发展》，中国甘南网，最后访问日期：2015 年 3
月 20 日，http://www. gannancn. cn/html/2015/gn_0320/7477. html。

[37]《第三次全国经济普查主要数据公报（第一号）》，国家统计局官网，
最后访问日期：2015 年 8 月 7 日，http://www. stats. gov. cn/tjsj/zxfb/
201412/t20141216_653709. html。

[38] 云南文产网，http://www. ynci. cn/。

[39] 夏威夷旅游局，http://www. hawaiitourismauthority. org。

[40]《"文化 +"：新形势下文化产业发展的战略选择》，文化产业月刊，
最后访问日期：2015 年 8 月 17 日，http://www. fdi. gov. cn/1800000121
_21_82762_0_7. html。

[41]《关于推动特色文化产业发展的指导意见》，中华人民共和国财政部官
网，最后访问日期：2014 年 8 月 29 日，http://ha. mof. gov. cn/lanmud-
aohang/zhengcefagui/201503/t20150330_1208901. htm。

[42] 盛朝迅：《未来几年我国发展的主要趋势与特征》，中国改革论坛网，
最后访问日期：2014 年 11 月 26 日，http://www. chinareform. org. cn/E-

conomy/Macro/report/201411/t20141126_212657. htm。

[43] 李文:《人民日报人民要论:深刻认识我国经济发展新常态》,人民网,最后访问日期:2015 年 6 月 2 日,http://opinion. people. com. cn/n/2015/0602/c1003 - 27088631. html。

[44] 《临夏州州情概况》,甘肃临夏州旅游网,最后访问日期:2014 年 5 月 6 日,http://www. gslxly. com/news/news_read. asp? id = 4933。

[45] 敏彦文:《充分挖掘和提升甘南民族文化软实力》,道客巴巴,最后访问日期:2014 年 12 月 23 日,http://www. doc88. com/p - 7018377363124. html。

[46] 《文化部关于实施西部大开发战略加强西部文化建设的意见》,中华人民共和国文化和旅游部官网,最后访问日期:2000 年 5 月 23 日,http://zwgk. mct. gov. cn/auto255/200506/t20050617 _ 472412. html? keywords = 。

[47] 《2018 年甘南藏族自治州人民政府工作报告》,甘南藏族自治州人民政府官网,最后访问日期:2018 年 1 月 6 日,http://www. gnzrmzf. gov. cn/2018/gzbg_0227/15893. html。

[48] 《甘南夏河机场年旅客吞吐量突破 10 万人次》,甘肃新闻网,最后访问日期:2017 年 11 月 8 日,http://www. lzbs. com. cn/zbxw/2017 - 11/08/content_4331564. htm。

[49] 《临夏州概况》,临夏回族自治州人民政府官网,最后访问日期:2019 年 7 月 1 日,http://www. linxia. gov. cn/Article/SinglePage? Channel = 00010001。

[50] 《走进甘南》,甘南藏族自治州人民政府官网,最后访问日期:2019 年 2 月 25 日,http://www. gnzrmzf. gov. cn/zjgn/。

[51] 徐旺生:《弘扬农耕文化的现代意义——关于甘肃庆阳农耕文化节的感想》,陇东数字报平台,最后访问日期:2009 年 7 月 21 日,http://ldnews. gansudaily. com. cn/system/2009/07/21/011185386. shtml。

[52] 《改革开放 40 年我州旅游产业发展综述》,临夏回族自治州人民政府官网,最后访问日期:2018 年 7 月 30 日,http://www. linxia. gov. cn/Article/Content? ItemID = 17d26999 - 8f1d - 405f - ac34 - 9c4423543dee。

[53] 《2013 年〈甘肃省 100 家骨干文化企业名录〉和〈甘肃省民营文化企业 30 强榜单〉正式发布》,每日甘肃网,最后访问日期:2013 年 5 月 24

日，http://gansu. gansudaily. com. cn/system/2013/05/24/014078974. sht-ml。

[54]《2014 年全省文化企业 30 强和民营文化企业 10 强公告》，每日甘肃网，最后访问日期：2014 年 10 月 29 日，http://gsrb. gansudaily. com. cn/system/2014/10/29/015234536. shtml。

[55]《甘肃省质量状况分析报告（2014 年度）》，甘肃省质量技术监督局官网，最后访问日期：2015 年 3 月 6 日，http://www. gszl. gov. cn/ztzl/tj-zlzxzl/tzgg/ldxz/2015/03/06/1425626698178. html。

[56]《临夏州再添 3 家三星级饭店和 7 家星级农家乐》，每日甘肃网，最后访问日期：2014 年 11 月 11 日，http://lx. gansudaily. com. cn/system/2014/11/11/015258282. shtml。

[57]《甘南州立足藏区特色促进文化产业发展》，中国甘肃网，最后访问日期：2015 年 4 月 28 日，http://gansu. gscn. com. cn/system/2015/04/28/011002860. shtml。

[58]《云南迪庆州民族歌舞团原创舞剧〈香格里拉〉将亮相》，中国西藏网，最后访问日期：2013 年 11 月 15 日，http://www. tibet. cn/news/szxw/201311/t20131115_1950793. htm。

[59]《甘南州加快文化产业发展》，中国甘南网，最后访问日期：2015 年 3 月 20 日，http://www. gannancn. cn/html/2015/gn_0320/7477. html。

[60]《甘南州文化和旅游工作情况》，甘肃省文化和旅游厅官网，最后访问日期：2019 年 5 月 6 日，http://wlt. gansu. gov. cn/gnzwhgdhlyj/23748. jhtml。

[61]《临夏州文化和旅游工作情况》，甘肃省文化和旅游厅官网，最后访问日期：2019 年 5 月 6 日，http://wlt. gansu. gov. cn/gnzwhgdhlyj/23748. jhtml。

后　记

在《文化产业与民族地区发展——甘肃的经验分析》一书即将付梓之际,我坐在电脑前敲打着本书的后记,心中充满了感慨与感激。

大约 15 年前,我开始关注民族地区文化发展问题,由文化事业到文化产业,由文化政策到文化治理,一步一个脚印耕耘,一点一滴汲取养分,不断地拓展视野。随着理论积累与实践探索的逐渐丰富与深入,我越发深刻地认识到,无论是民族问题研究还是文化论题探讨,其实都涉及复杂的多学科综合性领域。我在本书酝酿撰写过程中尝试跳出就文化论文化的藩篱,结合管理学、产业经济学、文化生态学及场景理论等开展交叉研究,偏重公共管理学的视角,将文化产业归为文化治理的内容。民族地区文化治理存在极大的殊异性,特别是民族地区文化产业发展长期面临文化资源富集而文化产业发展滞后的"富饶型贫困"问题,破解这一现实困境成为有效释放民族文化资源正外部效应、促进民族地区文化产业跨越式发展的重要前提与必然选择。2014 年,我主持承担了甘肃省科技厅软科学项目"甘肃民族地区文化产业发展的战略研究"任务,自此开始了 3 年持续不断的调查研究工作,这为我提供了一个契机去深入探讨如何推动民族地区文化产业发展,使之成为新的经济增长点和转变经济发展方式的重要着力点,期望可以由此促进民族文化认同、增进民族团结,为实现民族地区经济社会协调发展提供重要支撑。本书正是在课题研究的基础上经过长时间的撰写修改而成的。

对于本书的顺利出版,首先,要感谢兰州大学管理学院的大力支持。民族地区治理是兰州大学公共管理一级学科的重要研究方向,文化治理则是基于公共管理和行政管理专业深化拓展的研究领域。近年来,兰州大学管理学院形成了专门的民族地区治理与文化治理研究学术团队，在人才培养、科学研究和社会服务方面，发挥着独特的作用并且产生了重要的影响力。其次，我由衷感谢与我结下深厚师生情谊的研究生同学。作为团队成员，成广星、于浩、张英同学参与了课题的调研和研究报告部分章节的撰写工作，赵梓辰同学在书稿的后续修改、韩慧同学在数据资料的更新整理过程中都提供了很大帮助。在与学生的互动交流中，我深刻体会到了教学相长的意蕴。再次，还要感谢社会科学文献出版社的组稿编辑高雁女士和责任编辑颜林柯女士为本书出版所付出的辛劳。最后，本书在撰写过程中参考借鉴了相关领域学者们的研究成果，谨在此对相关学者表示诚挚的感谢！

由于个人学识所限，书中难免有不足与偏颇之处，诚望得到读者及专家学者的批评指正。

李少惠

2020 年 4 月于兰州

图书在版编目（CIP）数据

文化产业与民族地区发展：甘肃的经验分析／李少惠著. -- 北京：社会科学文献出版社，2020.3
（西部地区治理研究丛书）
ISBN 978 - 7 - 5201 - 6392 - 7

Ⅰ.①文… Ⅱ.①李… Ⅲ.①文化产业 - 产业发展 - 影响 - 民族地区经济 - 区域经济发展 - 研究 - 甘肃 Ⅳ.①G127.42

中国版本图书馆 CIP 数据核字（2020）第 042043 号

西部地区治理研究丛书
文化产业与民族地区发展
——甘肃的经验分析

著　　者／李少惠

出 版 人／谢寿光
组稿编辑／高　雁
责任编辑／颜林柯
文稿编辑／杨云芳

出　　版／社会科学文献出版社·经济与管理分社（010）59367226
　　　　　地址：北京市北三环中路甲 29 号院华龙大厦　邮编：100029
　　　　　网址：www.ssap.com.cn
发　　行／市场营销中心（010）59367081　59367083
印　　装／三河市龙林印务有限公司

规　　格／开　本：787mm×1092mm　1/16
　　　　　印　张：15.5　字　数：246 千字
版　　次／2020 年 3 月第 1 版　2020 年 3 月第 1 次印刷
书　　号／ISBN 978 - 7 - 5201 - 6392 - 7
定　　价／158.00 元

本书如有印装质量问题，请与读者服务中心（010 - 59367028）联系